शेर-ओ-सुख़न

तीसरा भाग

मौजूदा दौर के ग़ज़लगो शाइरे-आज़म

पुरातन शाइरी का कायाकल्प और लोकोपयोगी
भावों का समावेश, पवित्र प्रेम की आराधना,
नारी का सम्मान और १६०१ से १६५३ तक
की घटनाओं का ग़ज़ल पर प्रभाव

शेर-ओ-सुख़न

(तीसरा भाग)

अयोध्याप्रसाद गोयलीय

भारतीय ज्ञानपीठ

वाणी प्रकाशन : भारतीय ज्ञानपीठ की पुस्तकों
के एकमात्र प्रकाशक एवं वितरक

पेपरबैक पहला संस्करण : 1954
पेपरबैक दूसरा संस्करण : 1958
पेपरबैक तीसरा संस्करण : 1999
पेपरबैक तीसरा संस्करण : 2023

लोकोदय ग्रन्थमाला : ग्रन्थांक 27

प्रकाशक
वाणी प्रकाशन ग्रुप
4695, 21-ए, दरियागंज, नयी दिल्ली-110 002
फ़ोन : 011-23273167, 23275710
ईमेल : sales@vaniprakashan.in

ISBN : 978-81-263-0105-8

शेर-ओ-सुखन

तीसरा भाग

(शायरी)

अयोध्याप्रसाद गोयलीय

Shairi O Sukhan
Vol.-III
(Urdu Poetry)
by Ayodhya Prasad Goyaliya

मुद्रक: आर.टेक ऑफ़सेट प्रिंटर्स, दिल्ली-110 032

Price : INR. 325

साहू-जैन-कुल-दिवाकर

आयुष्मान् प्राणप्रिय अशोककुमार

और

सौभाग्यवती बहूरानी इन्दु-श्री को

अनेक शुभ भावनाओं एवं

शुभाशीर्वादों के साथ

सस्नेह भेंट

इन्सान की बदबख़्ती अन्दाज़ से बाहर है।
कम्बख़्त ख़ुदा होकर, बन्दा नज़र आता है॥

—आज़ाद अन्सारी

बरहमन नाल-ए-नाक़ूस मस्जिद तक भी पहुँचा दे।
बुरा क्या है मुअज़्ज़न भी अगर बेदार हो जाये॥

—हफ़ीज़ जालन्धरी

विषय-सूची

शेर-ओ-सुख़न

ग़ज़ल-गो शाइरे-आज़म :

देहलवी रंग के वर्त्तमान युगीन सर्वश्रेष्ठ शाइर

'शाद' अज़ीमाबादी

ख़ान बहादुर नवाब सैयद अलीमुहम्मद 'शाद' १८४६ ई०में उत्पन्न हुए और १९२७ ई०में समाधि पाई। नियाज़ फ़तेहपुरीके शब्दोंमें—"शाद ब-लिहाज़ तग़ज़्ज़ुल बड़े मर्तबेके शायर थे। उनके यहाँ मीर-ओ-दर्दका गुदाज़, मोमिनकी नुक्तासंजी, ग़ालिबकी बुलन्द परवाज़ी और अमीर-ओ-दाग़की सलासत सब एक ही वक़्तमें ऐसी मिली-जुली नज़र आती हैं कि अब ज़माना मुश्किलसे ही कोई दूसरी नज़ीर पेश कर सकेगा।"[1]

'शाद' अज़ीमाबाद (पटना सिटी)के रहनेवाले थे। वे ख़्वाजा मीर 'दर्द'की शिष्यपरम्परामें हुए हैं। अतः आपके कलाममें भी वही असर नज़र आता है। कहीं-कहीं तत्कालीन लखनवी रंगकी भी झलक मारती है। आप मीर 'अनीस'से भी काफ़ी प्रभावित नज़र आते हैं।

शाद देहलवी-लखनऊ ज़बानके क़ायल नहीं थे। यही कारण है कि उनके कलाममें यत्र-तत्र मुहावरों और शब्दोंका प्रयोग उक्त स्थानोंकी परम्परासे भिन्न हुआ है।

'शाद' ख़्वाजा 'दर्द' स्कूलके स्नातक थे। इसीलिए हमने आपको

---

[1]इन्तक़ादियात, भाग २, पृ० १५६।

मजलिसे-देहलीमें उच्चासन दिया है। आपका कलाम भी ईश्वरीय-प्रेम, आध्यात्मिकता और दार्शनिकतासे ओत-प्रोत है। आपका रंगे-शायरी ख़्वाजा 'आतिश'[1]से वहुत कुछ समानता रखता है।

'आतिश' और 'शाद' दोनों ही अपने-अपने युगमें बहुत बुलन्द मर्तबेके शायर हुए हैं। दोनोंके विचार, भाव और अन्दाज़े-बयान मिलते-जुलते हैं। दोनोंकी अक्सर ग़ज़लें हमतरही ऐसी हैं कि अगर उनमेंसे उपनाम निकाल दिये जायें तो कौन ग़ज़ल किसकी है, निश्चयपूर्वक कहना आसान नहीं। ज़ाहिरामें दोनों लखनवी, किन्तु भावों और विचारोंकी दृष्टिसे अंतरंगमें देहलवी हैं। दोनों ही सूफ़ियाना विचारके हैं।

इतनी समानता होते हुए भी दोनोंका रंग भिन्न-भिन्न है। 'आतिश'के यहाँ व्यंग और तीखापन इस ग़ज़बका है कि कुछ न पूछिये। उनके कलाममें गर्मी, और अन्दाज़ेबयानमें तड़प इस बलाकी है कि कोई भी शायर उनका हमसर नज़र नहीं आता। 'आतिश'के यहाँ दुःख-दर्द, पीड़ा-व्यथामें भी मुसकान भरी होती है। उनके ग़ममें भी एक लहक और चहक होती है—

क़फ़समें भी है वही चहचहा गुलिस्तांका

शादके यहाँ रंजो-ग़म, दर्दो-अलम, व्यथापूर्ण हैं। 'आतिश' इस विषयमें 'ग़ालिब'के अधिक समीप हैं और 'शाद' 'मीर'के नज़दीक हैं। 'आतिश' रंजो-ग़ममें बिलखते नहीं, यहाँ तक कि वे हृदयकी पीड़ाको व्यक्त करना भी अपनी शानके ख़िलाफ़ समझते हैं—

जौरो-जफ़ायेयारसे[2] रंजो-महन[3] न हो।
दिलपर हुजूमेग़म हो, जबींपर शिकन न हो॥

---

[1]'आतिश' का परिचय एवं कलाम 'शेरो सुखन' प्रथम भागमें दिया जा चुका है। [2]प्रेयसीके अत्याचार करनेपर; [3]दुखी और व्यथित न हो।

'शाद' व्यथा पीड़ाके आँसुओंको पीनेके बजाय उन्हें, प्रकट करना आवश्यक समझते हैं––

*ख़मोशीसे मुसीबत और भी संगीन होती है।
तड़प ऐ दिल तड़पनेसे ज़रा तसकीन होती है॥

*युँ ही रातोंको तड़पेंगे, युँ ही जाँ अपनी खोयेंगे।
तेरी मर्ज़ी नहीं ऐ दर्देदिल! अच्छा! न सोयेंगे॥

मगर वे अन्य शायरोंकी तरह सरे आम हाय-हाय करनेके पक्षपाती नहीं––

तड़पना है तो जाओ जाके तड़पो 'शाद' ख़िलवतमें।
बहुत दिनपर हम इतनी बात गुस्ताख़ाना कहते हैं॥

इन दोनोंके कलाममें उल्लेखनीय विशेष अन्तर यह है कि 'आतिश'के यहाँ पतित भाव, हक़ीर विचार और बाज़ारी इश्क़ अधिकांश रूपमें पाया जाता है। लेकिन 'शाद'के कलाममें इतनी संजीदगी, बड़प्पन, और सुथरापन पाया जाता है कि वे उर्दू-शायरोंमें सर्वश्रेष्ठ नज़र आते हैं।

उर्दूके सर्वश्रेष्ठ शायर 'मीर' भी अपना दामन इब्तज़ाल (कमीने-ज़लील विचारों) से न बचाये रख सके। बक़ौल किसीके "उनके दीवानमें लौंडे भरे पड़े हैं" 'ग़ालिब' भी धौल-धप्पेपर उतारू हो जाते हैं––

धौल-धप्पा उस सरापा नाज़का शेवा नहीं।
हम ही कर बैठे थे 'ग़ालिब' पेश दस्ती एक दिन॥

और 'मोमिन'का तो माशूक़ ही हरजाई नहीं, स्वयं भी हरजाई थे। हमेशा मृगनयनियों (ग़ज़ालचश्मों)को फाँसते रहे––

आये ग़ज़ालचश्म सदा मेरे दाममें।
सैयाद ही रहा मैं, गिरफ़्तार कम हुआ॥

तात्पर्य यह कि प्राचीन और अर्वाचीन प्रायः सभी शायरोंके कलाममें यह दोष पाये जाते हैं। लेकिन 'शाद'का कलाम इन दोषोंसे मुक्त है। उनके यहाँ 'बोसा' (चुम्बन) जैसा बदनाम और हक़ीर शब्द भी इतनी बुलन्दीसे नज़्म हुआ है कि अन्यत्र मिसाल नहीं मिलती।

बोसये-संगे-आस्ताँ[1] मिल न सका हज़ार हैफ़।
आगे क़दम न बढ़ सका हिम्मते-सरफ़राज़का[2]॥

उक्त शेरकी पवित्रता और मर्तबेको वही अनुभव कर सकता है, जिसने कभी संगे-आस्ताँके बोसा लेनेका प्रयत्न किया हो, परन्तु किसी कारण सफलता न मिली हो। राष्ट्रपिता बापूके शहीद किये जानेपर उनकी चिताकी राख लेनेके लिए लाखों नर-नारी लालायित थे। एक-दूसरेको धकेलकर बापूकी राखको मस्तकसे लगानेको कई लाख नर-नारी बढ़ रहे थे, परन्तु कितनोंको सफलता मिली? जो भी राख न पा सके, अपने भाग्यको कोस रहे थे। जब किसीकी ऐसी स्थिति हो, तभी 'शाद'के उक्त शेरकी महत्ता प्रकट हो सकती है। आस्ताने-यार या शहीदोंकी समाधियोंको बोसा देना 'शाद'की अछूती और उच्च भावना है—

शहीदाने-वफ़ाकी ख़ाक, क्या अक्सीरसे कम है?
न हाथ आये क़दम, बोसा तो ले जाकर मज़ारोंका॥

यह बात 'ग़ालिब' और 'आतिश'को कहाँ नसीब? 'ग़ालिब' तो स्वयं ही अपने इस हक़ीर ख़यालसे भयभीत नज़र आते हैं—

---

[1]माशूक़की चौखटके पत्थरका चुम्बन; [2]अभिमानीके साहसका।

ले तो लूँ सोतेमें उसके पाँवका बोसा मगर—
ऐसी बातोंसे वह काफ़िर बदगुमाँ हो जायगा ॥

यारके पाँवका बोसा लेना या जहाँ उसने पाँव रखे हों, उस आस्ताँका बोसा लेना ज़ाहिरामें यकसाँ नज़र आते हैं। मगर 'शाद'के शेरमें श्रद्धा, भक्ति और पवित्र-प्रेमकी झलक है, तो ग़ालिबके यहाँ वासनाकी गन्ध। और 'आतिश' तो अपने इस शेरके प्रतिबिम्बमें सरीहन ऐय्याश मालूम होते हैं—

बोसेबाज़ीसे मेरी होती है ईज़ा उनको।
मुँह छुपाते हैं जो होते हैं मुहासे पैदा ॥

और एक 'शाद' हैं कि उनकी अभिलाषा अधिक़-से-अधिक इतनी बढ़ती है कि उनकी ख़ाक यारके परिधानका बोसा ले सके तो अपनेको कृतकृत्य समझे—

बोसा लेनेका मेरी ख़ाकको भी अरमाँ—ताब उठनेकी कहाँ ?
जामेज़ेबीका भला ! ऐ सनमेतंग क़बा—कुछ तो दामनको झुका ॥

यही पवित्र और उच्च इश्क़की झाँकियाँ 'शाद'के कलाममें दृष्टिगोचर होती हैं। स्वयं भी फ़र्माते हैं—

मेरा दीवाँ तो शीरब है जहाने-पाकबाज़ीका।
पढ़े कलमा ज़बाने-फ़ारिस इस बाँगे-हिजाज़ीका ॥

ग़ज़ल इतनी नाज़ुक और कोमल कला है कि तनिक-सी चूकसे वह आकाशसे पृथ्वीपर गिर पड़ती है। शब्दोंके हेर-फेर और भावोंके उतार-चढ़ावसे इसमें पवित्र-से-पवित्र और पतित-से-पतित विचारोंका प्रतिबिम्ब झलकता है। 'आतिश' जैसा बुलन्द मर्तबेका शायर जब ऐसे घटियल शेर कह सकता है—

शबे-विसालमें खोले क़बाये-यारके बन्द।
कमरसे खींचके पटकेको हमने दे मारा॥

*हाथ मलता हूँ जो मैं देखके सीनेका उभार।
कहते हैं "तोड़िये जिनको यह वोह नारंज नहीं॥"

जब 'आतिश' जैसे दरवेशका यह आलम हो, तब 'दाग़'का तो ज़िक्र ही क्या--

+यह लुत्फ़ है कि दुपट्टा उड़ा रही है हवा।
छुपा रहे हैं जो सीना कमर नहीं छुपती[1]॥

ऐसे ही दूषित और विषाक्त भावोंके कारण ग़ज़ल वदनाम हो गई। इसकी अश्लीलतासे भले आदमी दामन बचाकर निकलने लगे। इसमें दुराचार और कामुकताके ऐसे घिनौने कीड़े बिलबिलाने लगे कि लोग इसकी परछाईंसे भी दूर भागने लगे। इस छुतहा रोगसे बचानेके लिए 'हाली' और 'आज़ाद'ने भरसक प्रयत्न किये। लोगोंका अनुमान था कि ग़ज़ल अब जीवित नहीं रहेगी, परन्तु उसकी खुशक़िस्मती देखिये कि कुछ ऐसे लोग पैदा हो गये, जिन्होंने ग़ज़लको पुनर्जीवन ही प्रदान नहीं किया, अपितु उसे अमर कर दिया। उन्हीं सपूतोंमें एक 'शाद' अज़ीमाबादी हैं।

'शाद'का इश्क़ बाज़ारी इश्क़ न होकर पवित्र और उच्च है। जो शमअ़ सरेबाज़ार जलती है, ऐसी बेहयापर जल मरनेके 'शाद' क़ायल नहीं--

जो शमअ़ हुआ करती है रोशन सरे-बाज़ार।
उस शमअ़पै गिरता नहीं परवाना हमारा॥

'शाद' इश्क़को जीका रोग नहीं समझते, बल्कि उनका विश्वास है कि इश्क़से इन्सानमें इन्सानियत आती है।

---

[1]उक्त अंशके लिखनेमें अप्रेल १९५१के 'निगार'में प्रकाशित सैयद शाह अताउलरहमानके लेखसे हमें पर्याप्त सहायता मिली है।--गोयलीय

नहीं रहते रिया[1] ओ-क़बह[2] फिर भूलेसे भी दिलमें।
मुहब्बत यारकी इन्साँ बना देती है इन्साँको ॥

'शाद' भौंरे या तितलीके इश्क़को इश्क़ नहीं समझते। वे तो जिसके हो गये, जीवनभर उसे निभाना ही सच्ची आशिक़ी समझते हैं! मानवी प्रेमके साथ-साथ कोई ईश्वरीय प्रेमका भी दम भरे तो वह उसे कुफ़्र समझते हैं—

मशरबेइश्क़में[3] दिला[4]! कुफ़्र है यारसे रिया[5]।
दिलको है गर बुतोंसे इश्क़, ज़िक्रे-ख़ुदाकी वजह क्या ?

'शाद' इश्क़से तंग आकर मरना नहीं चाहते, बल्कि वह तो उम्रे-दराज़ चाहते हैं—

मुझ-सा फ़क़ीर आपसे राज़ो-नियाज़[6] हो।
या रब ! हयाते-इश्क़े-मुहब्बत दराज़[7] हो ॥

और वे अपने महबूबको इधर-उधर खोजना नादानी समझते हैं। उनका विश्वास है कि उनका प्रियतम सर्वत्र व्याप्त है—

ग़ुबार आईनये-दिलका साफ़ हो तो फिर।
उन्हींकी शक्ल नुमायाँ रहे जिधर देखो ॥

और जब ध्यानमें प्रियतम आ गया, तब वह ध्यान कैसे तोड़ा जाय ?

है जिसमें ध्यान काबये-अबरू-ए-यारका[8]।
ऐसी नमाज़ जल्द इलाही अदा न हो ॥

---

[1]ज़ाहिरदारी, दिखावटीपन; [2]बुराई; [3]प्रेमधर्ममें; [4]ऐ दिल; [5]दिखावटी प्रेम; [6]अन्तरंग वार्तालापमें सम्मिलित; [7]प्रेमका जीवन लम्बा हो; [8]यारकी भवें रूपी काबेकी महराबका।

और फिर एक दिन ऐसी स्थिति भी आ जाती है कि प्रेमी सुध-बुध बिसारकर अपनेमें खो जाता है। नमाज़-रोज़े सब तर्क हो जाते हैं—

दिल है किधर खिंचा हुआ, महव है किसकी यादमें ?
क्या कहें इसकी वजह हम, तर्क हुई नमाज़ क्यों ?

आशिक़ कितना बावला है कि अपने प्रियतमकी खोजमें मारा-मारा फिरता है। सर्वत्र ढूँढता है, परन्तु अपना अन्तस्थल नहीं खोजता, हायरे भोलापन—

इसी चूकने हमें खो दिया, कहें 'शाद' किससे यह माजरा ?
कटी उम्र जिनकी तलाशमें, वह हमीं थे हमसे जुदा न थे ॥

जैन-पुराणोंके अनुसार जब तीर्थंकर संसारमें जन्म लेते हैं, तो इन्द्र उनके अतुल रूपको निहारनेके लिए एक हज़ार नेत्र बना लेता है, फिर भी तृप्ति नहीं हो पाती। 'शाद' भी अपने हबीबको युँ ही देखना चाहते हैं—

यही है धुन कि तेरी जलवागाहमें जाकर।
हज़ार आँखें हों, और सबसे यारको देखें ॥

'लिपटने' शब्दकी उर्दू-शायरोंने जो मिट्टी ख़राब की है, वह किसीसे पोशीदा नहीं। औरोंको तो जाने दीजिये, 'अकबर' इलाहाबादी जैसा मुहज़्ज़िब आदमी यह कहनेसे नहीं चूका—

लिपट भी जा अरे 'अकबर'! ग़ज़बकी ब्यूटी है।
नहीं-नहीं पै न जा, यह हयाकी ड्यूटी है ॥

अब इसी ज़लील शब्दको 'शाद'की ज़बाने-मुबारकसे सुनिये—

लिपटकर काकुले-जानाँसे[1] नाज़कर शाने[2]।
ख़ुदाने अर्शसे[3] रुत्बा तेरा बुलन्द किया ॥

जिस जगह सती-सतवन्ती पाँव रख दें, वोह स्थान तीर्थ बन जाते हैं। जिन्हें वे छू लें, वे अमर और कृतकृत्य हो जाते हैं। फिर उस कंघेके भाग्यका क्या कहना, जिसे उनके बालोंको सँवारनेकी इनायत अता हुई हो। बेशक उसका मर्तबा आस्मानसे बदरजहा बेहतर है। हर घड़ी और हर जगह अपने प्रियतमकी यादमें लीन रहना ही तो वास्तविक नमाज़ है—

ज़बाँपै ज़िक्र तेरा उज़्र-ख़्वाह् दीदयेतर।
यही वज़ू है, इसीको नमाज़ कहते हैं ॥

जब इश्क़में यह तल्लीनता आ जाती है तो वह बाअसर हो जाता है—

हज़ार शुक्र कि मुद्दतमें यह असर आया।
लिया जो नाम तेरा, दिलमें तू उतर आया ॥

'शाद'की शराब वह शराब नहीं है, जिसे पीकर आदमी, आदमी न रह कर जानवर बन जाता है। 'शाद'की शराब वोह आध्यात्मिक सुरा है कि उससे बेसुध होनेपर स्वर्गके देवता भी सार-सँभाल करनेको दौड़ पड़ते हैं—

असर देखो ज़रा लग़्ज़िशमें 'या साक़ी'के कहनेका।
फ़रिश्ते दौड़कर बाज़ू हमारा थाम लेते हैं ॥

चन्द नमूने और देखिये, शादने शराबपर क्या पाकीज़ा शेर कहे हैं—

---

[1]प्रेयसीकी जुल्फ़ोंसे; [2]कंधे; [3]आकाशसे।

लेके ख़ुद पीरेमुग़ाँ हाथमें मीना आया।
मयकशो! शर्म कि इसपर भी न पीना आया॥

मुग़जचे[1] हैं मुतहय्यर[2] मुतबस्सुम साक़ी।
पीनेवाले तुझे पीनेका न अन्दाज़ आया॥

इसी उम्मीदमें बाँधे हुए हैं टकटकी मैकश!
कफ़ेनाज़ुकपै साक़ी रखके एक दिन जाम आयेगा॥

सागर हमारा, मीना हमारा।
जन्नत हमारी, तौबा हमारा॥
दाताके दरसे लेकर फिरेंगे।
भरदेगा इक दिन कासा हमारा॥
मयपर किसीको, ख़ुमपर किसीको।
साक़ीपै अपने, दावा हमारा॥

बचाके हाथ अलग-से-अलग सुबू लेते।
यह क्या मजाल कि साक़ीका हाथ छू लेते॥

साक़ीकी चश्मेमस्तपै, मुश्किल नहीं निगाह।
मुश्किल सँभालना है दिले-बेक़रारका॥

कहाँसे लाऊँ सब्रे-हज़रतेअयूब[3] ऐ साक़ी!
ख़ुम आयेगा, सुराही आयगी, तब जाम आयेगा॥

न दे इलज़ाम बदमस्तीका इक उफ़्ताद थी साक़ी!
मेरा गिरना, भरे साग़रका चकनाचूर हो जाना॥

ग़ज़ब निगाहने साक़ीकी बन्दोबस्त किया।
शराब बादको दी पहले सबको मस्त किया॥

---

[1]शराब पिलानेवाले; [2]हैरान; [3]एक प्रसिद्ध सन्तोषी पैग़म्बर।

देके तहीसुबू[1] मुझे सब्रका हौसला दिया।
जिसकी तलब थी साक़िया! उससे कहीं सिवा दिया॥

देखा किये वोह मस्त निगाहोंसे बार-बार।
जब तक शराब आये, कई दौर हो गये॥

बुरा इस बज़्ममें था या भला मैं।
ख़ुदा हाफ़िज़ है, ले साक़ी! चला मैं॥

बग़ैर आत्मलीन हुए जीवनभर ईश्वर-ईश्वर पुकारनेसे क्या होता है? जहाँ उसमें अपनेको खोया नहीं कि एक संकेतपर फ़रिश्ते तो क्या ब्रह्माण्ड उलट सकता है। और जब मनुष्य आत्मलीन हो जाता है, तब उसके नेत्रोंके आगेसे तू, मैं, पर, का परदा हट जाता है।

इस्लामो-कुफ़्र, कुछ नहीं आता ख़यालमें।
मुद्दतसे मुब्तिला हूँ, मैं आप अपने हालमें॥

'उर्दू'को लेकर उर्दू-शायरोंने कितनी गन्द उछाली है? कोई उसके मरनेकी दुआ माँगता है, कोई उसे अन्धा देखना चाहता है, कोई उसे हज़ारों गालियाँ देकर दिलकी भड़ास निकालता है। ग़रज़ उसे हर तरह बदनाम और बरबाद करनेके उपाय निरन्तर सोचे जाते हैं। 'शाद' उर्दूके बारेमें माशूक़से केवल इतना कहते हैं—

दोनोंमें तू ही फ़र्क़कर लायक़े-महर[2] कौन है?
ग़ैर तेरा गिला करें, नाम न लें अदबसे हम॥

'कस्तूरबा'का निधन बन्दीगृहमें हुआ, उनकी समाधि भी वहीं बनाई गई! जीतेजी तो बन्दी रहीं ही, मृत्युके बाद भी शासकोंने बन्दी बनाकर रखना चाहा। शादका यह शेर उक्त घटनापर कितना मौज़ूं होता है—

---

[1]ख़ाली सुरापात्र; [2]कृपा योग्य।

क़यामतका सितम है यह भी दुनियामें कि मरनेपर।
असीरोंकी[१] बनाई क़ब्र भी सैयादने घरमें॥

ये मज़हबी दीवाने धार्मिक उन्मादमें कैसे-कैसे अनर्थ कर बैठते हैं? बरसोंकी राहोरस्म और चोली-दामनके साथको एक क्षणमें नष्ट कर देते हैं, इसका सबब 'शाद' साहब यह बतलाते हैं—

ज़बानें सख़्तबयानीपै वाइज़ोंकी खुली।
मुरव्वतोंको लपेट आये जानमाज़ोंमें[२]॥

हम देशसे निष्कासित कितना ही कष्ट क्यों न उठा लें, परन्तु हमारे देशपर आँच न आये—

हम बेनवा[३] बलासे क़फ़समें असीर[४] हैं।
या रब! मगर चमनमें ख़िज़ाँका[५] गुज़र न हो॥

जो स्वयं आप नहीं उठता, उसे कोई भी सहारा नहीं देता। नेपोलियनने एक बार अपने सैनिकोंको सम्बोधित करते हुए कहा था—"तुम ईश्वरपर भरोसा करो या न करो यह तुम्हारी इच्छापर निर्भर है, परन्तु मैं इतना जताये देता हूँ कि तुम्हारी बारूद गीली है तो उसे सुखाने ईश्वर नहीं आयेगा; वह तुम्हींको सुखानी होगी।" इसी भावके द्योतक 'शाद'के चार शेर सुनिये—

यह बज़्मे-मै[६] है याँ कोताह दस्तीमें[७] है महरूमी[८]।
जो बढ़कर ख़ुद उठा ले हाथमें मीना[९] उसीका है॥

---

[१]बन्दियोंकी; [२]जिस चटाईपर नमाज़ पढ़ी जाती है; [३]अनबोल, बेज़बान; [४]बन्दी; [५]पतझड़का; [६]मधुशाला; [७]हाथ न उठानेमें; [८]वंचित रहना; [९]मद्य-पात्र।

समझता है इस दौरमें कौन किसको ?
करें 'रिन्द' ख़ुद अहतराम[1] अपना-अपना ॥

क्या ग़लत ज़ोम है ! बाद अपने किसे ग़म अपना ?
हाथ क़ाबूमें है, करलें अभी मातम अपना ॥

'शाद' आख़िर है शब और पाँवमें ताक़त है अभी ।
इस सरासे है यही वक़्त निकल जानेका ॥

चन्द नैतिक शेर—

हसरत आमेज़[2] सदा आती है यूँ क़ब्रोंसे—
"आज आता जो मेरे काम, न वोह काम किया" ॥

अगर किसीकी बुराई भी दिलमें आई 'शाद' !
हमें तो अपनी ही नीयतसे ख़ुद हिजाब आया ॥

किसीके हम न काम आये, न कोई अपने काम आया ।
तअ़ज्जुब है कि तो भी ज़ुमरये-इन्साँमें नाम आया ॥

यह मुमकिन है कि लिक्खी हो, क़लमने फ़तह आख़िरमें ।
जो हैं अहबाबे-हिम्मत ग़म नहीं करते शिकस्तोंमें ॥

बशरके दिलमें न पड़ता जो आरज़ूका दाग़ ।
ख़ुदा गवाह कि अनमोल यह नगीं होता ॥

भलाई इसलिए चाही कि हों भले मशहूर ।
ग़रज़ कि अपने ही मतलबके आश्ना थे हम ॥

बार जिन कलियोंपै थीं परछाइयाँ ।
ऐ ख़िज़ाँ ! पहले वही मुरझाइयाँ ॥

---

[1]आदर-सत्कार; [2]निराशाभरी आवाज़ ।

अभी नौख़ेज़ हैं रंगत ज़मानेकी नहीं देखी।
विकसती हैं जो कलियाँ, बाज़ ग़ुंचे मुसकराते हैं ॥

'शाद' अपने विरोधियों और आलोचकोंसे चिढ़ते नहीं। न तुर्की-ब-तुर्की जवाब देते हैं। बल्कि यह कहकर चुप हो जाते हैं—

आख़िर तो समझ लेगा कोई नुक्ता रस इक दिन।
हासिदसे कहो 'शाद'को बदनाम किये जा ॥

१९३८में प्रकाशित 'शाद'का दीवान 'मैख़ानये-इलहाम' हमारे समक्ष है। अनुमानतः ४,००० अशआ़र होंगे। उनमेंसे चुनकर कुछ अशआ़र पेशेनज़र हैं—

बारे-सुबू[1] वही उठाये जिसपै हो फ़ज़्ले-मैफ़रोश[2]।
ज़ाहिदेख़ुश्क ! यह भी क्या बोझ है जानमाज़का[3] ?
जलवये-हुस्नकी तरफ़ देख तो कुछ पता चले।
जाने दे, वलवला न पूछ आशिक़ेपाकबाज़का ॥

कहाँ है उसका कूचा, कौन है वह ? क्या ख़बर क़ासिद !
पर इतना जानते हैं, नाम है आशिक़नवाज़ उसका ॥
न छोड़े जुस्तजूये-यार ख़िज़्रे-शौक़से कह दो।
किसी दिन ख़ुद लगा लेगी, पता उम्रेदराज़ उसका ॥

अबस[4] शिकवा है मय-सी चीज़का वाइज़ है क्यों दुश्मन।
बसीरत[5] जब नहीं, बेशक बजा है अहतराज़ उसका ॥
अब इसका ज़िक्र क्या क़ासिदपै जो गुज़री गुज़रने दो।
न कहना इस ख़बरको 'शाद'से दिल है गुदाज़[6] उसका ॥

---

[1]मद्यके घड़ेका बोझ; [2]शराब-विक्रेताकी कृपा; [3]नमाज़ पढ़नेकी चटाईका; [4]व्यर्थ; [5]दृष्टि, बुद्धि; [6]द्रवित।

किसीको आबोहवा मुआफ़िक़ हुई न अफ़सोस इस चमनकी ।
हमेश थे नालाकश अनादिल, गुलोंने ता उम्र ख़ून थूका ।।
पुकारकर वहशियोंसे कह दो "ख़िज़ाँका भी दौर है ग़नीमत ।
क़बाके दामनको टाँक तो लें, अगर न मौक़ा मिले रफ़ूका ।।"

गुलोंपर क्या है, काँटों तकका मैं दिलसे दुआ-गो हूँ ।
ख़ुदावन्दा न टूटे दिल किसी दुश्मन-से-दुश्मनका ।।

मौजेफ़ना[1] मिटा न दे नामोनिशाँ वजूदका[2] ।
देख हुबाबकी[3] तरह शौक़ न कर नमूदका[4] ।।
ऐ शबेवस्ल ! जा तो जा, ऐ शबेहिज्र ! आ तो आ ।
दिलने ख़याल उठा दिया, अपने ज़ियाँ-ओ-सूदका[5] ।।

बोरिया था, कुछ शबीना-मै[6] थी, या टूटे सुबू ।
और क्या इसके सिवा, मस्तोंके वीरानेमें था ।।

बड़ा अहसाँ शबेग़मने किया ऐ जागनेवाले !
यही तेरी खुली आँखें मिटा छोड़ेंगी शक तेरा ।।
बहुत तूने जब अपने पाँव फैलाये तो क्या चारा ?
अदब करती रही ऐ अश्क ! मुद्दत तक पलक तेरा ।।

गलीमें यारकी हो क़ब्र, या ख़राबेमें ।
हमें तो हश्रके दिन तक कहींपै सो रहना ।।

अगर मरते हुए लबपर न तेरा नाम आयेगा ।
तो मैं मरनेसे दरगुज़रा, मेरे किस काम आयेगा ।।
शबेहिजराँकी सख़्ती हो तो हो लेकिन यह क्या कम है ?
कि लबपर रातभर रह-रहके तेरा नाम आयेगा ।।

---

[1]मृत्यु-लहर; [2]अस्तित्वका; [3]पानीके बुलबुलेकी; [4]नामका [5]हानि-लाभका; [6]रातकी बची शराब ।

यही कहकर अजलको क़र्ज़ख़्वाहोंकी तरह टाला ।
कि "लेकर आज क़ासिद यारका पैग़ाम आयेगा ।।"
गलीमें यारकी ऐ 'शाद' ! सब मुश्ताक़[1] बैठे हैं ।
ख़ुदा जाने वहाँसे हुक्म किसके नाम आयेगा ?

जब अहले-होश कहते हैं अफ़साना आपका ।
सुनता है और हँसता है दीवाना आपका ।।

सरापासोज़[2] है ऐ दिल ! सरापा नूर हो जाना ।
अगर जलना तो जलकर, जलवागाहे-तूर हो जाना ।।

हमारे ज़ख़्मे-दिलने दिल्लगी अच्छी निकाली है ।
छुपायेसे तो छुप जाना मगर नासूर हो जाना ।।
ख़यालेवस्लको अब आरज़ू भूला भुलाती है ।
क़रीब आना दिलेमायूसके फिर दूर हो जाना ।।
शबेवस्ल अपनी आँखोंने अजब अन्धेर देखा है ।
नक़ाब उनका उलटना रातका काफ़ूर हो जाना ।।

वोह ज़िबह करके यह कहते हैं मेरे लाशेसे—
"तड़प रहा है कि मुँह देखता है तू मेरा ?"
कराहनेमें मुझे उज्र क्या मगर ऐ दर्द !
गला दबाती है रह-रहके आबरू मेरा ।।
कहाँ किसीमें यह क़ुदरत सिवाय तेग़ेनिगाह ।
कि हो नियाममें और काट ले गुलू मेरा ।।

इसे कहते हैं ख़ूबी हम तो इस ख़ूबीके क़ायल हैं ।
हुआ जब ज़िक्र यकताईका, नाम आया वहीं तेरा ।।

---

[1]अभिलाषी; [2]पूर्णरूपेण जलना ।

बहुत सरगोशियाँ[1] करने लगे रस्तेमें अब रहबर[2] !
बहुत चर्चा है बाज़ारोंमें ऐ ख़िलवतनशीं[3] ! तेरा ॥

दिलकी यकसूईने बेपरदा दिखाया था तुझे।
बीचमें मुफ़्त क़दम आ गया बीनाईका[4] ॥

मुँहपै आशिक़के मुहब्बतकी शिकायत, नासेह !
बात करनेका भी नादाँ न क़रीना आया ॥
आ गया था जो ख़राबातमें[5] पी लेनी थी।
तुझको सुहबतका भी ज़ाहिद न क़रीना आया ॥

तेरी गलीमें रक़ीब आयें और मैं देखूँ।
क़सम है तेरे क़दमकी तेरा ख़याल किया ॥
तलबके पहले ही जब हुक्म दे चुका था तू।
तेरे फ़क़ीरने क्या सोचकर सवाल किया ॥

चाक करनेका है इलज़ाम मेरे सर नाहक़।
हाथ उनका है, मैं उनका हूँ, गरीबाँ उनका ॥

अब अश्कमें तेरे आता नहीं लहू ऐ चश्म !
तुझीपै क्या है? ज़मानेका ख़ूँ सफ़ेद हुआ ॥

समझ-समझके बढ़ा दस्ते-आरज़ू ऐ मस्त !
न मयकदा न सबूही न ख़ुम न जाम तेरा ॥

न मरनेवालोंकी आँखें न दिल है क़ाबूमें।
यह कौन वक़्त था आया है कब पयाम तेरा ?

---

[1]कानाफूँसी; [2]पथ-प्रदर्शक; [3]एकान्तमें रहनेवाले; [4]दृष्टिका; [5]मधुशालामें।

यह अख़्तियार तुझे है कि दे न दे साक़ी !
गिला समझते हैं हम बादाकश हराम तेरा ॥

जहाँ चाहे लगे, जिस दिलको चाहें चूर कर डाले ।
ज़बाँसे फेंक मारा, बात थी नासेह कि ढेला था ॥

ज़बाँपै आह जो आई तो हँसके टाल दिया ।
किसीके इश्क़का अफ़साना मैंने राज़ किया ॥

हर निवाला अब तो उसका तल्ख़ है ।
उम्र नेमत थी मगर जी भर गया ॥
जिस गलीमें था वहाँ थी क्या कमी ?
ऐ गदा[1] ! क्यों माँगने दर-दर गया ?

ताबूतपै[2] मेरे आये जो वोह , मिट्टीमें मिलाया यूँ कहकर—
"फैला दिये दस्तो-पा[3] तूने इतने ही में बस जी छूट गया ॥"

उन्हें जो मंज़ूर देखना है तो आके ऐसेमें देख जायें !
लिया सहारा मरीज़ेग़मने, चराग़ कुछ बुझके झिलमिलाया ॥

निकहतेगुल[4] बहुत इतराई हुई फिरती है ।
वोह कहीं खोल भी दें तुर्रयेगेसू[5] अपना ॥
निकहते-ख़ुल्देबरीं[6] फैल गई कोसोंतक ।
वोह नहाकर जो सुखाने लगे गेसू[7] अपना ॥
लिल्लाह हमद ! कदूरत[8] नहीं रहने पाती ।
मुँह धुला देता है हर सुबहको आँसू अपना ॥

---

[1]भिक्षुक; [2]अर्थीपै [3]हाथ-पाँव; [4]फूलकी गन्ध; [5]चोटी; [6]जन्नत-जैसी सुगन्ध; [7]बाल; [8]द्वेष-भावना ।

ग़ममें परवानये-मरहूमके[1] थमते नहीं अश्क।
शमअ़! ऐ शमअ़! ज़रा देख तो मुँह तू अपना॥

सुबू अपना-अपना है जाम अपना-अपना।
किये जाओ मयख़्वार काम अपना-अपना॥
न फिर हम न अफ़सानागो ऐ शबेग़म[2]!
सहरतक[3] है क़िस्सा तमाम अपना-अपना॥
जिनाँमें[4] है ज़ाहिद, तेरे दरपै हम हैं।
महल अपना-अपना, मुक़ाम अपना-अपना॥
हुबाबो[5]! हम अपनी कहें या तुम्हारी।
बस एक दम-के-दम है क़याम अपना-अपना॥
कहाँ निकहतेगुल,[6] कहाँ बूये-गेसू[7]!
दमाग़ अपना-अपना मशाम[8] अपना-अपना॥
ख़राबातमें मयकशो! आके चुन लो।
नबी अपना-अपना इमाम अपना-अपना॥

हम वह मैकश हैं कि साग़रकी तरह ऐ साक़ी!
सर हमेशा तेरी ख़िदमतमें रहा ख़म अपना॥
ऐ असीराने क़फ़स! कुछ तो शगुन अच्छा है।
हाथ जाता है गरीबाँको जो पैहम[9] अपना॥

मेरा सब हाल कह लेना तो क़ासिद! यह भी कह देना—
"ख़बर कर दी तुम्हें, है अख़्तयार आने-न-आनेका॥"

हश्रमें जो है, वोह लेता है क़दम झुक-झुककर।
आज देखे कोई रुत्बा तेरे दीवानेका॥

---

[1]मृतक पतंगेके; [2]दुखकी रात्रि, [3]प्रातःकालतक; [4]जन्नतमें; [5]पानीके बुलबुलो; [6]फूलकी सुगन्ध; [7]बालोंकी ख़ुशबू; [8]सूँघनेकी सामर्थ्य, मस्तक; [9]बार-बार।

चला जाऊँगा मैं जो महफ़िलसे तेरी।
कोई और मेरी जगह आ रहेगा॥
यह दुनिया है ऐ 'शाद'! नाहक़ न उलझो।
हर इक कुछ तो अपनी-सी आख़िर कहेगा॥

जब किसीने हाल पूछा रो दिया!
चश्मेतर! तूने तो मुझको खो दिया॥
दाग़ हो या सोज़ हो, या दर्देग़म।
ले लिये ख़ुश होके जिसने जो दिया॥

दैरोहरममें[१] गर नहीं, ख़ैर न हों नहीं सही।
मेरे ही पास जब नहीं, आप कहीं हुए तो क्या?
हम थे मिटे हुए युँ ही, रोज़े-अज़लसे[२] ऐ अजल[३]!
रूयेज़मींपै हैं तो क्या. ज़ेरे-ज़मीं हुए तो क्या?
जोशे-शबाबमें दिला! कुफ़्रमें भी था इक मज़ा।
मिट गई जीकी जब उमंग, तालिबे-दीं हुए तो क्या?

हमसे सहरागर्दको[४] छोड़ ऐ ग़ुबार[५]!
तू कहाँ तक पीछे-पीछे आयगा?
खो गये हैं दोनों जानिबके सिरे।
कौन दिलकी गुत्थियाँ सुलझायगा?
मैं कहाँ, वाइज़ कहाँ, तौबा करो!
जो न समझा ख़ुद वोह क्या समझायगा?
बाग़में क्या जाऊँ, सरपर है ख़िज़ाँ।
गुलका उतरा मुँह न देखा जायगा॥

---

[१]मन्दिर-मस्जिदमें; [२]सृष्टिके आदिसे; [३]मृत्यु; [४]जंगलोंमें विचरनेवालेको; [५]रेतीले प्रदेशोंमें उठता हुआ धूलका अम्बार।

सबक़ तो मकतबे-उल्फ़तमें सबका था यकसाँ।
किसीको शुक्र, किसीको फ़क़त गिला आया॥
शराब दे कि न दे तुझपै मैं फ़िदा साक़ी!
मुझे तो बातमें तेरी बड़ा मज़ा आया॥
सुबूके आते ही अल्लाहरे ख़ुशी ऐ मस्त!
इमाम आये, रसूल आ गये, ख़ुदा आया॥

ज़ाहिदसे जब सुनो तो ज़बाँपर है ज़िक्रे-हूर।
नीयत हुई ख़राब तो ईमान कब रहा?

हज़रते 'शाद'से करनी है फ़रिश्तो! क्या अ़र्ज़?
चुप रहो, गुल न करो, आपने आराम किया॥

तेरे कमालकी हद कब कोई बशर समझा।
उसी क़दर उसे हैरत है, जिस क़दर समझा॥
कभी न बन्दे-क़बा खोलकर किया आराम।
ग़रीबख़ानेको तुमने न अपना घर समझा॥
पयामेवस्लका मज़मूँ बहुत है पेचीदा।
कई तरह इसी मतलबको नामाबर समझा॥
न खुल सका तेरी बातोंका एकसे मतलब।
मगर समझनेको अपनी-सी हर बशर समझा॥

शबेग़म सूँघ गया साँप मौअज़्ज़नको[1] भी।
आज जल्दीसे न काफ़िरको ख़ुदा याद आया॥
हक़परस्तीके यह माने हैं तो ज़ाहिद मैं बाज़।
जब बुतोंपर न चला ज़ोर ख़ुदा याद आया॥

---

[1]अज़ान देनेवालेको।

सदमा तेरे फ़िराक़का मैं क्या करूँ बयाँ ?
बस इन्तहा तो यह है कि मरनेका डर न था ।।

हुजूमे-ग़मने सिखानेकी लाख की कोशिश ।
हमें तो आह भी करना न उम्रभर आया ।।
लहदमें शाना हिलाकर यह मौत कहती है—
"ले अब तो चौंक मुसाफ़िर कि अपने घर आया"
हज़ार शुक्र ! हुआ आफ़ताबे-हश्र तुलू[1] ।
बड़ी तो बात रही यह कि तू नज़र आया ।।

चली जो रूह तो यूँ जिस्मसे कहा मुड़कर—
"कि हस्बख़्वाह न मेहमाँका अहतराम[2] हुआ ।"
मिली न 'शाद'को अफ़सोस कोई नेमतेख़ास ।
बस इन्तहा है कि मरना तलक भी आम हुआ ।।

जवाब है कहीं इस हदकी बदगुमानीका ।
कि मिटनेवाले मिटे और मिटा न शक तेरा ।।

ख़मोश हैं तेरे नालोंपै यह ग़नीमत जान ।
अगर जवाबमें कह दे कि "मैं नहीं सुनता ।।"

जो कली सूख गई वोह तो खिलेगी न कभी ।
बाग़में फ़स्लेबहार आये तो क्या, जाये तो क्या ?

फिर आज शामसे नासेह ! है ग़ैर हाल अपना ।
तुझे है अपना ख़याल, है मुझे ख़याल अपना ।।
शराबख़ानेसे टलना मुहाल है वाइज़ !
बिका हुआ है इसी घरमें बाल-बाल अपना ।।

---

[1] प्रलयका सूर्य निकला; [2] आदर-सत्कार ।

ख़बर मिली थी कि आयेंगे आज शामको वोह।
हमीं समझते हैं, जिस तरह दिन तमाम किया॥

जगह दामनमें हम क्योंकर न देते।
कि तिफ़्लेअश्क[1] अपना ही लहू था॥

मेरी तरफ़से हरममें[2] न कुछ सबा[3]! कहना।
सलाम ज़ुहदको[4] और इश्क़को दुआ कहना॥

फ़िराक़ेयारमें रोनेकी हद क्या?
समन्दर है किनारा आस्तींका॥
मेरी मायूसियोंको कुछ न पूछो।
न दुनियाका भरोसा है न दींका॥

किसीको हुस्न दिया और किसीको माल दिया
ग़रीब जानके उसने मुझीको टाल दिया॥

ज़र्रे-ज़र्रेको तेरे कूचेमें था मुझसे ग़ुबार।
मैं जो करता भी तो किस-किससे सफ़ाई करता॥

ख़ुशी बहारकी धड़का ख़िज़ाँके आनेका।
गुलो! फ़क़त यह उलट-फेर है ज़मानेका॥

चुस्त कमरका क्या सबब तंग क़बाकी वजह क्या?
हम तो किये हैं दिल निसार, हमसे अदाकी वजह क्या?
ख़ाकमें जो मिला हो ख़ुद, उसपै सितमसे फ़ायदा?
हुस्नकी यह सरिश्त है, वरना जफ़ाकी वजह क्या?

---

[1]आँसूरूपी पुत्र; [2]काबेमें; [3]वायु; [4]दिखावटी उपासनाको दूरसे ही प्रणाम करना।

वस्ल आख़िर लफ़्ज़े-बेमानी बने।
तूल इतना ऐ फ़िराक़ेयार! खींच ॥

ख़तेशौक़ अपना लिफ़ाफ़ेमें रखो।
आरज़ूओंको कफ़न पहनाओ 'शाद'!

मेरी ख़ताकी नहीं हृद, मगर सज़ा महदूद।
वफ़रे-शौक़[1] यहाँ, और तेरी जफ़ा महदूद ॥

फिर गये रास्तेसे वोह गर्दोग़ुबार देखकर।
रह गई मेरी बेकसी सूये-मज़ार[2] देखकर ॥
वस्लो-फ़िराक़की ख़बर कौन पढ़े किसे दमाग़?
बढ़ गई और बेख़ुदी नामयेयार देखकर ॥

उठ गये उस मुक़ामसे अश्क भर आये जिस जगह।
आज तलक बचाये हैं, इश्क़की आबरूको हम ॥

उदू देखें ख़ुशी, अहबाब तेरे रंजोग़म देखें।
कहाँसे यह कलेजा लायें, किन आँखोंसे हम देखें?
न आई दो घड़ी पहले अजल अफ़सोस क्या करिये।
रक़ीब और हाथ रखकर तेरे बीमारोंका दम देखें ॥

बज़्ममें साक़िया शराब बढ़ती है सफ़्फ़को[3] तोड़कर।
सब तो हैं एक हालमें, उसपै यह इम्तयाज़[4] क्यों?

तेरी गलीके क़उ़दो-क़यामकी क्या बात!
इसीको दिलकी ज़बाँमें नमाज़ कहते हैं ॥

---

[1]अभिलाषाकी अधिकता; [2]समाधिकी तरफ़; [3]पंक्तिको; [4]भेद-भाव।

बेजाये क़रीबे-नख़्लेगुल, चारा ही नहीं कुछ बुलबुलको।
सैयादका देखो ज़ुल्म ज़रा, ज़ालिमने छुपाया दाम कहाँ ?

वोह ख़ुशनिगाह नहीं, जिसमें ख़ुदनुमाई नहीं।
यह चश्मदीदा हैं, बातें सुनी-सुनाई नहीं।
ख़यालसे है कहीं दूर आस्तानए-दोस्त !
वहाँका शौक़ है दिलको, जहाँ रसाई नहीं॥
मरीज़े-हिज्रको लाज़िम है तेरे ज़ुल्मकी याद।
दवा यही है मगर हमने आज़माई नहीं॥
वोह आशिक़ोंसे हैं नाराज़ क्यों, ख़ुदा जाने ?
वफ़ूरे-शौक़का होना कोई बुराई नहीं॥
ज़बाँपै ज़िक्र मगर दिलमें वसवसा ऐ 'शाद' !
ख़ता मुआफ़ यह धोका है पारसाई नहीं॥

हमें पैग़म्बरने कुछ तो ऐसी ही ख़बर दी है।
कहें क्या तुझसे ऐ नासेह ! कि किस मतलबसे जीते हैं ?

उन्हें देखो कि अबतक ग़फ़लतोंसे काम लेते हैं।
हमें देखो कि बेदेखे उन्हींका नाम लेते हैं॥

जहाँतक हो बसरकर ज़िन्दगी आला ख़यालोंमें।
बना देता है कामिल बैठना साहब-कमालोंमें॥

जो आँखें हों तो चश्मेग़ौरसे औराक़े-गुल[1] देखो।
किसीके हुस्नकी शरहें[2], लिखी हैं इन रिसालोंमें॥

वोह सलामत रहें इतना भी बहुत है क़ासिद !
पूछ लेते हैं, ग़रीबोंपै करम[3] करते हैं॥

---

[1]फूलकी पत्ती रूपी पृष्ठ; [2]टीकायें; [3]दया।

जो दें सवालपै उनकी सनद नहीं ऐ 'शाद' !
वही करीम हैं जो बेसवाल देते हैं ॥

पैराक वही हिज्रेमुहब्बतके हैं ऐ 'शाद' !
डूबें तो किसी हाल उभरते ही नहीं हैं ॥

इश्क़ और अक़्लमें ऐ दोस्त ! हमेशासे है बैर ।
लोग जो कुछ मुझे कहते हैं बजा कहते हैं ॥

हूँ इस कूचेके हर ज़र्रेसे वाक़िफ़ ।
इधरसे उम्र भर आया-गया हूँ ॥
लहदमें[1] क्यों न जाऊँ मुँह छुपाये ।
भरी महफ़िलसे उठवाया गया हूँ ॥
कुजा मैं और कुजा ऐ 'शाद' दुनिया ।
कहाँसे किस जगह लाया गया हूँ ॥

सराये-दहरमें[2] ऐ रूह ! अपना जी नहीं लगता ।
ख़ुदा जाने, यहाँ कितने दिनों रहनेको आये हैं ॥

मेरी तलाशसे मिल जाय तू, तो तू ही नहीं ।
इस अम्रेख़ासमें कुछ जायेगुफ़्तगू ही नहीं ॥
नियाज़मन्दको लाज़िम है चश्मतर रखना ।
अदा नमाज़ न होगी अगर वज़ू ही नहीं ॥
वोह दामन अपना उठाये हुए हैं क्यों दमे-क़त्ल ?
ख़ुदाके फ़ज़्लसे याँ जिस्ममें लहू ही नहीं ॥

सदा यह आती है क़ब्रोंसे—"घुट रहा है दम ।
कि बेकसीके सिवा कोई आस-पास नहीं ॥"

---

[1]क़ब्रमें; [2]संसाररूपी सरायमें ।

फ़साना क़ैससे सौदाये-इश्क़का पूछो।
मुझे तो सरके खुजानेका भी हवास नहीं।

हुस्नो-इश्क़ एक हैं, ज़ाहिरमें फ़क़त नाम हैं दो।
यह अगर सच है तो, क्या उनके बराबर हम हैं ?
अक़्लसे राह जो पूछी तो पुकारा यह जुनूँ —
"वह तो खुद भटकी हुई फिरती है, रहबर[1] हम हैं ॥"

हिज्रके बाद अगर हैं वस्ल, तब तो कोई अलम नहीं।
रहम है जिसकी इन्तहा, फिर वह सितम-सितम नहीं ॥

वाइज़को अख़्तयार है, चाहे वह हो मलूल।
हम तो कलामे-हक़्क़का बुरा मानते नहीं ॥
ऐ 'शाद' जिनके साथ ज़माना बसर किया।
अल्लाह ! अब वही मुझे पहचानते नहीं ॥

बेकार हमको ज़िबह किये देती है बहार।
बरसा चमनमें अब्र कि तेग़ें बरस गईं ॥

परवानेकी बिसात ही क्या थी फ़ना हुआ।
देखा तो शमअ़ भी न रही अपने हालमें ॥

रुसवाइयाँ ग़ज़बकी हुईं तेरी राहमें।
हद है कि खुद ज़लील हूँ अपनी निगाहमें ॥
मैं भी कहूँगा देंगे जो आज़ा[2] गवाहियाँ।
या रब ! यह सब शरीक थे मेरे गुनाहमें ॥
थी ज़ुज़्वे-नातवाँ[3] किसी ज़र्रेमें मिल गई।
हस्तीका क्या वजूद तेरी जलवागाहमें ॥

---

[1]पथ-प्रदर्शक; [2]इन्द्रियाँ; [3]निर्बलताके परमाणु।

ऐ 'शाद' ! और कुछ न मिला जब बरायेनज़्र[1] ।
शर्मिन्दगीको लेके चले बारगाहमें[2] ॥

बज़ाहिर मिल नहीं सकता अदाका तेरी अन्दाज़ा ।
मगर अहले-नज़र आँखोंमें सब कुछ तोल लेते हैं ॥

कहीं निशाँ न मिलेगा तेरा हमें न सही ।
किसीका क्या है हम अपनेको आप खोते हैं ॥

हम ऐसे गुमशुदा इन्साँका ज़िक्र क्या ऐ 'शाद' !
जो बा-निशाँ थे उन्हींका कहीं निशान नहीं ॥

निकली यह कहके आलमे-पीरीमें[3] तनसे रूह—
"बस अब हमारे रहनेके क़ाबिल यह घर नहीं ॥"

मंज़िले-दोस्तका निशाँ देखिये किस तरह मिले ।
अक़्ल तो खुद बहक गई, अब किसे रहनुमा करें ?

कोई मातम करे मेरे लिए क्यों ?
सज़ा जीनेकी है, इतना जिये क्यों ?

कुछ अख़्तयार है मालिक उरूज दे जिसको ।
वोह शहसवार कहाँ और मेरा ग़ुबार कहाँ ?

कहने लगते हैं जवानोंकी कहानी जो कभी ।
पहले हम देर तलक बैठके रो लेते हैं ॥
एक तो जाम फिर उस हाथसे अहसनत ऐ 'शाद' !
यूँ कहो, पाते हैं हम, यूँ न कहो, लेते हैं ॥

---

[1]ईश्वरको भेंट करनेके लिए; [2]ईशमन्दिरमें; [3]वृद्धावस्थामें ।

ख़ुदा शाहिद, बुरा कहता नहीं जन्नतको मैं लेकिन।
मज़ा कुछ और ही है, मै-कशीका बादाख़ानेमें ॥

दराज़ी उम्रकी हदसे जियादा जब सताती है।
ब-हसरत हम तुझे ऐ मौत! घड़ियों याद करते हैं ॥

हज़ार तल्ख़[1] है, पीरेमुग़ाँने[2] जब दी है।
ख़ुदा न करदा[3] जो मैं मुँह बना-बनाके पियूँ ॥
मज़ा है बादाकशीका वहीं तो ऐ साक़ी!
पियूँ जो अब तो तेरे आस्ताँपै आके पियूँ ॥
ज़मींपै जामको रख दे ज़रा ठहर साक़ी!
मैं इसपै हो लूँ तसद्दुक़ तो फिर उठाके पियूँ ॥

अब उनका नाम न ले हिज्रमें कटी जो शबें।
कर उनका ज़िक्र जो सरपर दिन आनेवाले हैं ॥

तड़पना देखते हो दोस्तो! रह-रहके बिजलीका।
न फँस जाये कोई बेकस बलाये-आस्मानीमें ॥

वफ़ाके मुद्दई शिकवा जफ़ाका लबपै लाते हैं।
वोह गोया बेवफ़ा हैं, हम वफ़ा करना सिखाते हैं।
जफ़ायें उनकी हैं बेमसलहत? अक़्लोंके नाख़ुन लो ॥
अब ऐसे क्या वोह भोले हैं, कि बेसोचे सताते हैं ॥

दरीचा खोलकर सुलझाते हैं वोह मुश्कबू ज़ुल्फ़ें।
यह ख़ुश्बू सूँघ लो ऐसेमें आकर ऐ! वतनवालो ॥

अपनी हस्तीको ग़मोदर्द मुसीबत समझो।
मौतकी क़ैद लगा दी है, ग़नीमत समझो ॥

---

[1]कड़वी; [2]मधुशाला-स्वामीने; [3]ख़ुदा न करे।

फ़ैसला होता है नेकी-ओ-बदीका हरदम।
दिलको इस सीनेमें छोटी-सी अदालत समझो॥

मयस्सर जिनका था दीदार बेखटके ज़मानेको।
वही ख़ुश चश्म अब मिलते नहीं सुर्मा लगानेको॥
दमे-आख़िर हमारे दिलमें यूँ उम्मीद आती है।
कोई जाये कहीं शर्मिन्दगी जैसे मिटानेको॥

लेता है मेरा ज़ख़्मेजिगर बोसे-पै-बोसे।
पैकाँपै कहीं नाम तुम्हारा खुदा न हो॥

वोह पूछते ही रह गये वजहे-मलालेग़म।
हम सोचते रहे जो कहीं कुछ गिला न हो॥
नाज़ुक मिज़ाज दिलको ही अहसाँ नहीं पसन्द।
शर्मिन्दये-क़ुबूल हमारी दुआ न हो॥
क़ासिद! वोह बात कह कि यक़ीं कुछ तो दिलको आय।
क्या कह रहा है तू कहीं वादा किया न हो॥

यह सब दुरुस्त कि तुम बुत भी हो ख़ुदा भी हो।
मगर नियाज़के क़ाबिल यह दिल रहा भी हो॥

दिल उसकी बारगाहमें सजदे करे तो क्या?
अपने नियाज़मन्दसे जो बेनियाज़ हो॥

कोई ऐ 'शाद'! पूछे या न पूछे इससे क्या मतलब?
ख़ुद अपनी क़द्र करनी चाहिए साहब-कमालोंको॥

"मरीज़े-इश्क़को मरते कभी नहीं देखा।"
दबी ज़बाँसे यह क्या कह गये, इधर देखो!

मुर्दोंकी क़नाअ़तोंपै है रश्क ।
पहने रहे इक कफ़न हमेशा ॥

अपनी आँखोंका यह ईमा हैं ख़यालेयारसे ।
तूने बेमौसमकी बरसातें न देखी हों तो देख ॥
एक हसरत दो तरफ़ रहती है, मसरूफ़े-कलाम ।
तख़लियेकी[1] गर मुलाक़ातें न देखी हों तो देख ॥

'शाद' ! आता है बगोला अपने इस्तक़बालको[2] ।
दश्तेग़ुरबतकी[3] मदारातें[4] न देखी हों, तो देख ॥

बरसरेदार[5] खिंचे या न खिंचे वोह लेकिन ।
जो कहे कलमयेहक़[6] तू उसे मंसूर समझ ॥

जुम्बिशे-अबरूये-ख़मदारका पूछो न सबब ।
रक्खे-रक्खे यह कमाँ यूँ भी कड़क जाती है ॥

बहुत कुछ पाँव फैलाकर भी देखा 'शाद' दुनियामें ।
मगर आख़िर जगह हमने न दो गज़के सिवा पाई ॥

लगा न दे तेरी रफ़्तारे-नाज़में धब्बा ।
कहीं-कहीं जो निशाने-मज़ार बाक़ी है ॥

न रोकती जो मुझे ऐ ज़मीं ! कशिश तेरी ।
तो मेरी ख़ाक ख़ुदा जाने क्या-से-क्या होती ॥
तेरी तलाशमें हमने मिला दी ख़ाकमें उम्र ।
तू ही बता कि यह कम्बख़्त रहके क्या होती ?

---

[1]एकान्तकी; [2]स्वागतको; [3]प्रवासके जंगलकी; [4]आवभगत; [5]फाँसीके तख़्तेपर; [6]सत्य बात ।

गुलोंने ख़ारोंके छेड़नेपर सिवा ख़मोशीके दम न मारा।
शरीफ़ उलझें अगर किसीसे तो फिर शराफ़त कहाँ रहेगी ?

बुतकदा है कि ख़राबात[1] है या मस्जिद है।
हम तो सिर्फ़ आपके तालिब हैं ख़ुदा शाहिद है॥
न मुसल्लेकी ज़रूरत है न मिम्बर[2] दरकार।
जिस जगह याद करें तुझको, वही मस्जिद है॥

वोह चाहें बदलें-न-बदलें मेरे मुक़द्दरको।
किसी क़दर मुझे तसकीं तो है दुआ करके॥

सुनें कि हम न सुनें तूने ख़ुद दिया है जवाब।
हुजूमेयासमें[3] जब-जब तुझे पुकारा है॥

यह शर्त आपसमें की थी, मैं निकलती हूँ कि तू पहले।
मगर की रूहने सबक़त न निकली आरज़ू पहले॥

मेरी ज़िन्दगानीका सौदा गराँ है।
घटे तो ज़ियाँ[4] है, बढ़े तो ज़ियाँ है॥

निकालें बहरेग़मसे डूबतोंको यह कहाँ हिम्मत !
ख़ुद अपने हाथसे अपना डुबोना हमको आता है॥
निचोड़ें बैठकर, फिर ख़ुश्क कर लें, यह नहीं आता।
जहाँ बैठे वहाँ दामन भिगोना हमको आता है॥

फ़लकका ज़िक्र तो क्या है, ज़मींके भी न रहे।
हम अपनी चालमें आख़िर कहींके भी न रहे॥

---

[1]मधुशाला; [2]मस्जिदका वह स्थान जहाँ भाषण दिया जाता है; [3]निराशाओंमें; [4]नुक़सान, घाटा।

वोह साहबे-असर हूँ कि ऐ 'शाद'! बादे-मर्ग।
बोसे लिये हैं मेरी लहदके रक़ीबने॥

असर अब इससे ज़ियादा वफ़ाका क्या होगा।
क़सम हमारी मुहब्बतकी लोग खाने लगे॥

वोह नातवाँ[1] हूँ कि नाला मेरा तेरे दर तक।
लिये गया मुझे बेअख़्तयार खींचे हुए॥

मैं और अर्ज़ करूँ क्या जनाबे-नासेहसे।
बस एक आप ग़रीबोंके ख़ैरख़्वाह मिले!

वोह ज़माना वस्लका क्या हुआ, कभी आश्नाये-जफ़ा न थे।
कि बदनसे रूह अलग भी थी, मगर आप हमसे जुदा न थे॥
दिलेमुज़तरब! तुझे क्या कहूँ? अबस उनके पाँवपै सर रखा॥
जो ख़फ़ा भी हो गये थे तो क्या, कि वोह आदमी थे ख़ुदा न थे॥
हुए जाके तालिबेदीद जो, यह क़ुसूर है तो उन्हींका है।
कोई और होंगे वोह बदयक़ीं, तेरे आस्ताँके गदा[2] न थे॥

किसीकी बात भला उसके दिलपै क्या लगती?
ख़ुदाके बन्दोंने यूँ तो कही ख़ुदा लगती॥

हवाये-दहर[3] बिगाड़े हज़ार फूलोंको।
न हो वोह रंग, शराफ़तकी कुछ तो बू होगी॥

बवक़्ते-नज़अ वोह नाहक़ चले गये उठकर।
हम उसके बाद तो आँखोंको ख़ुद फिरा लेते॥

मैं निसार अपने ख़यालपर कि बग़ैर मयके हैं मस्तियाँ।
न तो ख़ुम है पेशेनज़र कोई, न सुबू है पास न जाम है॥

---

[1]निर्बल; [2]भिक्षुक; [3]संसारकी हवा।

बड़ी मुश्किलोंसे हुआ है हल यह किताबेउम्रका मसअला।
उन्हें वस्लेग़ैर हलाल है, हमें शबकी नींद हराम है॥

इसी सोचमें है दिलेहज़ीं, कि क़यामत आनेको आयेगी।
हुए उनसे तालिबेदीद हम, वोह कहेंगे—"मजमये आम है॥"

कह दो मरीज़ेग़मसे कि आयेंगे क़ब्रपर।
रख लो ख़ुदाके वास्ते, इतनी-सी जान भी॥

बिछाकर जो गया बिस्तरपै काँटे।
वही ज़ालिम मेरा आरामे-जाँ था॥

जिसका दिल मुरझा चुका हो ऐ सबा! उसके लिए।
फ़स्लेगुल आई तो क्या, अब्रे-बहार आया तो क्या?

भला हुआ कि उड़ा दी सबाने ख़ाक मेरी।
तेरा तो सरपै न अहसान ऐ ज़मीन! लिया॥

आराम कर लो क़ब्रमें चन्दे मुसाफ़िरो!
मंज़िल तक और अब कोई मेहमाँ सरा नहीं॥
दो-चार वक़्त जाते हैं रोज़ उस गलीमें हम।
अबतक कोई नमाज़ हमारी क़ज़ा नहीं॥

मज़ा मिल जायगा जीनेका तुझको।
किसी ज़ालिमपै नासेह तू भी मर देख॥

ऐसा न हो मलाइक[1] करने लगें शिकायत।
तीरे-नज़र तुम्हारा कुछ दूर जा पड़ा है॥

रहे-वफ़ामें[2] क़दम डिग न जायें देख ऐ दिल!
सतानेवाले अभी बहुत कुछ सतायेंगे॥

---

[1]फ़रिश्ते; [2]नेकीके मार्गमें।

यह अदा, यह उनका मिलना, यही कह रहा है मुझसे !
कि जफ़ा भी अब जो होगी तो ब-शक्लेनाज़ होगी ।।

नज़र आये-न-आये कोई आँसू पूछनेवाला ।
मेरे रोनेकी दाद ऐ बेकसी ! दीवारो-दर देंगे ।।

उसके लिए तो हाथ उठाना भी है गुनाह ।
जिसकी दुआ हों आप, वोह फिर क्या दुआ करे ?

मोती तुम्हारे कानके थर्रा रहे हैं क्यों ?
फ़रियाद किस ग़रीबकी गोश-आश्ना हुई ।।

गुलिस्ताने-जहाँमें बस वही आज़ाद इन्साँ है ।
सबाकी तरह जिस गुलसे मिले उसको हँसा आये ।।

तुलनात्मक अशआ़र

अब हम 'आतिश' और 'शाद'की हमतरही ग़ज़लोंके चन्द तुलनात्मक शेर पेश कर रहे हैं, ताकि पाठक जान सकें कि एक ही क़ाफ़ियेमें दोनों उस्तादोंने कैसे-कैसे मज़ामीन नज़्म किये हैं। और दोनोंका मर्तबा ग़ज़लगोईमें कितना ऊँचा है। जहाँ शादने 'आतिश'के किसी क़ाफ़ियेपर शेर नहीं कहा है, वहाँ मजबूरन उससे मिलता-जुलता शादके दूसरे क़ाफ़ियेका शेर दे दिया है।

आतिश— न पूछ हाल मेरा चौबे-ख़ुश्के-सहरा[1] हूँ ।
लगाके आग मुझे, कारवाँ[2] रवाना हुआ ।।

शाद— ख़ुदा बुरा करे इस नींदका यह कैसी नींद ?
खुली कब आँख कि, जब कारवाँ रवाना हुआ ।।

---

[1]जंगलकी सूखी लकड़ी; [2]यात्रीदल ।

आतिश-- भरा है सीनये-दिल कूचए-मुहब्बतसे ।
खुदाका घर था जहाँ, वाँ शराबख़ाना हुआ ।।

शाद-- ग़ज़ब किया तेरे जानेने बज़्ममें[1] साक़ी !
बुलन्द चारतरफ़ शोर आमयाना[2] हुआ ।।

आतिश-- हो जाये हुस्नेमानी बेसूरत आश्कार ।
रूये-हक़ीक़त उलटे जो परदा मजाज़का ।।

शाद-- उनकी निगाहेनाज़ जो पलटी तो देखना ।
मुँह देखती रहेगी हक़ीक़त, मजाज़का ।।

आतिश-- साक़ी ! जलाल[3]-ओ-दर्द जो तौफ़ीक़[4] हो सो दे ।
मस्तोंको तेरे होश कहाँ इम्तयाज़का[5] ।।

शाद-- देखा तो होगा हमने अज़लमें तेरा जमाल ।
लेकिन वोह कोई वक़्त न था इम्तयाज़का ।।

आतिश-- क्योंकर वोह नाज़नीन करे बेनियाज़ियाँ ।
अन्दाज़से भी हौसला आली है नाज़का ।।

शाद-- किस तरह दिलपै फ़ित्नये-महशरका हो असर ।
हंगामा याद है तेरी रफ़्तारे-नाज़का ।।

आतिश-- याद करके अपनी बरबादीको रो देते हैं हम ।
जब उड़ाती है हवाए-तुन्द[6] ख़ाके-कूये-दोस्त[7] ।।

शाद-- लाशये-उरियाने-आशिक़का[8] कोई देखे विक़ार[9] ।
ढाँकती है उठके किस उल्फ़तसे ख़ाके-कूये-दोस्त ।।

---

[1]महफ़िलमें; [2]आमफ़हम; [3]रूपका दर्शन, चमत्कार; [4]हौसला, सामर्थ्य; [5]थोड़े-बहुतके भेदका। [6]तेज हवा; [7]प्रेयसीके कूचेकी धूल; [8]प्रेमीकी नग्न-लाशका; [9]महत्व।

आतिश-- दाग़ेदिलपर ख़ैर गुज़री तो ग़नीमत जानिये ।
दुश्मने-जाँ हैं जो आँखें देखती हैं सूये-दोस्त[1] ।।

शाद-- तू बड़ा आक़िल है नासेह ! तू ही समझा दे मुझे ।
कौन शै रह-रहके दिलको खींचती है सूये-दोस्त ।।

आतिश-- दो मरेंगे ज़ख़्मेकारीसे तो हसरतसे हज़ार ।
चार तलवारोंमें शल हो जायेगा बाज़ूये-दोस्त ।।

शाद-- ख़त गलेपर पड़ चुका था ख़ून देती थीं रगें ।
वायेहसरत किस जगह आकर थका बाज़ूये-दोस्त ।।

आतिश-- फ़र्शेगुल बिस्तर था अपना ख़ाकपर सोते हैं अब ।
ख़िश्त[2] ज़ेरेसर नहीं, या तकिया था ज़ानूये-दोस्त ।।

शाद-- किस ख़ुशीसे तहनयत दे-देके यूँ कहता है दिल ।
वस्लकी शब है मुबारक दोस्तको पहलूये-दोस्त ।।

आतिश--हिज्रकी शब हो गई रोज़े-क़यामतसे दराज़[3] ।
दोशसे[4] नीचे नहीं उतरे अभी गेसूये-दोस्त ।।

शाद-- दहरमें क्या-क्या हुए हैं इनक़लाबातेअज़ीम ।
आस्माँ बदला, ज़मीं बदली, न बदली ख़ूये-दोस्त[5] ।।

आतिश-- इस बलाये-जाँसे 'आतिश' देखिये क्योंकर बने ?
दिल सिवा शीशेसे नाज़ुक, दिलसे नाज़ुक ख़ूये-दोस्त ।।

शाद-- 'शाद' यूँही अहलेशक शकमें पड़े रह जायेंगे ।
हम इन्हीं आँखोंसे इक दिन देख लेंगे रूये-दोस्त ।।

---

[1]प्रेयसीकी तरफ़; [2]ईंट; [3]लम्बी; [4]कन्धेसे;
[5]मित्रका स्वभाव ।

आतिश— फ़ुरक़ते-यारमें मुर्दा-सा पड़ा रहता हूँ।
रूह क़ालिबमें नहीं, जिस्म है तनहा बाक़ी ॥

शाद— मैकदेमें न वोह साग़र है, न ख़ुम है, न वोह जाम।
चल बसे यार, रहे हम तने-तनहा बाक़ी ॥

आतिश— इस क़दर सीनयेग़म, इश्क़से मामूर हुआ।
न रही दिलमें मेरे हसरतेदुनिया बाक़ी ॥

शाद— काश जीते युँ-ही मर-मरके कई बार ऐ दिल!
सैकड़ों साल रहेगी अभी दुनिया बाक़ी ॥

आतिश— गरमियाँ हैं जो यही आहेशरर-अफ़शाँकी[1]।
नहीं रहनेका मेरे यारका परदा बाक़ी ॥

शाद— चार दीवारे-अनासिरको[2] गिराया भी तो क्या?
वही धोका है, वही है अभी परदा बाक़ी ॥

आतिश— आशिक़-नवाज़ हुस्नकी तारीफ़ क्या करूँ?
यूसुफ़से भी अज़ीज़ उसे अपना ग़ुलाम है ॥

शाद— मस्तोंपै मुनहसिर है न अहलेशऊरपर।
साक़ी! तेरा तमाम ज़माना ग़ुलाम है ॥

आतिश— जबतक करे हलाल न मुझ बेगुनाहको।
क़ातिलको दहने हाथका खाना हराम है ॥

शाद— इतना भी मैकशोंको नहीं मैकशीमें होश।
हदसे अगर सिवा हो तो पीना हराम है ॥

---

[1]आहरूपी चिनगारीकी बारिश; [2]पंचतत्त्वको।

आतिश-- माशूक़ ही नहीं जो न वादा ख़िलाफ़ हो।
चाहे जो तुझसे पुख़्तगीये-अहद[1] ख़ाम[2] है॥

शाद-- तेग़े-निगाहेयार ! तेरी काट अलअमाँ।
फ़ौलाद भी तो आगे तेरे मोम ख़ाम है॥

आतिश-- दौलतके सामने नहीं कुछ क़द्रे-हुस्न भी।
महमूदका अयाज़-सा ख़ुशरू ग़ुलाम है॥

शाद-- कहते हैं किसको हुस्नकी ख़िदमत-गुज़ारियाँ।
जिस मुब्तलाको देखिये दिलका ग़ुलाम है॥

आतिश-- सुबहे बहार है मुझे साक़ी पिला शराब।
सब जानते हैं ईदका रोज़ा हराम है॥

शाद-- इक जामकी बिसात तो साक़ी बहुत न थी।
पानी भी अब मुझे तेरे घरका हराम है॥

आतिश-- 'आतिश' ! बुरा न मानिये हक़-हक़ जो पूछिये।
शायर हैं हम, दरोग़ हमारा कलाम है॥

शाद-- महमाँ सराये तनसे चली रूह कहके हाय--
"इस घरमें अब न आयेंगे गर 'शाद' नाम है॥"

हम तरही ग़ज़लोंके अतिरिक्त इन दोनों बाकमाल उस्तादोंके ऐसे अशआर भी बहुत अधिक हैं, जो विचारों और भावोंकी दृष्टिसे समानता रखते हैं। उनमें-से चन्द अशआर पेश किये जा रहे हैं, ताकि पाठक जान सकें कि एक ही तरहके भावों और विचारोंको सिद्धहस्त शायर अपनी-अपनी भाषा और कल्पनाका परिधान पहिनाकर किस तरह सँवारते हैं।

---

[1]वायदेकी दृढ़ता; [2]व्यर्थ।

आतिश-- दस्ते-यारानेवतनसे[1] नहीं मिट्टी दरकोर।
दब मरूँगा मैं कहीं, रीगे-बयाबाँके[2] तले॥

शाद-- लबे-तिश्ना[3] रहना, अहसाँसे बहतर।
देखा किया मुँह, दरिया हमारा॥
ख़ुश हैं गर तिश्नालबीने युँ-ही मारा हमको।
चीने-अबरू नहीं, दरियाकी गवारा हमको॥

आतिश-- हमेशा झाड़ते हैं गर्देपैरहन[4] ग़ाफ़िल।
नहीं समझते कि है ज़ेरेपैरहन[5] मिट्टी॥

शाद-- शुस्तगीयेज़बाँ[6] अबस,[7] दिलमें भरे हैं ख़ारोख़स[8]।
छोड़ अभी बरूनेदर,[9] फ़िक्रे दरूने-ख़ाना कर[10]॥

आतिश--आसमाँ! मरके तो राहत हो कहीं थोड़ी-सी।
पाँव फैलानेको हाथ आये ज़मीं थोड़ी-सी॥

शाद-- आरामसे हूँ क़ब्रके अन्दर जो बन्द हूँ।
मैं भी तो आदमी हूँ फ़राग़त पसन्द हूँ॥

आतिश-- मारफ़तमें तेरी ज़ातेपाकके।
उड़ते हैं होशोहवास इदराकके[11]॥

शाद-- तेरे कमालकी हद कब कोई बशर समझा।
उसी क़दर उसे हैरत है जिस क़दर समझा॥

---

[1]देशवासी मित्रोंके हाथसे; [2]रेगिस्तानकी धूलमें; [3]प्यासा; [4]पोशाककी धूल; [5]लिबासके नीचे; [6]वाणीकी मधुरता; [7]व्यर्थ; [8]काँटे, तिनके; [9]बाहरी झाड़-पोंछ; [10]अन्तरंगकी; [11]बुद्धिके।

आतिश— दोनों जहाँके कामका रक्खा न इश्क़ने।
दुनिया-ओ-आख़रतसे किया बेख़बर मुझे॥

शाद— फ़लकका ज़िक्र ही क्या है, ज़मींके भी न रहे।
हम अपनी चालसे आख़िर कहींके भी न रहे।

आतिश— बीना[1] हों जो आँखें तो रुख़े यारको देखें।
नज़्ज़ारेके क़ाबिल जो तमाशा है तो ये है॥

शाद— यह आरज़ू है तेरी जलवागाहमें जाकर।
हज़ार आँखें हों और सबसे यार हम देखें॥

आतिश— हश्रपर वादयेदीदार न कर आशिक़से।
किसको मालूम है, फ़रदायेक़यामत[2] कब है॥

शाद— तकिय-ए-वादापै[3] सब चुपके पड़े हैं तहेख़ाक[4]।
कल क़यामत जो न आई तो क़यामत समझो॥

आतिश— ठहरा हुज़ूरेयार न माहे-चहार वोह।
दिन हो गया नक़ाब जो शबको उठा दिया॥

शाद— शबेवस्ल अपनी ही आँखोंसे यह अन्धेर देखा है।
नक़ाब उनका उलटना रातका काफ़ूर हो जाना॥

---

[1]देखनेवाली; [2]प्रलयका दिन; [3]वायदेके भरोसेपर;
[4]मिट्टीके नीचे, समाधिमें।

आतिश— क़ालिबे-ख़ाकीकी[1] तो सुनते हैं 'आतिश' ज़ेरेख़ाक।
कुछ नहीं मालूम हमको रूह[2] किस आलममें है॥

शाद—जिसे पाक रखनेकी थी हविस वोह तो तेरे दरपै पहुँच गई।
यह जो मुश्तेख़ाक ज़मींपै है, उसे फेंक आओ कहीं सही॥

———

आतिश— वक़्ते-आख़िर इश्क़े-पिन्हाँ, यारपर ज़ाहिर हुआ।
नज़अमें ईसाने पहचाना मेरे आज़ारको॥

शाद— तुझीको नज़अमें पूछा तेरे ख़मोशोंने।
अख़ीर वक़्त जब आया छुपे न राज़[3] उनके॥

———

आतिश— हाथ क़ातिलका मेरे, ख़ंजर तक आकर रह गया।
कुहनियों तक आस्तीनोंको चढ़ाकर रह गया॥

शाद— हमारी जान सदक़े नौजवाँ क़ातिलके ग़ुस्सेपर।
कोई अन्दाज़ देखे आस्तीनोंके चढ़ानेका॥

———

आतिश— छेड़ बैठे जो हम अफ़सानये-गेसूये-दराज़।
सुबह होगी न रहेगी शबे-यल्दा[4] बाक़ी॥

शाद—जो कहूँ तो ख़त्म न हो सके, जो सुने कोई तो ख़लिश रहे।
यह फ़साना ज़ुल्फ़े-दराज़का मेरी ज़िन्दगीसे दराज़[5] है॥

———

[1]मिट्टीरूपी शरीरकी; [2]आत्मा; [3]भेद; [4]सबसे बड़ी अँधेरी रात; [5]लम्बा, विस्तृत।

आतिश— अदमसे हस्तीमें जाकर यही कहूँगा मैं।
हज़ारों हसरतेज़िन्दाको गाड़-ओ-दाब आया ॥

शाद—अभी बहुत दिलमें हैं उम्मीदें तड़पके हसरतसे मर न जायें।
मिलो अगर 'शाद'से अज़ीज़ो ! तो ज़िक्र करना न आरज़ूका ॥

आतिश— चमनिस्ताँकी गई नशवोनुमा फिरती है।
रुत बदलती है, कोई दिनमें हवा फिरती है ॥

शाद— ख़िज़ाँमें ख़ुश्क शाख़ोंसे लिपटकर मुफ़्त जी खोना।
बहार आयेगी घबराओ न ऐ उजड़े चमनवालो !

आतिश— आलमसे कुछ ग़रज़ नहीं ऐ जाने जाँ ! हमें।
दिलको नहीं है कोई तुम्हारे सिवा क़ुबूल ॥

शाद— हज़ार मजमये-ख़ूबाने-माहरू[1] होगा।
निगाह जिसपै ठहर जायगी वह तू होगा ॥

आतिश— कहाँतक आँखोंमें सुर्ख़ी शराबख़्वारीसे।
सफ़ेदमू[2] हुए बाज़ आ सियाहकारीसे ॥

शाद— अब इज्तनाब[3] मुनासिब है 'शाद' रिन्दीसे।
सफ़ेद आपके दाढ़ीके बाल होने लगे ॥

---

[1]सुन्दरियोंका समूह; [2]सफ़ेद बाल; [3]परहेज़, बचाव।

आतिश––राज़ेदिल[१] अफ़शाँ[२] न हो ऐ दिल ! कहे देता हूँ मैं।
फोड़ डाली आँख अगर आँसू नज़र आया मुझे ।।

शाद–– हुजूमे-अश्कसे दीदारमें ख़लल न पड़े।
जो अबके रोऊँ तो आँखोंको मैंने फोड़ दिया ।।

आतिश–– नाफ़हमी[३] अपनी परदा है दीदारके लिए।
वरना कोई नक़ाब नहीं यारके लिए ।।

शाद–– गिला जलवेका तेरे क्या कि आलम आशकारा है।
हमें रोना तो जो कुछ है वोह अपनी कमनिगाहीका ।।

आतिश–– ख़ूब रोये हालपर अपने, वतनका सुनके हाल।
कोई ग़ुरबतमें जो आ निकला हमारे शहरसे ।।

शाद–– चमनको याद करके देरतक आँसू बहाता हूँ।
कोई तिनका जो मिल जाता है उजड़े आशियानेका ।।

आतिश–– करम किया जो सनमने सितम ज़ियादा किया।
शबे-फ़िराक़में मैंने ख़ुदाको याद किया ।।

शाद–– कोई ख़फ़ा हो-तो-हो, अमरेहक़ मगर यूँ है।
बुतोंकी चालने सबको ख़ुदापरस्त किया ।।

---

[१] दिलका भेद; [२] प्रकट; [३] बेसमझी, अज्ञानता।

आतिश—— हिमेशा फ़िक्रसे याँ आशिक़ाना शेर ढलते हैं।
जबाँको अपनी बस इक हुस्नका अफ़साना आता है ।।

शाद—— न आईनेका क़िस्सा और न हालेशाना कहते हैं।
हक़ीक़तमें जमाले-यारका अफ़साना कहते हैं ।।

आतिश—— हिकायते-गुले-रंगीने-यार क्या कहते ?
चमनको आग लगाता जो बाग़बाँ सुनता !

शाद—— जमालेयारका क़िस्सा चमनमें चलके कहो।
गुलोंके कान खड़े होंगे उस हिकायतसे ।।

---

२४ मई १९५३]

गुल-बुलबुल

अमरनाथ 'साहिर'

पं० अमरनाथ मदन साहब 'साहिर' काश्मीरी ब्राह्मणथे। आपका जन्म २६ मार्च १८६३ ई०में और निधन १९४५ ई० के लगभग हुआ। आप देहलीके रईस रायबहादुर पं० जानकीदास मदनके सुपुत्र थे। आपके पूर्वज पं० दीनानाथजी पंजाबके महाराजा रणजीतसिंहके दीवान और ताऊ अंग्रेज़ी फ़ौजमें सूबेदार थे।

'साहिर' साहब तहसीलदारीके पदसे सम्मानपूर्वक पेंशन लेकर दिल्लीमें साहित्य-सेवामें जीवन-यापन करते रहे। अपने मकानपर नियमसे मासिक मुशायरे कराते रहते थे और बड़ी धूम-धामसे वार्षिक मुशायरे वृहतरूपमें कराते थे। मैंने स्वयं सन् १९२४से दसों वार्षिक और न जाने कितने मासिक मुशायरे आपके संचालकत्त्वमें सफलतापूर्वक सम्पन्न होते देखे हैं। उर्दू-संसारमें आपको अत्यन्त सम्मान और आदर प्राप्त था। आप हँसमुख, मिलनसार और प्रतिष्ठित व्यक्ति थे, चेहरेपर सफ़ेद दाढ़ी ख़ूब ज़ेब देती थी।

पहले आप फ़ारसीमें शेर कहते थे, बादमें मित्रोंके आग्रहसे २२ वर्षकी आयुसे उर्दूमें शेर कहना आरम्भ कर दिया। आपका १९३७ ई०में एक दीवान "कुफ़्रेइश्क़" प्रकाशित हो चुका है। आपका कलाम उच्चकोटिका

दार्शनिक और आध्यात्मिक है। भाषा भी फ़ारसीमय है। गद्यके भी आप मशहूर लेखक थे। यहाँ हम आपके कुछ सरल अशआर निगार जनवरी १९४१ से देनेका प्रयत्न कर रहे हैं—

चश्मे-दिल नज़अ़में हैं महवे तमाशाये-जमाल[1]।
हश्र[2] क्या और है उससे कोई बहतर अपना॥

होनेको तो है अब भी वही हुस्न, वही इश्क़।
जो हर्फ़े-ग़लत होके मिटा नक़्शे-वफ़ा था॥

पिन्हाँ नजरसे परदयेदिलमें रहा वोह शोख़।
क्या इम्तयाज़[3] हो मुझे हिज्रो-विसालका॥

ऐ परीरू! तेरे दीवानेका ईमाँ क्या है।
इक निगाहे-ग़लत अन्दाज़पै क़ुर्बां होना॥

जुनूने-इश्क़में कब तन-बदनका होश रहता है।
बढ़ा जब जोशे-सौदा हमने सरको दर्दे-सर जाना॥

एक जज़्बा था अज़लसे गोशये-दिलमें निहाँ।
इश्क़को इस हुस्नके बाज़ारने रुसवा किया॥

तमन्नायें बर आईं अपनी तर्केमुद्दआ होकर।
हुआ दिल बेतमन्ना अब, रहा मतलबसे क्या मतलब?

देखकर आईना कहते हैं कि—"लासानी हूँ मैं"
आईना देता है उनको लनतरानीका जवाब॥

पा लिया आपको अब कोई तमन्ना न रही।
बेतलब मुझको जो मिलना था मिला आपसे आप॥

---

[1]मृत्युके समय हृदय-नेत्र प्रेयसीके सौन्दर्य देखनेमें लीन हैं; [2]प्रलय; [3]अन्तर मालूम दे।

गुम कर दिया है आलमे-हस्तीमें होशको।
हर इकसे पूछता हूँ कि 'साहिर' कहाँ है आज ।।

दामानेयार मरके भी छूटा न हाथसे।
उट्ठे हैं ख़ाक होके सरे रहगुज़रसे हम।

सदाये-वस्ल बामे-अर्शसे आती है कानोंमें--
"मुहब्बतके मज़े इस दारपर चढ़कर निकलते हैं।।"

क़तरा दरिया है अगर अपनी हक़ीक़त जाने।
खोये जाते हैं जो हम आपको पा जाते हैं।।

कहाँ दैरोहरममें जलवये-साक़ी-ओ-मय बाक़ी ?
चलें मयख़ानेमें और बैअ़ते-पीरेमुग़ाँ[1] कर लें।।

परेपरवाज़े उनक़ा[2] लायेंगे गर लामकाँ भी हो।
तुम्हें हम ढूँढ लायेंगे कहीं भी हो, जहाँ भी हो।।

हुस्न क्या हुस्न है जलवा जिसे दरकार न हो।
यूसफ़ी क्या है जो हंगामये-बाज़ार न हो।।

बेतमन्नाईने बरहम रंगे-महफ़िल कर दिया।
दिलकी बज़्म-आराइयाँ थीं आरज़ूये-दिलके साथ।।

अज़लसे दिल है महवेनाज़ वक़्फ़े-ख़ुद-फ़रामोशी।
जो बेख़ुद हो वोह क्या जाने, वफ़ा क्या है, जफ़ा क्या है ?

परदा पड़ा हुआ था ग़फ़लतका चश्मे-दिलपर।
आँखें खुलीं तो देखा आलममें तू-ही-तू है।।

---

[1]शराब बेचनेवालेपर ईमान ले आयें; [2]कल्पित पक्षी।

जलवये-हक़ नज़र आता है सनममें 'साहिर'!
है मेरे काबेकी तामीर सनम-ख़ानोंसे ।।

हुस्नमें और इश्क़में जब राब्ता क़ायम हुआ।
ग़म बना दिलके लिए और दिल बना मेरे लिए ।।

वोह भी आलम था कि तू-ही-था और कोई न था।
अब यह कैफ़ीयत है मैं-ही-मैंका है सौदा मुझे ।।

हुस्नको इश्क़से बेपरदा बना देते हैं वोह।
वोह जो पिन्दारे-ख़ुदी[1] दिलसे मिटा देते हैं ।।

ख़ाली हाथ आयेंगे और जायेंगे भी ख़ाली हाथ।
मुफ़्तकी सैर है, क्या लेते हैं, क्या देते हैं ।।

जिन्दगीमें है मौतका नक़्शा।
जिसको हम इन्तज़ार कहते हैं ।।

दीदारे-शशजहत[2] है कोई दीदावर[3] तो हो।
जलवा कहाँ नहीं, कोई अहलेनज़र तो हो ।।

दरेसनमकदाको हमने जाके खड़काया।
हरममें जब न हुए बारयाब, क्या करते?

हरम है मोमिनोंका, बुतपरस्तोंका सनमख़ाना।
ख़ुदा-साज़ इक ईमारत है मेरे पहलूमें जो दिल है ।।

---

[1]अहमका अभिमान; [2]अखिलविश्वके दर्शन; [3]देखनेवाला।

चले जो होशसे हम बेख़ुदीकी मंज़िलमें।
मिला वोह ज़ौक़े-नज़र, पर उधर न देख सके॥

हम हैं और बेख़ुदी-ओ-बेख़बरी।
अब न रिन्दी न पारसाई है॥

९ मई १९५२]

दत्तात्रय 'कैफ़ी'

पं० बृजमोहन दत्तात्रय कैफ़ी काश्मीरी ब्राह्मण हैं। आपके पूर्वज फ़रुखसियर बादशाहके साथ काश्मीरसे दिल्ली आये और सरकारी दफ़्तरोंमें उच्च पदोंपर नियुक्त हुए। कैफ़ीके पिता पं० कन्हैयालाल नाभा स्टेटमें शहर कोतवाल थे।

अल्लामा कैफ़ी १३ दिसम्बर १८६६ ई०में दिल्लीमें उत्पन्न हुए। आपके नाना फ़ारसीके बहुत बड़े पण्डित थे। उन्हींसे फ़ारसीकी शिक्षा प्राप्त की। अंग्रेज़ी शिक्षा मिशन कॉलेजमें प्राप्त की। शायरीका प्रारम्भ ग़ज़लसे हुआ, परन्तु हाली-आज़ादके आन्दोलनोंके फलस्वरूप आपने नज़्म भी लिखनी प्रारम्भ कर दीं।

१९१५-१६में यूरोपका भ्रमण करके वहाँके साहित्यिकोंसे भेंट-मुलाक़ात की। आपकी कई कृतियाँ सरकारसे पुरस्कृत हो चुकी हैं। आप काश्मीरके विदेशी विभागके उपमंत्री पदसे रिटायर हुए और एक रियासतमें मजिस्ट्रेट और कलेक्टर भी रहे। अब शान्तिपूर्वक साहित्य-सृजन कर रहे हैं। आप उर्दू-साहित्य-इतिहासके बहुत प्रतिष्ठित विद्वान हैं। आपकी आलोचनायें बहुत गवेषणापूर्ण होती हैं। आप उर्दू-संसारके एक स्तम्भ

समझे जाते हैं। सैकड़ों मुशायरों और साहित्यिक सभाओंके आप सभापति होते रहे हैं। आपका उर्दू-साहित्यिक बहुत सम्मान करते हैं। न जाने कितने युवक आपसे प्रेरणा पाकर शायर और लेखक बन गये। विरोधी भी आपकी विद्वता और साहित्यिक सेवाओंका लोहा मानते हैं और आपके दमको उर्दूके लिए एक बहुत बड़ी देन समझते हैं। हिन्दी-हितैषीके नाते जो स्थान आदरणीय पुरुषोत्तमदास टण्डनका है, वही उर्दू-संसारमें आपका है। सादा-मिज़ाज, साफ़-दिल और बा-इख़लाक़ बुज़ुर्ग हैं। सभी आपको श्रद्धा भक्तिसे देखते हैं। दिल्लीकी बड़ी-से-बड़ी बज़्मेअदबका सभापति होते हुए हमने आपको देखा है। आपके एक-एक शब्दको लोग मंत्रकी तरह समझते हैं।

'कैफ़ी' बूढ़े हो चले हैं और उनकी शायरी भी बूढ़ी हो गई है। लेकिन उनके कलाममें न तो पुराने ढंगकी शोख़ी मिलेगी, न बाज़ारूपन। उनका कलाम संजीदा और पाक होता है। निगार जनवरी १९४१ से चन्द अशआर चुनकर यहाँ दिये जा रहे हैं—

हैं मेरे दिलमें वोह आहें कि जो बिजली न बनीं।
मेरी आँखोंमें वोह क़तरा है जो तूफ़ाँ न हुआ॥

ग़म रहा उनका जो दोज़ख़में पड़े जलते हैं।
मेरे ख़ुश होनेका जन्नतमें भी सामाँ न हुआ॥

राज़[1] उनके खुले जाते हैं एक-एक सभूपर।
और इसपै तमाशा है कि मैं कुछ नहीं कहता॥

हाल यह बेख़ुदिये-इश्क़में[2] 'कैफ़ी'का हुआ।
शेख़ काफ़िर उसे और गबर[3] मुसलमाँ समझा॥

---

[1]भेद; [2]प्रेमकी तन्मयतामें; [3]अग्निपूजक (यहाँ ग़ैरमुस्लिमसे तात्पर्य्य है)।

यूँ अगर देखिये क्या कुछ नहीं यह मुश्तेग़ुबार[1]।
और अगर सोचिये तो ख़ाक भी इन्साँमें नहीं ॥

चारागरको हैरत है इस्तक़ाये-वहशतसे।
पाँवमें जो चक्कर था आ रहा है वोह सरमें ॥

सुहबतें अगली जो याद आती हैं, जी कटता है।
कोई पूछे भी तो कहते हैं, हमें याद नहीं ॥

हाँ-हाँ मगर ऐ दोस्त ! तू तदबीर किये जा।
यह भी तेरी तक़दीरके दफ़्तरमें लिखा है ॥

गुले-पज़मुर्दाकी बिखरी हुई कुछ पत्तियाँ देखीं।
तो इक बेदिल यह चीख़ उट्ठा "मेरा दिल है, मेरा दिल है ॥"

तुमसे अब क्या कहें, वोह चीज़ है दाग़े-ग़मे-इश्क़।
कि छुपाये न छुपे और दिखाये न बने ॥
बात वोह कह गये आये भी तो किस तरह यक़ीं।
और सहर इसमें कुछ ऐसा कि भुलाये न बनें ॥

जिसको ख़बर नहीं, उसे जोशो-ख़रोश है।
जो पा गया है राज़, वोह गुम है, ख़मोश है ॥

पैकरे-ख़ाक है तू चर्ख़पै छा मिस्ले-ग़ुबार।
तुझको मिट्टीमें मिलाया है जबीं-साईने ॥

नहीं मालूम अज़ाँ थी कि वोह बाँगेनाक़ूस[2]।
कहीं खींचे लिये जाती है इक आवाज़ मुझे ॥
"इनक़लाब आनेको ऐसा है, न आया हो कभी ॥"
दरो-दीवारसे आती है यह आवाज़ मुझे ॥

---

[1]मुट्ठीभर ख़ाक; [2]शंख-ध्वनि।

जो ज़िन्दादिल हैं हमेशा जवान रहते हैं।
बहारे-ज़ीस्त यक़ीनन इसी शबाबमें हैं॥

हम तो बुरे बने युँ ही नालेसे आहसे।
दिलमें जो था वोह फूट ही निकला निगाहसे॥
आबाद है यह ख़ानयेदिल इक ख़यालसे।
दुनियाके हादसे इसे वीराँ न कर सके॥

साक़ीकी इक नज़र ही हमें मस्त कर गई।
किसको सुराही-ओ ख़ुमो-साग़रका होश था॥

१६ मई १९५२]

'आज़ाद' अन्सारी

शेख अलताफ़ अहमद 'आज़ाद' अन्सारीका जन्म १८७० ई०में नागपुरमें हुआ। वहाँ आपके पिता ओवरसियर थे। १८-१९ वर्षकी अवस्थातक अरबी-फ़ारसीकी शिक्षा प्राप्त की। १९०० ई०में देहरादूनमें मकतब खोला। १९०२से १९०९ तक कानपुरमें हकीमी की। यहीं आपकी पत्नीका निधन हो गया। फिर आप सहारनपुर, अम्बाला, अलीगढ़, दिल्ली, आदि कई स्थानोंमें रहे। १९२३के बाद आप हैदराबाद चले गये और वहाँ चश्मेका व्यापार करने लगे। आप शायरीमें हालीके शिष्य थे। आप पुनः दिल्लीमें रहने लगे थे। यूँ आप सहारनपुरके रहनेवाले थे। १८९०में आपने शायरी प्रारम्भ की और २० वर्षतक हालीकी सुहबतका लाभ उठाया। आपका निधन हो चुका है। आपके स्वयं निर्वाचित कलामसे चन्द शेर हम यहाँ निगार जनवरी १९४१ से साभार दे रहे हैं—

तबीयत ही दर्द-आश्ना हो गई।
दवाका न करना दवा हो गया ।।

यूँ याद आओगे हमें इसला[1] ख़बर न थी।
यूँ भूल जाओगे हमें वहमो-गुमाँ न था ।।

आह ! किसने मुझे दुनियासे मिटाना चाहा।
आह ! उसने, जिसे मैं हासिले-दुनिया जाना ।।

ज़ाहिर है कि बेकस हूँ, साबित है कि बेबस हूँ।
जो ज़ुल्म किया होगा, बरदाश्त किया होगा ।।

उम्मीदे-सकूँ रुख़सत, तस्कीने-दरूँ रुख़सत।
अब दर्दकी बारी है, अब दर्द मज़ा देगा ।।

कभी दिनरात रंगीं सुहबतें थीं।
अब आँखें हैं, लहू है, और मैं हूँ ।।

तेरा गुलशन वोह गुलशन, जिसपै जन्नतकी फ़िज़ा सदक़े।
मेरा ख़िरमन[2] वह ख़िरमन, जिसपर अंगारे बरसते हैं ।।

अब आँखोंके आगे वोह जलवे कहाँ ?
अब आँखें उठानेसे क्या फ़ायदा ?

अब फ़रेबे-महर्बानी[3] रायगाँ[4]।
ज़िन्दगी भरको नसीहत हो गई ।।

जब हमें बज़्ममें आनेकी इजाज़त न रही।
फिर यह क्यों पुरसिशेहालात है ? यह भी न सही ।।

---

[1]कदापि; [2]खलिहान; [3]कृपाओंका मायाजाल;
[4]व्यर्थ।

अब हालेदिल न पूछ, कि ताबे-बयाँ[1] कहाँ ?
अब महर्बां न हो कि ज़रूरत नहीं रही ॥

तेरा बारेगिराने-महर्बानी कौन उठा सकता ?
तेरा नामहर्बां होना कमाले-महर्बानी है ॥

सितमशआ़र ! सता, लेकिन इस क़दर न सता ।
कि शुक्र शक्ले-शिकायात अख़्तयार करे ॥
ख़ुदाके वास्ते आ और इससे पहले आ ।
कि यास चारये-तकलीफ़ेइन्तज़ार करे ॥

हाय ! वोह राहत कि जबतक दिल कहीं आया न था ।
हाय ! वोह साअ़त कि जब तुमसे शनासाई हुई ॥

मेरे शौक़ेसज़ाका ख़ौफ़नाक अंजाम तो देखो ।
किसीका जुर्म हो अपनी ख़ता मालूम होती है ॥

समझता हूँ कि तुम बेदादगर हो !
मगर फिर दाद लेनी है तुम्हींसे ॥

इक गदायेराहको[2] नाहक़ न छेड़ ।
जा, फ़क़ीरोंसे मज़ाक़ अच्छा नहीं ॥

तेरा अदील[3] कोई तेरे सिवा न होगा ।
तुझ-सा कहाँसे लाऊँ, तुझ-सा हुआ न होगा ॥
मंज़िलकी जुस्तजूसे पहले किसे ख़बर थी ?
रस्तोंके बीच होंगे और रहनुमा[4] न होगा ॥

---

[1]बयान करनेकी शक्ति; [2]मार्गके भिक्षुकको; [3]नज़ीर, तुझ जैसा; [4]पथ-प्रदर्शक ।

हक़ बना, बातिल बना, नाक़िस बना, कामिल बना।
जो बनाना हो बना, लेकिन किसी क़ाबिल बना ॥

ज़बाँ तक शिकवये-महरूमिये-दीदार आना था।
ख़िताब आया कि "जा, और ताक़ते-दीदार पैदा कर ॥"

ग़ैर फ़ानी ख़ुशी अता कर दी।
ऐ ग़मेदोस्त ! तेरी उम्रदराज़ ॥

उठो दर्दकी जुस्तजू करके देखें।
तलाशे-सकूने तबीयत कहाँ तक ?

दीदारकी तलबके तरीक़ोंसे बेख़बर।
दीदारकी तलब है तो पहले निगाह माँग ॥

जो चाहना है चाह मगर क़ायदेके साथ।
जो माँगना है माँग मगर राह-राह माँग ॥

निशानेराह हाथ आया तो किससे ? सिर्फ़ उल्फ़तसे।
कमाले-रहबरी पाया तो किसमें ? सिर्फ़ रहज़नमें ॥

आओ, फिर मौक़ा है, कुछ इसरारकी बातें करें ?
सूरते-मन्सूर बहकें, दारकी बातें करें ॥

बयाने-राज़ेदिलकी ख़्वाहिशें और वोह भी मिम्बर पर ?
ख़बर भी है ? यह बातें दारपर कहनेकी बातें हैं ॥

कोई दोनों जहाँसे हाथ उठा बैठा तो क्या परवा ?
तुम इन मोलों भी सस्ते हो, तुम इन दामों भी अरज़ाँ हो ॥

दिल और तेरे ख़यालसे राहत न पा सके।
शायद मेरे नसीबमें राहत नहीं रही ॥

इसे भी ख़ुश नज़र आया, उसे भी ख़ुश नज़र आया।
तेरे ग़ममें ब-हाले शादमाँ कर दी बसर मैंने ॥

मुनासिब हो तो अब परदा उठाकर।
हमारा शक बदल डालो यक़ींसे ॥

बेख़बर! कारेख़बर मुश्किल नहीं।
बेख़बर हो जा, ख़बर हो जायगी ॥

जो वोह मिलता नहीं है आप खो जा।
कि इक यह भी तरीक़े-जुस्तजू है ॥

तेरे होते मेरी हस्तीका क्या ज़िक्र?
यही कहना बजा है "मैं नहीं हूँ" ॥

आज वोह दिन है कि इक साक़ीके दस्ते-ख़ाससे।
पी और इतनी पी कि मैं हक़दारे-कौसर हो गया ॥

याराए-ज़ुहदो-ताबदिरअ़ कुछ तलब न कर।
तौफ़ीक़ हो तो सिर्फ़ मजाले-गुनाह माँग ॥

जो अहलेहरम दरपये-दुश्मनी हैं।
तो परवा नहीं, आस्ताँ और भी हैं ॥

आ, मगर इस क़दर क़रीब न आ।
कि तमाशा मुहाल हो जाये ॥

जब रुख़ेमक़सदसे इक परदा उठा।
और ला-तादाद परदे पड़ गये ॥

अचानक नज़ूले-बला[१] हो गया।
यकायक तेरा सामना हो गया ॥

इन्सानकी बदबख़्ती अन्दाज़से बाहर है।
कम्बख़्त ख़ुदा होकर बन्दा नज़र आता है ॥

बन्दापरवर ! मैं वोह बन्दा हूँ कि बहरे-बन्दगी।
जिसके आगे सर झुका दूँगा ख़ुदा हो जायगा ॥

२४ मई १९५२ ई०]

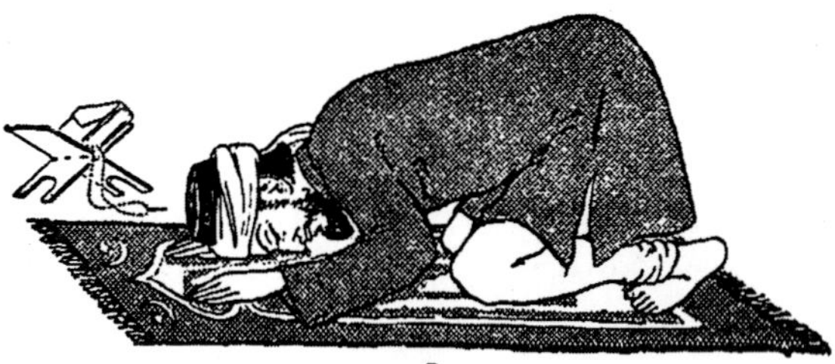

आ़बिद

[१]आपदाका आगमन।

'हसरत' मोहानी

सैयद फ़ज़्लुलहसन 'हसरत' उन्नाव ज़िलेके मोहाना क़सबेमें १८७५ई० में उत्पन्न हुए, और १९०३ ई०में आपने अलीगढ़ मुस्लिम यूनि-वर्सिटीसे बी० ए० पास किया।

'हसरत' कट्टर और धार्मिक मुसलमान थे। नमाज़ और रोज़ेके सख़्त पाबन्द थे। ओलियाओंके[1] मुरीद थे। फ़िरंगी महल लखनऊके पीरे-ख़ानक़ाहके हाथपर आप बैत[2] कर चुके थे, और इतनी श्रद्धा-भक्ति रखते थे कि अपने अन्तिम दिनोंमें आप फ़िरंगी महल आ गये थे। यहीं ता० १३ मई १९५१को आपकी मृत्यु हुई। मृत्युसे पहले आपने केवल यही अभिलाषा प्रकट की, कि आपका भी प्रतिवर्ष पीरे-ख़ानक़ाहके साथ उर्स[3] किया जाय। आप अ़रसेसे प्रतिवर्ष हज-यात्राको भी जाया करते थे। किसी भी क़िस्मका नशा नहीं करते थे, यहाँतक कि तम्बाकूसे भी परहेज़ था।

मुसलमानोंके हितके लिए जीना और मरना जीवनका मुख्य ध्येय समझते थे। इस्लामके लिए आपके हृदयमें दहकती हुई ज्वाला थी,

---

[1]पहुँचे हुए फ़क़ीरोंके; [2]ईमान ला चुके थे, उनके भक्त हो गये थे। [3]समाधि पर धार्मिक गायन आदि।

जिसे आप तमाम उम्र सुलगाये रहे, बड़ी-से-बड़ी मुसीबतोंके छींटे उसे कभी बुझा नहीं सके।

भारतकी बागडोर अंग्रेज़ोंने मुस्लिम शासकोंसे छीनी थी। अतः आप अंग्रेज़ी-राज्यके कट्टर विरोधी थे। यह वह युग था जब कि भारतके मुसलमान नवाब और रईस अंग्रेज़ोंकी चाटुकारितामें ही बड़प्पन समझते थे, और सर सैयदके आन्दोलनके फलस्वरूप जी हुज़ूरी मुसलमानोंमें व्याप गई थी। अंग्रेज़ोंके विरुद्ध बोलने और लिखनेकी स्वप्नमें भी कल्पना मुसलमानोंसे नहीं की जा सकती थी। 'हसरत' उस समय भी अंग्रेज़ोंके पाँव भारतसे उखाड़नेके स्वप्न देखने लगे थे।

उन दिनों लोकमान्य तिलक स्वराज्य-आन्दोलन बहुत सरगर्मीसे चला रहे थे। शत्रुका शत्रु अपना मित्र होता है, इसी नीतिके अनुसार 'हसरत' लोकमान्य तिलककी नीतिके समर्थक हो गये। शिक्षा समाप्त करते ही नौकरी आदिके चक्करमें न पड़कर आपने साहित्य और राजनैतिक विचारोंसे ओत-प्रोत 'उर्दूए-मोअ़ल्ला' मासिक पत्र १९०४ ई०में अलीगढ़से निकालना प्रारम्भ कर दिया।

'हसरत' जैसे निर्धन युवकके लिए पत्र-प्रकाशन करना कण्टकाकीर्ण मार्गपर चलना था, परन्तु इरादेके मज़बूत और धुनके पक्के 'हसरत'को विचलित करनेका साहस किसमें था? उर्दूए-मुअ़ल्ला बड़े आबोताबसे प्रकाशित हुआ और बड़े धड़ल्लेसे चलता रहा। साहित्यिक और राजनैतिक गंगा-जमुनी दोनों विचार धारायें निर्बाध गतिसे बहती रहीं। १९०४ ई०में आप पहलीबार प्रतिनिधिकी हैसियतसे कांग्रेस-अधिवेशनमें भी सम्मिलित हुए।

१९०८ ई०में एक सज्जनका टर्कीके सम्बन्धमें एक ऐसा लेख 'उर्दूए-मोअ़ल्ला'में प्रकाशित हो गया, जो अंग्रेज़ सरकारकी दृष्टिमें ग़ैर क़ानूनी था। ऐसे विद्रोहको अलीगढ़ यूनिवर्सिटीके कर्त्ता-धर्त्ता कैसे बर्दाश्त कर सकते थे? उन्होंने जी खोलकर 'हसरत'के विरुद्ध गवाहियाँ दीं।

फलस्वरूप आप दो वर्षको जेल भेज दिये गये। मगर चरित्रकी दृढ़ता देखिये कि मजबूर किये जानेपर भी आपने वास्तविक लेखकका नाम नहीं बताया ओर सारी ज़िम्मेवारी अपने ऊपर ओढ़ ली।

जेल जानेका तो आपको मलाल नहीं हुआ, क्योंकि जिस मार्गपर आप चल निकले थे, उसमें ऐसा पड़ाव आना लाज़िमी था। मगर बेहद क़लक़ पुलिसकी इस हरकतसे हुआ कि उसने आपके सामने ही पुस्तकोंका बहुत बड़ा संग्रह फूँक दिया। जिसमें बहुत-से हस्तलिखित दीवान भी थे। जेलमें आपको बीस सेर गेहूँ रोज़ाना पीसने पड़ते थे। उसी ज़मानेमें आपने यह शेर कहा था--

है मश्के-सुख़न जारी, चक्कीकी मशक़्क़त भी।
इक तुरफ़ा तमाशा है, 'हसरत'की तबीयत भी॥

रमज़ानका महीना आया तो रोज़े तो रखे, मगर जेलमें न रोज़े अख़्तियार करनेके, न खोलनेके खाद्य पदार्थ थे।

कट गया क़ैदमें माहे-रमज़ाँ भी 'हसरत'!
गरचे सामान सहरका[1] था न इफ़तारीका[2]॥

स्वदेशी आन्दोलनके आप प्रबल समर्थक थे। भूलकर भी विदेशी वस्त्रका उपयोग नहीं करते थे। एक बार किसीके यहाँ आप मेहमान हुए तो मेज़बानने आपके पलंगपर ओढ़नेके लिए विदेशी कम्बल रख दिया। अतः आप उस जाड़ेकी रातमें बग़ैर ओढ़े ही पड़े रहे।

प्रथम महायुद्धमें टर्की, जरमनीके साथ था। अतः भारतके मुसलमानों-की सहानुभूति जरमनके साथ थी। विद्रोहकी आशंकाके कारण अंग्रेज़ोंने कुछ भारतीय मुसलमानोंको नज़रबन्द कर दिया था। 'हसरत' भी उनमें-से

[1]वे खानेकी चीज़ें, जिन्हें खानेके बाद सुबह रोज़ा अख़्तियार किया जाता है; [2]वे खानेकी चीज़ें, जिनसे रोज़ा शामको खोला जाता है।

एक थे। आप लड़ाई समाप्त होनेके बाद छोड़े गये। फिर कांग्रेस और खिलाफ़तका गठ-बन्धन हो जानेपर असहयोग आन्दोलनमें आप जेल गये और कुछ दिनों बड़े सरगर्म कार्य-कर्त्ता रहे, किन्तु साम्प्रदायिक मनोवृत्ति होनेके कारण आप १९२४के हिन्दू-मुस्लिम-संघर्षके बाद सदैव-को देशोपयोगी कार्योंसे पृथक हो गये और मुस्लिमलीग-जैसी साम्प्रदायिक संस्थासे रिश्ता जोड़ लिया। आप मुस्लिमलीगके टिकटपर संसदके सदस्य निर्वाचित हुए। पाकिस्तानी आन्दोलनके पक्के हिमायती थे। लेकिन भारत-विभाजन होनेके बाद आप पाकिस्तान न जाकर भारतमें ही रहे, और निर्भीक होकर मुसलमानोंके हितोंमें विचार व्यक्त करते रहे।

आप स्वभावत: उग्रविचारक और विद्रोही स्वभावके थे। पढ़ते समय यूनिवर्सिटीमें, कांग्रेसमें, मुस्लिमलीगमें, संसदमें, हर जगह विद्रोहका झण्डा बुलन्द रखते थे। यहाँतक कि पाकिस्तानके प्रबल अंग होते हुए भी आपकी मि० जिन्नासे पटरी नहीं बैठती थी। यही कारण है कि आप राजनैतिक क्षेत्रमें केवल योद्धा बने रहे, संचालन-सूत्र आप कभी हस्तगत नहीं कर सके।

'हसरत'के राजनैतिक विचारोंसे लोगोंको मतभेद हो सकता है, लेकिन उनकी शायराना अज़मत और मानवताको सभी आदर और सराहनाकी दृष्टिसे देखते हैं। शायरीमें जो उनका स्थान है, उसका परिचय तो आगे मिलेगा ही, परन्तु उन्होंने प्राचीन शायरोंका चुना हुआ कलाम पचासों भागोंमें प्रकाशित किया। जिससे उन शायरोंका कलाम नष्ट होनेसे बच गया। यदि 'हसरत' शायर न भी होते तो भी यही एक कार्य उनकी ख्यातिके लिए बहुत बड़ा कार्य था।

साहित्यिक होनेके अतिरिक्त हसरत बहुत अच्छे इन्सान थे। जिससे जो सम्बन्ध एक बार हो गया, उसे जीवनभर निभाया। बहुत ख़ुश-मिज़ाज, सुलह-कुल और सादा वज़अ-क़तअके बुज़ुर्ग थे। शेरवानी, तुर्की टोपी,

शरई पायजामा उनका मख़सूस लिबास था। दूरका चश्मा लगाते थे। पढ़ते वक़्त चश्मा उतार लेते थे। क़द छोटा, रंग साफ़, आँखें बड़ी, चेहरे पर चेचकके दाग़, आवाज़ बारीक। भारत-विभाजनके बाद कुछ उर्दू पुस्तकोंकी तलाशमें मैं दिल्ली गया था कि वहीं आपके दर्शन हो गये। बहुत अख़लाक़ और मुहब्बतसे पेश आये। मेरे यह निवेदन करनेपर कि मैं आपका कलाम चयन कर रहा हूँ, मगर चाहता हूँ कि एक अपना शेर अपने दस्तेमुबारकसे डायरीमें लिख दें, आपने सहर्ष यह शेर लिख दिया—

पढ़िये इसके सिवा न कोई सबक़।
"ख़िदमते-ख़ल्क़[1]-ओ-इश्क़े-हज़रते-हक़[2]।।"

डायरीको पढ़ता हूँ और सोचता हूँ कि 'हसरत' तो चले गये, मगर कितनी बड़ी नसीहत अ़ता फ़र्मा गये—

ख़िदमते-ख़ल्क़-ओ-इश्क़े-हज़रते-हक़

१३ मई १९५१को ७५ वर्षकी आयुमें आपका निधन हो गया, और अनवरबाग़में अपने पीरेमुर्शिदके पास आपको समाधि मिली।

हसरतकी शायरी—

'हसरत' सिर्फ़ ग़ज़लगो शायर थे, और यही उनकी सबसे बड़ी विशेषता है। न तो वे कभी आध्यात्मिक रूपी तत्त्व-चर्चाओंमें उलझे, न कभी दार्शनिक गुत्थियोंको सुलझानेका प्रयत्न किया। उन्होंने केवल वही बोल बोले जो उनके जीवनसे सम्बन्धित थे।

हसरतको जो ख्याति और सर्वप्रियता मिली, वह बहुत कम लोगोंको

---

[1]संसार-सेवा; [2]सत्यसे प्रेम।

नसीब होती है। जिन शायरोंने मृत्युशैयापर छटपटाती ग़ज़लमें जीवन संचार करके उसे दर्शनीय और गौरवपूर्ण बनाया, उनमें-से एक आप भी हैं।

'हसरत'का शायरीमें न तो कोई प्रतिद्वन्द्वी था, न उन्हें कभी अपने समकालीन शायरोंसे तू-तू, मैं-मैंसे वास्ता पड़ा। वे छोटोंसे आदर और बड़ोंसे सदैव स्नेह पाते रहे। उनका शायराना रंग और व्यक्तित्व दोनों ही उच्च थे।

'हसरत'की शायरीमें कृत्रिमता नहीं, स्वयं उनके जीवनके अनुभव हैं। उर्दूशायरीमें यह एक बहुत बड़ा दोष पाया जाता है कि वह वास्तविकतासे कोसों दूर है। जिन शायरोंने कूचये-इश्क़में कभी क़दम नहीं रखा, जो नहीं जानते कि आँख लगनेसे कैसी पीड़ा होती है, वे भी अपनी शायरीमें मजनूँ और फ़रहादके उस्ताद नज़र आते हैं। जो ज़िन्दगीभर ज़ाहिदे-ख़ुश्क रहे, कभी एक बूँद सुरा हलक़के नीचे उतारनेका अवसर नहीं मिला, वे भी अपनेको मयख़ानेका इमाम घोषित करते हैं। जो सारी ज़िन्दगी नमाज़-रोज़ेमें गँवाते रहे, हज-यात्राको सरके बल जाते रहे, वे शायर भी काबा-ओ-हश्रकी खिल्लियाँ उड़ाते रहे हैं।

इसका कारण यही है कि उर्दू-शायरीके महलका निर्माण इश्क़ और शराबके गारेसे हुआ है। ग़ज़लमें शराबो-इश्क़के अतिरिक्त और कुछ है ही नहीं। अतः हर व्यक्ति जो शायर बनना चाहता है, उसे शराबो-इश्क़के गीत गाने ही पड़ते हैं। चाहे उसके जीवनमें इनसे दूरका भी लगाव न हो।

उर्दू-शायरोंके जीवन-परिचयमें अक्सर यह पढ़नेमें आता है कि वे ९-१० वर्षकी आयुमें ही शेर कहने लगे थे। भला यह भी कोई उम्रमें उम्र है, जिसमें इश्क़ सम्बन्धी किसी भी बातका अनुभव हो सके। फिर भी शायरीकी परम्पराके अनुसार इन बाल-कवियोंके कलाममें हुस्न, माशूक़, रक़ीब, दरबान, हरजाई आदि सभी देखनेको मिलते हैं। माँ-

बापके अत्यन्त प्रयत्न करनेपर भी दूध पीनेके लिए भी जिनकी नींद उच्चाट नहीं हो पाती, वे भी अपने आईनए-कलाममें ग़मे-हिजराँमें रात-रातभर रोते-बिसूरते नज़र आते हैं।

तात्पर्य यह है कि वे अबोध किशोर जो प्रेम सम्बन्धी अनुभवोंसे शून्य हैं, वे भी उर्दू-परम्पराका सहारा लेकर कल्पना क्षेत्रमें आशिक़ बने मजनूँ की तरह घूमते हैं। जो नहीं जानते कि माशूक़ है किस मर्ज़की दवा, वे भी माशूक़ोंके हाव-भाव, नख़रे-ग़मज़े आदिको इस ढगसे नज़्म करते हैं कि मालूम होता है इश्क़की सभी मंज़िलें तै कर ली हैं।

उर्दूमें ऐसे ही अनुभवहीन, शायरोंका इश्क़िया कलाम पाया जाता है। 'हाली' जैसा शायर इसी दूषित प्रथाके कारण अपने आपको वर्षों धोखा देता रहा। इस धोखे-धड़ीके सम्बन्धमें हाली लिखते हैं--

"शायरीकी बदौलत चन्द रोज़ झूठा आशिक़ बनना पड़ा। एक ख़याली माशूक़की चाहमें दश्तेजुनूँ (उन्माद-मार्ग)की वह ख़ाक उड़ाई कि क़ैस-ओ-फ़रहादको गर्द कर दिया। कभी नाल्ये-नीमशबी (रात्रिमें बिलखते हुए)से रब्बेमसकन (ईश्वरासन)को हिला डाला, कभी चश्मेदरियावार (आँसुओं)से तमाम आलमको डुबो दिया। आहो-फ़ुग़ाँके ज़ोरसे कर्रोबयाँके कान बहरे हो गये। शिकायतोंकी बौछारसे ज़माना चीख़ उठा। तानोंकी भरमारसे आसमान चलनी हो गया। जब रश्कका तलातुम (ईर्ष्याका वेग) हुआ तो सारी ख़ुदाईको रक़ीब (प्रतिद्वन्द्वी) समझा। यहाँतक कि आप अपनेसे बदगुमान हो गये।.... बार-हा तेग़ेअब्रू (भवें-रूपी तलवार)से शहीद हुए और बार-हा एक ठोकरसे जी उठे। गोया ज़िन्दगी एक पैरहन (वस्त्र) था कि जब चाहा उतार दिया और जब चाहा पहन लिया। मैदानेक़यामतमें अक्सर गुज़र हुआ। बहिश्त-ओ-दोज़ख़की अक्सर सैर की। बादानोशी (शराब पीने) पर तो ख़ुम-के-ख़ुम लुढ़ा दिये और फिर भी सैर (सन्तुष्ट) न हुए। .... कुफ़्रसे मानूस और ईमानसे बेज़ार रहे।.....ख़ुदासे शोख़ियाँ कीं।

....२० वर्षकी उम्रसे ४० वर्षतक तेलीके बैलकी तरह इसी एक चक्करमें फिरते रहे और अपने नज़दीक सारा जहान तय कर चुके। जब आँख खुली तो मालूम हुआ कि जहाँसे चले थे, अबतक वहीं हैं।"[1]

'हसरत'की सबसे बड़ी विशेषता यही है कि उन्होंने अपनेको इस धोखे-जालमें नहीं फँसाया। स्वयं भी सच बोले और दूसरोंको भी सच बोलनेके लिए प्रोत्साहित किया। 'हसरत'का प्रेम मानवी-प्रेम है। उन्होंने ईश्वरकी आड़में प्रेमका बखान करके न तो भक्त बननेकी कभी चेष्टा की और न कभी दार्शनिक और आध्यात्मिक बननेकी भूल की। उन्होंने केवल इसी दुनियाके प्रेमका बखान किया है।

हसरत एक सफल प्रेमी थे। अतः उनके कलाममें हिज्र, नाले, नाकामी, बेऐतनाई आदिकी कैफ़ियतोंका बयान बहुत कम मिलता है, और यत्र-तत्र जो थोड़ा-बहुत मिलता है, वह उर्दू-परम्पराके हौज़में जी बहलानेके लिए कूद पड़नेके कारण मिलता है।

हसरतका जीवन इश्क़, तसव्वुफ़ और राजनीतिका संगम रहा है। इश्क़की धारा उनके यहाँ अबाध गतिसे प्रवाहित रही है, और एकाकार हो गई है।

तसव्वुफ़की झलक यत्र-तत्र इसलिए मिलती है कि 'हसरत' धार्मिक व्यक्ति थे। नमाज़-रोज़ेके सख़्त पाबन्द, अर्से दराज़से हजके यात्री और सूफियोंके श्रद्धालु ऐसे भक्त कि फ़िरंगी महलके एक सूफ़ी बुज़ुर्गके हाथपर बैत कर चुके थे। प्रतिवर्ष अजमेर, प्रानकिलयर, बहराइच आदि सूफ़ियाए-करामके उर्सोंमें शरीक होते थे। यही नहीं, उन्होंने अपनी जीवन-लीला भी फ़िरंगी महलकी दरगाहमें समाप्त की। वहीं उनको समाधि मिली और प्रतिवर्ष उनकी समाधिपर भी उनकी अन्तिम अभिलाषाके अनुसार उर्स होते रहनेकी व्यवस्था हुई। इसी श्रद्धा-भक्तिके कारण उनके कलाममें

---

[1]शेरोशायरी पृ० २७५-७६।

यत्र-तत्र सूफ़ियाना शेर नज़र आते हैं। लेकिन उनका यह रंग फीका है। और फीका होना लाज़िमी भी था। गुरुजनोंकी श्रद्धा-भक्तिमें आनंन्द तो मिलता है, पर प्रेयसी-मिलनकी प्रतीक्षामें जो उत्कंठा, तड़प, बेचैनी, और गर्मि-ए-मुहब्बत होती है, वह श्रद्धा-भक्तिमें नहीं। कर्तव्य पूर्ण करने और हृदयकी उमंगमें जो अन्तर है, या भाई और पतिके साथ नारीके स्नेह और चाहतमें जो अन्तर है, वही अन्तर 'हसरत'की आशिक़ाना और सूफ़ियाना शायरीमें है।

'हसरत'की राजनैतिक शायरी तो और भी फीकी और बेजान है। जनाब ख़लीलुलरहमान आज़मी लिखते हैं—

"हसरतने बार-हा जेलमें चक्की पीसी और पुलिसके कोड़े खाये। लेकिन उनकी सियासी (राजनैतिक) शायरी रस्मी और फुसफुसी है। ....क्या वजह है कि उनकी शायरीमें उनकी ज़िन्दगीका यह पहलू पूरे तौरपर अपना अक्स न दिखा सका? यह सवाल दरअस्ल बड़ा अहम (आवश्यक) है और वाक़ई हैरत होती है कि वही 'हसरत' जिनकी ज़िन्दगीमें हिन्दोस्तानने कितनी करवटें लीं, कांग्रेसकी इब्तदाई तहरीकें (प्रारम्भिक आन्दोलन) आज़ादीसे लेकर जंगेअज़ीम, क़हते-बंगाल, तक़सीमेहिन्द, फ़िसादात और न जाने कितने वाक़यात जिन्हें हिन्दोस्तानके बिगाड़ने और बनानेमें बड़ा दख़ल है, 'हसरत' ही के ज़मानेमें पेश आये और ख़ुद 'हसरत' उसमें ज़ाती तौरपर शरीक रहे, लेकिन 'हसरत'की शायरीमें इन वाक़यातकी गरमी, ख़ून और धमक कहीं महसूस नहीं होती। उन्होंने तिलक, डा० अन्सारी या बाज़ सियासी रहनुमाओं (राजनैतिक नेताओं)के बारेमें जो नज़्में लिखी हैं, वोह बहुत रस्मी अन्दाज़-में लिखी गई हैं, जैसे किसीका सेहरा लिख दिया जाये। वोह नक़्क़ाद (आलोचक) जो किसी शायरपर लिखते वक़्त महज़ उसके ज़मानेके हालात और समाजी पसेमंज़र (सामाजिक स्थिति)पर ही निगाह रखते हैं, यहाँ बड़ी दुश्वारीमें मुब्तिला हो जायेंगे। आख़िर 'हसरत'के बारेमें

क्यों फ़तवा सादिर किया जाये ? क्या वे रजअ्त पसन्द (दक़ियानूसी, पुराने ख़यालके) शाइर थे, कि ज़मानेकी तरफ़से आँख बन्द करके अपनी महबूबा (प्रेयसी)की यादमें मुब्तिला रहे ? क्या वे क़ौमी तरक़्क़ी और आज़ादीकी तहरीकमें दिलसे हिस्सा नहीं ले रहे थे ? मेरा ख़याल है 'हसरत'का बड़े-से-बड़ा मुख़ालिफ़ भी इस बातकी जुरअत नहीं कर सकता कि उनके ख़ुलूस (नीयत)पर शुबहा करे। उन्होंने हिन्दुस्तानकी जंगे-आज़ादीमें जो क़ुर्बानियाँ दी हैं, उनका ऐतराफ़ न करना बड़ी बेईमानी होगी। लेकिन उनकी शायरीको पढ़ते और उसपर राय देते वक़्त ज़रा सब्रसे काम लेना पड़ेगा। 'हसरत' मुख़लिस (साफ़, निर्मल) थे, सच्चे थे। रजअ्त पसन्द नहीं, बल्कि बड़े तरक़्क़ी पसन्द और इन्सानियतके लिए बड़े मुफ़ीद थे। लेकिन शायरीपर इन्सानके उस शऊरका असर पड़ता है, जो उसके मिज़ाज और उसकी शख़्सियत (व्यक्तित्व)का परवरदा (पाला हुआ, पोसा हुआ) होता है। अगर कोई नक़्क़ाद (आलोचक) शायरके मिज़ाजको समझ ले और उसके शऊरका तजज़िया (परख) कर ले तो उसकी शायरीके महरकात (उभारों) और उसके मौज़ूआत (कविता-विषय)की नौइयतको बहुत आसानीसे समझ सकता है। दर-अस्ल ख़ारजी दुनियामें जो कुछ हो रहा है, उससे तो इन्कार मुमकिन ही नहीं, लेकिन ख़ारजी दुनियाका अक्स हर शायरपर उसके शऊरके ऐतबार ही से पड़ता है। एक आदमी इनक़लाबकी जंगमें एक मुख़लिस (सच्चे) सिपाहीकी हैसियतसे काम करनेके बावजूद आज़ादी और इनक़लाबके इदराक (सूझ-बूझ)से महरूम होता है, और उसके शऊरमें उसे जज़्ब करने और उसकी तहोंतक पहुँचनेकी सलाहियत (क्षमता) नहीं होती। वह अपने जिस्मो-जानको उस राहमें क़ुर्बान करना तो ज़रूरी समझता है, लेकिन उसे यह पता नहीं होता कि यह राह क़िस तरह मुतय्यन (निश्चित) की जाये। इसमें कौन-कौनसे मोहरे और चालें हैं। किन हथियारोंसे काम लिया जाये कि दुश्मनपर फ़तह हासिल हो। कब क़दम फूंककर

रखना है और कब तेज़गामीकी ज़रूरत है। उसे तो सिर्फ़ आज़ादीसे मुहब्बत है, और उसका वोह एक जाँनिसार सिपाही है। इस सिपाहीके खलूसकी भी तारीफ़ की जायेगी, लेकिन उसके शऊर और इदराक (बुद्धि और समझ)पर भरोसा नहीं किया जा सकता। एक आदमी जो आज़ादी और इन्क़लाबके लिए इतनी क़ुर्बानियाँ नहीं दे सकता, लेकिन वह उससे अलग रहते हुए भी उसे अपने शऊरमें जज़्ब करनेकी सलाहियत (क्षमता) रखता है और साथ ही साथ उसके अन्दर ख़लूस है तो वह इस जज़्बे (भाव)को शिद्दतसे महसूस कर सकता है; और उसके इदराक (सूझ-बूझ)पर हम ज़्यादा भरोसा कर सकते हैं। 'हसरत' और 'इक़बाल' दोनोंकी शायरीको पढ़िये तो पता चलेगा कि सिर्फ़ शख़्सियतोंके फ़र्क़ने एक सियासी (राजनैतिक) आदमीको मुहब्बतका शाइर और ग़ैर सियासी तथा गोशानशीन शख़्सको क़ौमोमुल्क आज़ादी-ओ-सियासत और इन्सानियतका शायर बनाया। 'हसरत'की सच्चाईमें कोई शुबहा नहीं, लेकिन उनकी शख़्सियतमें वोह अन्सर (तत्त्व) नहीं थे, जो एक शख़्सको मर्दीए, सियासतदाँ, मुफ़क्कर, फ़ल्सफ़ी और मसायलेहयात (जीवन-गुत्थियों)का इदराक रखनेवाला बना देते हैं। उनकी सियासी ज़िन्दगीसे जो लोग वाक़िफ़ हैं, वे अच्छी तरह जानते हैं कि 'हसरत' एक सियासी कारकुन (कार्य-कर्त्ता) होनेके बावजूद सियासी सूझ-बूझ नहीं रखते थे। वोह पुरख़ुलूस (सच्चे) मगर जज़्बाती (भावुक) आदमी थे। बहुत जल्द किसीके बारेमें कोई राय क़ायम कर लेते थे। यही वजह है कि सियासतमें वोह हमेशा नाकाम रहे। हरजमायतमें हिज़्बे मुख़ालफ़त (विद्रोहीवर्ग)की सरदारी उन्होंने की और हर तजवीज़पर मुख़ालफ़तमें धुआँधार तक़रीरें करनेके लिए वे मशहूर थे। किसी बातको ठण्डे दिलसे ग़ौर करना, मसालह (अच्छे-बुरे पहलुओं) पर नज़र रखना, ज़ब्तो-इस्तक़लाल (धैर्य और संजीदगी), हालात और वक़्तकी रफ़्तारको पहचानना और उसके तक़ाज़ोंको समझना, मुनासिब मौक़ेपर क़दम उठाना, यह

'हसरत'की सियासतमें शामिल न था। यही वजह है कि हम उन्हें एक सच्चा और वफ़ादार सिपाही कह सकते हैं। लेकिन बा-शऊर सियासतदाँ नहीं। ज़ाहिर है कि सिपाही लड़ तो सकता है, लेकिन जंगपर बा-शऊर तरीक़ेसे नज़र नहीं डाल सकता। बल्कि उसको तो अपनी कठिन मंज़िलोंमें अपने माज़ी (भूतकाल) की सुनहरी यादके सहारे ही दिल बहलाना होगा और मेरा ख़्याल है कि हसरत जो बुढ़ापेतक इश्क़िया शायरी करते रहे, उसकी सबसे बड़ी वजह यही है।"[१]

'हसरत'की शायरी उनकी आप बीती जीवनी है। यही उनकी शायरीकी सबसे बड़ी विशेषता है और यही उनकी शायरीका दोष भी। 'हसरत' एक अपने ही समाज और ख़ान्दानकी युवतीसे प्रेम करते हैं। उसके लिए सामाजिक और ख़ान्दानी रीतिरिवाजोंसे संघर्ष करते हैं। इसी अवधिमें प्रेयसीसे छेड़-छाड़ और आँख-मिचौनी चलती रहती है, और अन्तमें 'हसरत' उसे अपनी जीवन संगिनी बना लेनेमें कामयाब हो जाते हैं।

प्रेयसीको पत्नी बना लेनेपर इश्क़ मर जाता है। जो प्रेयसी कभी ईश्वर समझी जाती थी, वह शादी हो जानेपर दासी हो जाती है। शादी होनेपर प्रेयसीका वह बुलन्द मर्तबा क़ायम नहीं रह सकता, जो पहले होता है। फूल केवल दूरसे निहारनेके लिए है, सूँघनेपर उसका गौरव नष्ट हो जाता है।

हसरतका इश्क़ शादी होनेके बाद कबतक स्थिर रहता ? अधिक-से-अधिक ८-१० वर्ष। यानी हसरतकी २५-३० वर्षकी उम्रतक। हसरतकी प्रेयसी जो शादीके बाद 'बेगम हसरत' कहलाने लगी, उसे 'हसरत'के इश्क़िया अशआर सुननेके बजाय चूल्हे-चक्कीसे अधिक सरोकार हो गया।

---

[१]निगार जनवरी १९५२ पृ० ९३।

'हसरत'से ज्यादा अब वह बाल-बच्चोंको चाहने लगी। उनके भरण-पोषण, शिक्षा-दीक्षाकी चिन्तामें दिन-रात घुलने लगी।

यही कारण है कि 'हसरत'की इश्क़िया शायरीमें एकरूपता नज़र आती है। यानी उन्हें जो अनुभव जवानीमें हुए, उन्हींको बुढ़ापेतक नज़्म करते रहे। हसरतकी शायरी जवानीकी शायरी है। उनकी शायरीमें जवानीके उतारके साथ उतार आता गया है। होना तो यह चाहिए था कि उम्रके साथ-साथ नये-नये अनुभवोंको अपनी शायरीके बढ़ते हुए अभ्यासके साथ नित नये ढंगसे सँजोते और तराशते जाते। लेकिन ऐसा नहीं हुआ, और इसका कारण केवल यही हो सकता है कि जवानीके बाद उनका इश्क़ भी बूढ़ा हो गया। और उनका राजनैतिक जीवन इतना संघर्षमय हो गया कि फिर वे दिलकी शायरी न करके रस्मी तौरपर शायरी करते रहे। यही वजह है कि उनकी शायरी भी उम्रके साथ बूढ़ी होती चली गई, और उनकी शायरीमें उत्तरोत्तर फीकापन आता चला गया।

वे ज़िन्दगीभर एक ही मौज़ूँसे लिपटे रहे। जवानीके उफानमें जो बोल, बोल गये—

याद कर वह दिन कि तेरा कोई सौदाई न था।
बा-वजूदे-हुस्न तू आगाहे-रअ़नाई न था॥

वही बुढ़ापे (१९४१ ई०)में भी बोलते रहे—

जब सिवा मेरे न था कोई निशाना तेरा।
याद है मुझको अभीतक वोह ज़माना तेरा॥

आज़मी साहब फ़र्माते हैं—

"हसरतके पहले दीवानसे उनके कलामका मुतालआ शुरू कीजिये तो तीसरे-चौथे दीवानतक पहुँचते-पहुँचते हसरत कुछ मद्धम होना शुरू होते हैं, और ग्यारहवें-बारहवें तक पहुँचते-पहुँचते तो वे बिल्कुल बुझ जाते हैं। इधर दस-बारह सालसे अपनी ज़िन्दगी ही में ब-हैसियत शायरके

उनका रोल तक़रीबन खत्म हो गया था। कभी-कभार जो ग़ज़लें कहते थे, वह रस्मी और बेजान होती थीं। जिन्हें लोग तबरुक्कन पढ़ते थे।"[१]

हसरतका शायरीमें मर्तबा—

'हसरत' मौजूदा ग़ज़लगोईके बानी-मुबानी समझे जाते हैं। आपने उर्दू-ग़ज़लमें उस समय जीवन-संचार किया, जब कि वह मृत्युशैयापर पड़ी छटपटा रही थी। न उसमें युगके साथ चलनेकी शक्ति रही थी, न अपनी ओर आकर्षित करनेकी क्षमता। वह बिस्तरे-मर्गपर पड़ी हुई कराह रही थी, और सन्निपात ज्वरमें इस तरह बड़-बड़ा रही थी—

गिरे होते उलझकर आस्तांसे।
चले आते हो घबराये कहाँसे ?

हमीं झूठे हैं, दग़ाबाज हमीं हैं, साहब।
हम सितम करते हैं और आप करम करते हैं॥

बाग़बाँ कलियाँ हों, हलके रंगकी।
भेजना है एक कमसिनके लिए॥

छुपा-छुपाके नज़र-बाज़ियाँ हों ग़ैरोंसे।
हमींसे आँख चुराना ! ज़रा इधर देखो !!

'अमीर' इतना न छेड़ो उसको सरेशाम।
कि शब भर प्यार करनेको पड़ी है॥

वोह फूलवालोंका मेला वोह सैर याद है 'दाग़'।
वोह रोज झरनेपै जमघट, परी जमालोंका॥

---

[१]निगार जनवरी १९५२ पृ० ११०।

गुद-गुदाया जो उन्हें नाम किसीका लेकर।
मुसकराने लगे वोह मुँहपै दुपट्टा लेकर॥

ईदका दिन है परीज़ाद हैं सारे घरमें।
राजा इन्दरका अखाड़ा है हमारे घरमें॥

परदा उठाके मुझसे मुलाक़ात भी न की।
रुख़सतके पान भेज दिये बात भी न की॥

सुबहको आये हो भूले शामके।
जाओ भी अब तुम रहे किस कामके॥
हाथापाईसे यही मतलब भी था।
कोई मुँह चूमे कलाई थामके॥

वस्लकी रात चली एक न शोख़ी उनकी।
कुछ न बन आई तो चुपकेसे कहा मान गये॥

पान बन-बनके मेरी जान कहाँ जाते हैं?
यह मेरे क़त्लके सामान कहाँ जाते हैं॥

क्यों मुझसे है यह मुफ़्तकी तकरार, क्या हुआ?
अच्छा जो मैंने कर ही लिया प्यार, क्या हुआ?

जब वोह बाहें गलेका हार नहीं।
दूरका प्यार कोई प्यार नहीं॥

वोह एक हम कि जो चाहा किया विसालकी रात।
वोह एक तुम कि तुम्हारी हयासे कुछ न हुआ॥

तुमने एक बोसेपै 'मुज़तर' दिले-मुज़तर बेचा।
यार ईमानकी ये है कि बड़े दाम लिये॥

कहते हैं "वस्लमें तुम छेड़े ही जाते हो मुझे।
गालियाँ कुछ अभी पड़ जायें तो क्या बात रहे" ॥

किसीसे वस्लमें सुनते ही जबान सूख गई।
"चलो हटो भी, हमारी जबान सूख गई॥"

आँखें दिखलाते हो जोबन तो दिखाओ साहब।
वोह अलग बाँधके रक्खा है जो माल अच्छा है॥

जले हैं ग़ैर क्या-क्या, वोह जो ख़िलवतसे मेरे निकले।
परेशाँ, बाँधकर जूड़ा, दुपट्टा ओढ़कर उलटा॥

छेड़ देना था कि भरमार थी दुश्नामोंकी।
एक सीग़ा था कि फ़र-फ़र उसे गरदान गये॥

इस तरहकी अश्लील बकवास जब कोई रोगी प्रारम्भ कर दे, तो घरवालोंके अतिरिक्त भला किसमें साहस है, जो उसकी परिचर्या या मिज़ाजपुरसीके लिए नज़दीक आ सके। मृत्युके समीप जाती हुई ग़ज़लको सबसे घातक चरका 'हाली'के नज़्म आन्दोलनसे लगा। जब घरका भेदी प्राण लेनेपर उतारू हो जाय, तब उसके बचनेकी आशा भी क्या की जा सकती है?

'हसरत'ने ठीक ऐसे संकटकालमें ग़ज़लको सहारा दिया। 'दाग़' और 'अमीर' मीनाईकी चिकित्सासे जो बड़-बड़ाहट प्रारम्भ हो गई थी, उसे 'हसरत'ने प्राकृतिक चिकित्सा द्वारा समाप्त ही नहीं किया, अपितु ऐसा कायाकल्प किया कि उसे अमरत्व प्राप्त हो गया। इस कायाकल्पका श्रेय केवल 'हसरत'को है, यह कहना न्यायसंगत नहीं होगा। 'हसरत' की शायरीका जब युग प्रारम्भ हुआ, तब 'शाद' अज़ीमाबादी, 'यास' अज़ीमाबादी (अब नाम यगाना चंगेज़ी) और लखनवी शायर सफ़ी, अज़ीज़, आरज़ू, जलील, असर, साक़िब, महशर, तथा असग़र गोण्डवी, फ़ानी

बदायूनी आदि बड़ी तनदिहीसे ग़ज़लकी सार-सँभाल कर रहे थे; और उस पतनोन्मुखी वातावरणमें भी उनके मुँहसे सुरुचिपूर्ण शेर निकल रहे थे।

'हसरत' और उनके समकालीन उक्त शायरोंने सचमुच ग़ज़लको जीवनदान दिया। उसे भद्रसमाजके उपयुक्त बनाया और युगके साथ चलते रहनेकी शक्ति प्रदान की।

'हसरत'ने उर्दू ग़ज़लकी पुरानी रवायतोंको नये साँचेमें ढाला। नई तराश-ख़राश की। उसे आकर्षक रूप-रंग दिया। उनके कलाममें 'मुसहफ़ी' जैसे कोमल और मधुर भाव और 'मोमिन' जैसी फ़ारसी तर-कीबोंका समिश्रण एक अजीब लुत्फ़ पैदा कर देता है। लेकिन उनके यहाँ 'मीर' जैसा सोज़ो गुदाज़ नहीं है। स्वयं भी फ़र्माया है—

'मीर'का शेवये-गुफ़्तार कहाँसे लाऊँ ?

और 'मीर'का शेवये-गुफ़्तार बाज़ारमें बिकनेवाली चीज़ होता तो 'हसरत' भी ख़रीद लाते। मगर जो शेवये-गुफ़्तार दिलमें चरका लगने-पर और जीवनभर ख़ून रोनेसे आता है, उसे 'हसरत' क्योंकर प्राप्त कर सकते थे ? वे कामयाब आशिक़ थे। वे क्या जानें असफलता और निराशाके आनन्दको। उन्हें प्रेयसीकी यादमें सर फोड़ने और बिलख-बिलखकर रोनेकी लज़्ज़त कभी नसीब नहीं हुई।

'हसरत' 'तसलीम'[1] लखनवीके शिष्य थे। और 'मोमिन' स्कूलके तनहा यादगार। सो वह भी चल बसे। बक़ौल 'आसी' ग़ाज़ीपुरी—

सुबह तक वोह भी न छोड़ी तूने ऐ बादेसबा !
यादगारे-रौनक़े-महफ़िल थी परवानेकी ख़ाक ॥

---

[1] 'तसलीम' 'तसनीम'के शागिर्द थे और 'तसनीम' 'मोमिन'के शिष्य थे। 'मोमिन' 'तसनीम' और 'तसलीम'का परिचय-कलाम 'शेरोसुख़न' प्रथम भागमें दिया जा चुका है।

'हसरत' अवध प्रान्तीय और 'तसलीम' लखनवीके शिष्य होते हुए भी देहलवी रंगके शायर थे। ख़ुद भी फ़र्माया है—

'हसरत' मुझे पसन्द नहीं तर्ज़े-लखनऊ।
पैरो हूँ शायरीमें जनाबे 'नसीम'का॥

'हसरत'ने जिन 'नसीम' साहबका पैरो (अनुयायी) होनेका उल्लेख किया है, वह 'नसीम' देहलवीसे मुराद है। जो 'मोमिन'के शिष्य और 'हसरत'के उस्तादके उस्ताद थे। हसरतके उस्ताद 'तसलीम' लखनवी होते हुए भी सदैव देहलवी स्कूलके अनुयायी रहे।

'हसरत'के चन्द अशआ़रकी झाँकी—

मूसाने ख़ुदाका जलवा तो देखना चाहा, लेकिन अपनेमें इतनी शक्ति और सामर्थ्य न जुटा सके, जो ख़ुदाके जलवेको सह सकें। ख़ुदा तो फिर भी ख़ुदा है, लेकिन 'हसरत'की प्रेयसी भी इतनी महान है कि उसकी ओर देखनेका भी साहस नहीं होता—

मेरी निगाहे-शौक़का शिकवा नहीं जाता।
सोतेमें भी पाससे देखा नहीं जाता॥

'हसरत'का इश्क़ कितना बुलन्द और पवित्र है कि वे उसके आगे फ़िरदौसको भी हेच समझते हैं—

वल्लाह तुझे छोड़के ऐ कूचये-जानाँ!
'हसरत'से तो फ़िरदौसमें जाया नहीं जाता॥

हमारा प्राणप्यारा जीवन सर्वस्व हमें बिसार बैठा है, इसका कारण शायद यही है कि हमसे कोई अक्षम्य भूल हुई है। अन्यथा उसकी यह उपेक्षा हमपर कदापि न होती—

फिर और तग़ाफ़ुलका सबब क्या है ख़ुदाया !
मैं याद न आऊँ उन्हें, ऐसा नहीं मुमकिन ।।

बच्चेकी तोतली और रसभरी वाणी सुनते-सुनते मन तृप्त नहीं होता। जी यही चाहता है कि बच्चा अपनी बातें बार-बार दुहराये जाय। इसीलिए ऐसा भाव धारण कर लिया जाता है कि हम उसकी बातें सुनना नहीं चाह रहे हैं। फलस्वरूप वह नई-नई अठखेलियों-द्वारा अपनी बातको बार-बार दुहराता है, और माँ-बाप आदि उसकी इस सरलताका आनन्द लूटते हैं। 'हसरत'की प्रेयसीकी भी यही आन्तरिक अभिलाषा है कि वह अपने प्यारेके प्यार भरे बोल बराबर सुनती रहे—

ख़ुद उसको मेरी अर्ज़े-तमन्नाका शौक़ है।
क्यों वरना यूँ सुने है कि गोया सुना नहीं ।।

भारतीय नारी पतिको ही परमेश्वर समझकर चारों ओरसे ध्यान समेटकर उसीकी हो रहती है। लेकिन पुरुषकी ओरसे उसे वह प्यार और सम्मान नहीं मिलता, जिसकी वह अधिकारिणी है। जो नारी जननी है, अम्बा है, सृष्टिकर्त्ता है, वह नारी भी ईश्वरका ही रूप है। पुरुष यदि कामुकताकी आँखें बन्द करके नारीके इस रूपका दर्शन करे तो फिर स्वर्ग और बैकुण्ठमें जानेकी ज़हमत गवारा क्यों की जाय? इसी पृथ्वीपर जन्म लेनेको विष्णु, ब्रह्मा, तरस उठें 'हसरत' इसी पवित्र भावनाको यूँ व्यक्त करते हैं—

हम क्या करें अगर न तेरी आरज़ू करें।
दुनियामें और भी कोई तेरे सिवा है क्या ?

अपने प्यारेकी यादमें दिन-रात लीन रहनेके अतिरिक्त और कुछ भी सुखकर नहीं है—

शब वही शब है, दिन वही दिन हैं।
जो तेरी यादमें गुज़र जायें ।।

प्राचीन शायरोंने प्रेमको असाध्य रोग बताया और उससे बचते रहनेकी कड़ी-से-कड़ी चेतावनियाँ दीं। वर्त्तमान युगीन शायर 'शाद' और 'जोश'ने कहा कि इश्क़ मनुष्यके लिए आवश्यक है। बिना इसके आदमीमें आदमीयत नहीं आती। लेकिन 'हसरत' एक क़दम आगे बढ़ते हुए फ़र्माते हैं कि इश्क़ इस आदमियतको अमरत्व प्रदान करता है—

तुमपर मिटे तो ज़िन्दये-जावेद[1] हो गये।
हमको बक़ा[2] नसीब हुई है, फ़नाके[3] बाद॥

और सचमुच—"जिसे मरना नहीं आया, उसे जीना नहीं आया।"

माँगनेसे भी कभी राजनैतिक अधिकार मिले हैं? अधिकार माँगे नहीं जाते, छीने जाते हैं। इसी आशयको 'हसरत' ग़ज़लके अन्दाज़में यूँ व्यक्त करते हैं—

वस्लकी बनती हैं इन बातोंसे तद्बीरें कहीं?
आरज़ूओंसे फिरा करती हैं, तक़दीरें कहीं?

इश्क़ किया नहीं जाता, हो जाता है। अनजानेमें ही दिलपर ऐसी चोट लग जाती है कि उस चोटका घाव जीवनभर नहीं भरता, और यह अनजानेमें, बेसमझीमें जो हो जाता है, उसकी याद भी कभी विस्मरण नहीं होती। वह एक अव्यक्त आनन्दका अनुभव कराती रहती है—

हुस्नसे अपने वोह ग़ाफ़िल था, मैं अपने इश्क़से।
अब कहाँसे लाऊँ वोह नावाक़फ़ीयतके मजे॥

'हसरत'की प्रेयसी लज्जाशील नारी है—

आईनेमें वोह देख रहे थे बहारे-हुस्न।
आया मेरा ख़याल तो शरमाके रह गये॥

---

[1]अमर; [2]ज़िन्दगी; [3]मृत्युके।

मिर्ज़ा ग़ालिबका अनुभव[1] है कि मृत्युसे पूर्व दुःखोंसे छुटकारा नहीं मिल सकता। लेकिन 'हसरत' और ही कुछ कहते हैं—

क्यों कहें हम कि ग़मेदर्दसे[2] मुश्किल है फ़राग़[3]।
जब तेरी यादमें हर फ़िक्रसे हासिल है फ़राग़॥

जब इश्क़में पुख़्तगी आ जाती है, तब विरह और मिलनमें कोई अन्तर नहीं रहता—

अब सदमये-हिजराँसे भी डरता नहीं कोई।
ले पहुँची है यांद उनकी बहुत दूर किसीको॥

अपने प्यारेकी यादके अतिरिक्त संसारके समस्त कार्य व्यर्थ हैं। यहाँतक कि पूजा-पाठसे भी आत्म-विज्ञापन और अभिमानकी गन्ध आती है—

कुछ भी हासिल न हुआ, ज़ोहदसे[4] नख़वतके[5] सिवा।
शग़्ल बेकार हैं सब उसकी मुहब्बतके सिवा॥

---

[1]वह अनुभव यह है—

क़ैदे-हयात-ओ-बन्देग़म अस्लमें दोनों एक हैं।
मौतसे पहले आदमी ग़मसे निजात पाये क्यों ?

[यह जीवन शरीररूपी पिंजरेमें क़ैद है, जबतक इस शरीरमें रहेगा कष्ट उठाता रहेगा। ज़िन्दगी और कष्टोंका बन्धन (क़ैदेहयात-ओ-बन्दे-ग़म) परस्पर भिन्न नहीं, अपितु एक ही अवस्थाके दो नाम हैं। दुखोंके पुंजको ही ज़िन्दगी कहते हैं। इसलिए मुक्तिसे पूर्व ग़मोंसे छुटकारेकी आशा व्यर्थ है] [2]दर्दके रंजसे, पीड़ासे; [3]छुटकारा; [4]दिखावटी उपासनासे; [5]अभिमानके।

इसी रंगके दो शेर और—

सबसे मुँह मोड़के राज़ी हैं तेरी यादसे हम।
इसमें इक शाने-फ़राग़त[1] भी है राहतके[2] सिवा॥

शाम हो या कि सहर याद उन्हींकी रखनी।
दिन हो या रात हमें ज़िक्र उन्हींका करना॥

हसरतके यहाँ भी उर्दू ग़ज़लकी परम्पराके अनुसार रक़ीबका ज़िक्र आता है। मगर किस ख़ूबीके साथ? वे रक़ीबकी महफ़िलमें अपने हबीबकी बेजा हरकतोंको देखने या उसकी चौकसी करने नहीं जाते। वे तो केवल अपनी प्रेयसीके हमराह रहते हैं—

बज़्मे-दुश्मनमें भी दिल थामे हुए बैठा रहा।
ग़ैर मुमकिन है जहाँ ऐ शोख़! तू हो, मैं न हूँ॥

अक्सर लोगोंने हसीन, मगर बेशऊर, युवतियोंको रेलवे प्लेटफ़ार्म या किसी दरियापर स्नान करते और कपड़े बदलते देखा होगा। उनके फूहड़पन और बेशऊरपनसे वहाँ खड़े हुए शोहदे लुत्फ़ उठानेसे बाज़ नहीं आते—

तमन्नाने की ख़ूब नज़्ज़ारा-बाज़ी।
मज़ा दे गई हुस्नकी बेशऊरी॥

हसरतके दीवानमें इस तरहके गिरे हुए शेर स्थान न पाते तो उत्तम होता—

तुझमें कुछ बात है ऐसी, जो किसीमें भी नहीं।
यूँ तो औरोंसे भी दिल हमने लगा रक्खा है॥

---

[1]और न कुछ करनेकी शान; [2]चैनके।

बात तो 'हसरत' अपनी प्रेयसीसे यही कहना चाहते थे कि तू विश्वकी सुन्दरियोंमें यकता है, तेरा कोई जवाब नहीं। मगर—"औरोंसे भी दिल हमने लगा रक्खा है" कहकर अपनेको भौंरा साबित कर दिया और प्रेयसीको व्यर्थमें आशंकित और बरहम कर दिया। इसी बातको 'मीर'ने इस ख़ूबीसे व्यक्त किया है कि उनकी प्रेयसीके अनुपम सुन्दरी होनेके साथ ही 'मीर'के पारखी हृदय और सच्चे इश्क़का परिचय मिलता है—

फूल, गुल, शम्सोक़मर[1] सारे ही थे।
पर हमें उनमें तुम्हीं भाये बहुत॥

अब हम 'कुलियाते' हसरतसे चुनकर सभी रंगके कुछ शेर सन्‌वार दे रहे हैं। ताकि पाठक हसरतकी शायरीके उतार-चढ़ावका अनुमान लगा सकें।

१८९३–१९०३ ई०

जो आना हो तो आओ बेतकल्लुफ़।
यह अर्ज़े-जलवये-हैरत-फ़िज़ा[2] क्या?

करते थे कभी हौसलये-तर्के-मुहब्बत।
अब सदमये-दूरी भी उठाया नहीं जाता॥
उम्मीद नहीं उनसे मुलाक़ातकी हरचन्द।
आँखोंसे मगर शौक़े-तमाशा नहीं जाता॥

अल्लाहरी महरूमी, अल्लाहरी नाकामी।
जो शौक़ किया हमने सो ख़ाम नज़र आया॥
इस शग़लसे आँखोंको दमभर जो नहीं फ़ुरसत।
रोनेमें वह क्या ऐसा आराम नज़र आया?

---

[1]चाँद-सूर्य; [2]जलवा देखनेके लिए प्रार्थना कबतक की जाय?

क़फ़समें सैयाद बन्द करदे, नहीं तो, बेरहम छोड़ ही दे।
यहाँ उम्मीदोबीममें[१] आख़िर रहेंगे हम ज़ेरेदाम[२] कबतक ।।

सताइये न मुझे यूँ ही दिलफ़िगार[३] हूँ मैं।
रुलाइये न मुझे ख़ुद ही बेक़रार हूँ मैं ।।
तेरा यह रंग कि है बेसबब ख़फ़ा मुझसे।
मेरा यह हाल कि बेवजह बेक़रार हूँ मैं ।।

हज़ारों बार छेड़ा, जोशिशेग़म-हाय-फ़ुरक़तने[४]।
हज़ारों बार आँसू आपके सरकी क़सम निकले ।।

वोह जो बेचैन हुए देखके हालत मेरी।
हो गई और परेशान तबीयत मेरी ।।

छेड़ा है दस्तेशौक़ने[५], मुझसे ख़फ़ा हैं वोह।
गोया कि अपने दिलपै मुझे अख़्तियार है!

१९०३-१९१२ ई०

हम रहे याँ तक तेरी ख़िदमतमें सरगर्मे-नियाज़[६]।
तुझको आख़िर आश्नाये-नाज़े-बेजा[७] कर दिया ।।

मानूस[८] हो चला था तसल्लीसे हाले-दिल।
फिर तूने याद आके बदस्तूर कर दिया ।।

किसे फ़ुरसत? तुम्हारी जुस्तजूके शौक़े-बेहदसे।
अभी हमने कहाँ ढूँढा, अभी हमने कहाँ पाया?

---

[१], [२]आशा और डरके जालमें कबतक फँसे रहेंगे? [३]भग्नहृदय; [४]विरह, कष्टोंके जोशने; [५]अभिलाषी हाथोंने; [६]नम्रप्रार्थी; [७]आवश्यकतासे अधिक सौन्दर्य्याभिमानी; [८]अभ्यस्त।

दयारेशौक़में मातम बपा है मर्गे-'हसरत'का।
वोह वज़ए-पारसा उसकी, वोह इश्क़े-पाकबाज़ उसका ।।

चल भी दिये वोह छीनके सब्रोक़रारे-दिल।
हम सोचते ही रह गये यह माजरा है क्या ?

देखो जिसे, है राहे-फ़नाकी तरफ़ रवाँ।
तेरी महल-सराका यही रास्ता है क्या ?

इरादे थे कि उनसे हाले-दिल सब मिलके कहदेंगे।
मगर मिलनेपै हमसे आज होता है न कल कहना ।।

खुले न हमसे ख़मोशाने-आरज़ूकी ज़बाँ।
जो इत्तफ़ाक़ भी हो, उनसे हमकलामीका ।।

अब तो उठ सकता नहीं आँखोंसे बारे-इन्तज़ार[1]।
किस तरह काटे कोई लैलो-निहारे-इन्तज़ार[2] ।।
उनकी उलफ़तका यक़ीं हो उनके आनेकी उम्मीद।
हों यह दोनों सूरतें, तब है बहारे-इन्तज़ार ।।
उनके ख़तकी आरज़ू है, उनकी आमदका ख़याल।
किस क़दर फैला हुआ है, कारोबारे-इन्तज़ार ।।

कमाले-ख़ाकसारीपर यह बेपरवाइयाँ 'हसरत'।
मैं अपनी दाद ख़ुद दे लूँ, कि मैं भी क्या क़यामत हूँ ।।

हमपर भी सिस्ले ग़ैर हैं, क्यों महरबानियाँ ?
ऐ बदगुमाँ! यह ख़ूब नहीं, बदगुमानियाँ ।।

---

[1]प्रतीक्षाका बोझ; [2]प्रतीक्षाके रात-दिन।

भुलाता लाख हूँ लेकिन बराबर याद आते हैं।
इलाही तर्के-उलफ़तपर वोह क्योंकर याद आते हैं ॥
हक़ीक़त खुल गई 'हसरत' तेरे तर्के-मुहब्बतकी।
तुझे तो अब वह पहलेसे भी बढ़कर याद आते हैं ॥

निगाहे-यार जिसे आश्नाये-राज़[१] करे।
वोह अपनी ख़ूबिये-क़िस्मतपै क्यों न नाज़ करे ॥

और तो पास मेरे हिज्रमें क्या रक्खा है।
इक तेरे दर्दको पहलूमें छुपा रक्खा है ॥
आह वह याद कि उस यादको होकर मजबूर।
दिले-मायूसने मुद्दतसे भुला रक्खा है ॥

न देखे और दिले-उश्शाक़पर[२] फिर भी नज़र रक्खे।
क़यामत है निगाहेयारका हुस्ने-ख़बरदारी[३] ॥
यही आलम रहा गर उसके हुस्ने-सहर परवरका[४]।
तो बाक़ी रह चुकी दुनियामें राहो-रस्मे-हुश्यारी ॥

मेरे उज्रे जुर्मपर मुतलक़ न कीजे इल्तफ़ात[५]।
बल्कि पहलेसे भी बढ़कर कजअदा[६] हो जाइए ॥
मेरी तहरीरे-नदामतका[७] न दीजे कुछ जवाब।
देख लीजे और तग़ाफ़ुल-आश्ना[८] हो जाइये ॥
हाय री बेअख़्तियारी यह तो सब कुछ है मगर।
उस सरापा नाज़से क्योंकर ख़फ़ा हो जाइये ॥

---

[१]भेद जाननेवाला, अन्तरंग साथी; [२]आशिक़ोंके दिलपर; [३]सौन्दर्यताकी सावधानी; [४]रूपके जादूका; [५]कृपा, [६]तिर्छे, ख़फ़ा; [७]क्षमा-याचनाके, पत्रका; [८]उपेक्षापूर्ण।

मुझे शिकवये-जफ़ाकी नहीं आने पाई नौबत।
वोह सितम भी गर करे है, तो ब-लुत्फ़े होशमन्दी ॥

देख ऐ सितमेजानाँ ! यह नक़्शे-मुहब्बत हैं।
बनते हैं ब-दुश्वारी, मिटते हैं ब-आसानी ॥
थी राहते-हैरतकी किस दर्जा फ़रावानी ?
मैंने ग़मेहस्तीकी सूरत भी न पहचानी ॥

मैं उस बूते बदख़ूकी[1] इस आनपै मरता हूँ।
खींचा न कभी उसने अन्दोहे-पशेमानी[2] ॥

अर्ज़ेकरमपै[3] तर्के-जफ़ा भी न कीजिये।
ऐसा न हो कि आप मिला भी न कीजिये ॥

अब रोनेसे क्या होगा, परवाना है बेपरवा।
बरबाद है सब महनत, ऐ शमअ़ ! लगन तेरी ॥

ज़ाहिर मलाले-रश्को-रक़ाबत[4] न कीजिये।
बेहतर यही है उनसे शिकायत न कीजिये ॥

उज्रे-सितम ज़रूर न था आपके लिए।
'हसरत'को शर्मसारे-नदामत न कीजिये ॥

सितम हो जाये तमहीदे-करम[5] ऐसा भी होता है।
मुहब्बतमें बता ऐ ज़ब्तेग़म ! ऐसा भी होता है ॥

न मुझको इसकी ख़बर है, न ख़ुद उन्हें है ख़्याल।
कुछ इस तरहसे मुहब्बत बढ़ाई जाती है ॥

---

[1]बदआदत; [2]अपने जुर्मपर शर्मिन्दा होनेकी परेशानी न उठाई। [3]कृपाकी याचनापर; [4]ईर्ष्या, शत्रुताके भावको; [5]कृपाकी भूमिका।

यह भी आदाबे-मुहब्बतने गवारा न किया।
उनकी तसवीर भी आँखोंसे निकाली न गई।।
दिलको था हौसलये-अर्ज़े-तमन्ना[1] सो उन्हें।
सर गुज़िश्ते-शबे-हिजराँ[2] भी सुनाई न गई।।

१९१२-१६ ई०

शरफ़[3] हासिल हो उस जानेजहाँसे[4] मुझको निसबतका[5]।
ग़ुलामीका सही, गर हो न सकता हो मुहब्बतका।।

आपको अब हुई है क़द्रेवफ़ा।
जब कि मैं लायक़े-जफ़ा न रहा।।

तुझको पासे-वफ़ा ज़रा न हुआ।
हमसे फिर भी तेरा गिला न हुआ।।
कट गई अहतियाते-इश्क़में उम्र।
हमसे इज़हारे-मुद्दआ न हुआ।।

कौन लाता तेरे अ़ताबकी[6] ताब।
ख़ैर गुज़री कि सामना न हुआ।।
छिड़ गई जब जमाले-यारकी बात।
ख़त्म ता-देर सिलसिला न हुआ।।
मैं गिरफ़्तारे-उल्फ़ते-सैयाद।
दामसे छुटके भी रिहा न हुआ।।

हर घड़ी शेख़को है फ़िक्रे-सवाब[7]।
यह भी इक तरहका अज़ाब[8] हुआ।।

---

[1]अभिलाषा प्रकट करनेका साहस; [2]विरह-रात्रिकी बीती घटना; [3]इज़्ज़त; [4]विश्वसुन्दरीसे; [5]सम्बन्धित होनेका; [6]क्रोधकी; [7]पुण्यकी चिन्ता; [8]रोग।

अब यह क्यों आप मनके फिर बिगड़े।
अब यह किस बातपर अ़ताब हुआ ॥
आपके हाथसे करम[१] कि सितम।
जो हुआ मुझपै बेहिसाब हुआ ॥

रहने लगी उनकी याद हरदम।
अब और हमें रहेगा क्या याद ?

वोह तो करदें मेरा क़ुसूर मुआफ़।
मैं ही कहता नहीं, 'हुज़ूर मुआफ़' ॥

सब आये, पर इक तू न आया, न आया।
तेरा देर देखा किये रास्ता हम ॥*
यह क्या मुंसिफ़ी[२] है, कि महफ़िलमें तेरी।
किसीका भी हो जुर्म पायें सज़ा हम ॥
तेरी ख़ूए-बरहमसे[३] वाक़िफ़ थे फिर भी।
हुए मुफ़्त शर्मिन्दये-इल्तजा[४] हम ॥

तमहीदे-सुलहे-शौक़के[५] सामान हो गये।
जितने थे उनके जौर[६] सब अहसान हो गये ॥

---

[१]कृपा;

*साक़ी-ओ-मुतरिब आये, जाम आये, सुबू आये।
आना था जिनको वो ही न आये तमाम रात ॥

—शमीम जयपुरी

[२]न्यायपरायणता; [३]क्रोधीस्वभावसे; [४]प्रार्थना करके शर्मिन्दा
[५]सुलह करनेके; [६]अत्याचार।

ख़न्दये-अहलेजहाँकी[1] मुझे परवा क्या थी।
तुम भी हँसते हो मेरे हालपै रोना है यही॥

अगर हुआ भी तो उल्टा असर दुआमें हुआ।
सकूनेयास[2] मिला, इज़्तराबके[3] बदले॥

जमालेयारकी[4] रंगीनियाँ अदा न हुईं।
हज़ार काम लिया हमने ख़ुश बयानीसे॥

बहुत ख़िजल[5] है तेरे दर्दसे दुआ मेरी।
यह ख़ौफ़ है कि न सुन ले कहीं ख़ुदा मेरी॥
छुपे वोह मुझसे तो क्या यह भी इक अदा न हुई।
वोह चाहते थे न देखे कोई अदा मेरी॥*
कहीं वोह आके मिटा दें न इन्तज़ारका लुत्फ़।
कहीं क़ुबूल न हो जाये इल्तिजा मेरी॥†

मुझसे बरगश्ता न होते तो तअ़ाज्जुब होता।
आपको उज़्रे-तग़ाफ़ुलकी ज़रूरत क्या है॥

खींच लेना वोह मेरा परदेका कोना दफ़अ़तन।
और दुपट्टेसे तेरा वोह मुँह छुपाना याद है॥

---

[1]संसारके हँसनेकी; [2]निराशाका चैन; [3]तड़पके; [4]प्रेयसीके रूपकी; [5]शर्मिन्दा।

*अन्दाज़ अपना देखते हैं आईनेमें वोह।
और यह भी देखते हैं, कोई देखता न हो॥
—निज़ाम रामपुरी

†हम आँख बन्द किये तसव्वुरमें पड़े हैं।
ऐसेमें कहीं छमसे वोह आजायें तो क्या हो॥
—रियाज़ ख़ैराबादी

ग़ैरकी नज़रोंसे बचकर सबकी मर्ज़ीके ख़िलाफ़।
वोह तेरा चोरी छुपे रातोंको आना याद है॥

परदेसे इक झलक जो वोह दिखलाके रह गये।
मुश्ताक़ेदीद[1] और भी ललचाके रह गये॥
टोका जो बज़्मेग़ैरसे आते हुए उन्हें।
कहते बना न कुछ वोह क़सम खाके रह गये॥

१९१६-१९१७ ई०

सुनके जिक्रेइश्क़ रह जाते हैं अक्सर हम ख़मोश।
अब तल्क इतना असर बाक़ी है उनकी यादका॥

क्या हुआ 'हसरत' वोह तेरा इद्दआए-ज़ब्तेग़म[2]।
दो ही दिनमें रंजे-फ़ुरक़तका गिला होने लगा॥

की मैंने लुत्फ़ेयारकी पहले न कुछ भी क़द्र।
होती है किससे जिन्से-फरावाँका अहतयात[3]॥

ऐ सहरे-हुस्ने-यार[4] मैं अब तुझसे क्या कहूँ?
दिलका जो हाल तेरी बदौलत है आजकल॥
इकतर्फ़ा बेख़ुदीका है आलम कि इश्क़में।
तकलीफ़ आजकल है न राहत है आजकल॥

हमपर तेरी निगाह जो पहले थी अब नहीं।
सो भी न कुछ दिनोंमें रहे तो अजब नहीं॥

---

[1]देखनेके अभिलाषी; [2]कष्ट सहनेकी क्षमता; [3]अधिक वस्तुका आदर, चौकसी; [4]प्रेयसीके रूपका जादू।

'हसरत' जफ़ायेयार तो इक आम थी अदा।
इज़हारे-इल्तफ़ात मगर बेसबब नहीं॥

उसीसे छुपते हैं होती है जिसपर उनकी नज़र।
अगर यही है तो उम्मीदवार हम भी हैं॥

मुझमें ताबे-जमाले-यार कहाँ?
शौक़ उन्हें मेरे रूबरू न करे॥

उनके क़दमोंपै रख दिया सरे-शौक़।
हम यह क्या बेख़ुदीमें कर गुज़रे?

शबे-फ़ुरक़तमें याद उस बेख़बरकी बार-बार आई।
भुलाना हमने भी चाहा, मगर बेअख़्तियार आई॥

आग़ाज़े आशिक़ी[1] था, जोशो-ख़रोश यकसर।
या इन्तहायेग़म है, हैरानी-ओ-ख़मोशी॥

१९१७-१९१८ ई०

इसकी बात और है पायें जो हम इसमें भी मज़ा।
आपने तो न दिया कुछ भी अज़ीयतके[2] सिवा॥

उनको याँ वादेपै आ लेने दे ऐ अब्रे-बहार!
जिस क़दर चाहना फिर बादमें बरसा करना॥
कुछ समझमें नहीं आता कि यह क्या है 'हसरत'!
उनसे मिलकर भी न इज़हारे-तमन्ना करना॥

नज़र फिर न की उसपै दिल जिसका छीना।
मुहब्बतका यह भी है कोई क़रीना?

---

[1]प्रारम्भिक प्रेमासक्ति; [2]कष्टके।

'हसरत' फिर और जाके करें किसकी बन्दगी ?
अच्छा, जो सर उठायें भी उस आस्ताँसे हम ॥

पूछते हैं वह कि "हमसे, तेरी ख़्वाहिश है सो क्या ?"
दिलमें जो-जो कुछ है मेरे, अब मैं उनसे क्या कहूँ ?

ख़ुदा जाने यह अपना हाल क्या है हिजरेजानाँमें ।
कि आहें लबतक आती हैं, न अश्क आँखोंसे बहते हैं ॥
ख़मोशीकी अजब यह गुफ़्तगू है वस्लमें बाहम ।
न कहते हैं वोह कुछ हमसे, न हम कुछ उनसे कहते हैं ॥

हाल खुल जायेगा बेताबिये-दिलका 'हसरत' ।
बार-बार आप उन्हें शौक़से देखा न करें ॥

शौक़ जब हदसे गुज़र जाय तो होता है यही ।
वरना हम और करमे-यारकी परवा न करें ॥

हविसेदीद[1] मिटी है, न मिटेगी 'हसरत' ।
देखनेके लिए चाहो उन्हें जितना देखो ॥

हर नग़मेने उन्हींकी तलबका दिया पयाम ।
हर साज़ने उन्हींकी सुनाई सदा[2] मुझे ॥
१९१८-१९२२ ई०

शिकवये-ग़म तेरे हुज़ूर किया ।
हमने बेशक बड़ा क़ुसूर किया ॥

नादिम हूँ जान देकर, आँखोंको तूने ज़ालिम !
रो-रोके बाद मेरे क्यों लाल कर लिया है ?

---

[1]देखनेकी तृष्णा; [2]आवाज़ ।

देख ले अब भी कहीं आकर जो वोह ग़फ़लतशआ़र ।
किस क़दर हो जाय मर जानेमें आसानी मुझे ।।

१९२२-१९२३ ई०

जान दे दी पहुँचके उनके हुज़ूर ।
हमने और उनसे कुछ कहा न सुना ।।

दिले-मजबूर भी क्या शै है कि दरसे अपने ।
उसने सौ बार उठाया तो मैं सौ बार आया ।।

सब्र मुश्किल है, आरज़ू बेकार ।
क्या करें आशिक़ीमें क्या न करें ।।

इक यह भी हक़ीक़तमें है शानेकरम उनकी ।
ज़ाहिरमें वोह रहते हैं जो हर वक़्त ख़फ़ा-से ।।

मेरा इश्क़ भी ख़ुदग़रज़ हो चला है ।
तेरे हुस्नको बेवफ़ा कहते-कहते ।।

१९२३ ई०

हम शिकवये-फ़लक ही करेंगे हुज़ूरे-दोस्त ।
ज़ाहिर न होने देंगे वहाँ भी क़ुसूरे-दोस्त ।।

अहदे-यक-उम्रे-फ़राग़तसे भी ख़ुशतर गुज़रा ।
वोह जो इक लहज़ा तेरी यादमें हमपर गुज़रा ।।

तुझसे अब मिलके तअ़ज्जुब है कि अरसा इतना ।
आजतक तेरी जुदाईका यह क्योंकर गुज़रा ।।

आपको आता रहा मेरे सतानेका ख़याल।
सुलहसे अच्छी रही मुझको लड़ाई आपकी ॥*

१९२४ ई०

क़दमोंपै उनके रखके सर रफ़अ़ मलाल[1] कर दिया।
हिम्मते-उज्रख़्वाहने[2] आज कमाल कर दिया ॥

चलो जान देके 'हसरत' हुई ख़ूब ग़मसे फ़ुरसत।
वोह कभी न तुमसे मिलते युँ ही सुबहोशाम करते ॥

१९२५–३४ ई०

करनेको तो मैं अहद करूँ तर्के-हविसका[3]।
पर दिलसे कहूँ क्या जो नहीं है मेरे बसका ॥

हो रही है सबाहे-इश्क़तुलू[4]।
हो चले हैं चराग़े-अक़्ल ख़मोश ॥

तुझको ऐ महवे-तग़ाफ़ुल[5] मेरी परवा ही नहीं।
हाले-दिल किससे मैं कहता, तूने पूछा ही नहीं ॥

१९३५–१९४० ई०

क़िस्मते-शौक़ आजमा न सके।
उनसे हम आँख भी मिला न सके ॥
हम तो क्या भूलते उन्हें 'हसरत'!
दिलसे वोह भी हमें भुला न सके ॥

---

*वोह दुश्मनीसे देखते हैं, देखते तो हैं।
मैं शाद हूँ कि हूँ तो किसीकी निगाहमें ॥

—आतिश

[1]मलाल दूर कर दिया; [2]क्षमा माँगनेके साहसने; [3]तृष्णा-त्यागका; [4]प्रेमरूपी पौ फट रही है; [5]उपेक्षा-लीन।

थी कभी याद उनकी वजहे-सकूँ ।
अब किसी हालमें क़रार नहीं ।।

१९४१-१९५० ई०

उस शोख़का शिकवा किया, 'हसरत' यह तूने क्या किया ?
इससे तो ऐ मर्देख़ुदा ! बहतर था मर जाना तेरा ।।
यह किसके इजज़ेतमन्नाका[1] पास है कि वोह शोख़ ।
ब-ज़ोमेनाज़[2] भी दामन छुड़ा नहीं सकता ।।

रौनक़ेदिल यूँ बढ़ा ली जायगी ।
ग़मकी इक दुनिया बसा ली जायेगी ।।
दिल न तोड़ो 'हसरते'-नाकामका ।
ज़ुल्फ़ तो फिर भी बना ली जायगी ।।

ख़ुद फ़रामोशियोंमें[3] भी तो हमें ।
भूल जाना किसीका याद रहा ।।

बदगुमाँ आप हैं क्यों, आपका शिकवा है किसे ?
जो शिकायत है हमें गर्दिशे-ऐयामसे है ।।

पैमाने-वफ़ाके ईफ़ाका[4] हम उनसे तक़ाज़ा भूल गये ।
इसका भी तो अब अहसास नहीं, क्या याद रहा क्या भूल गये ।।

'हसरत'की तमाम ग़ज़लोंकी संख्या ७७१ होती है। जिनमें ३८३ ग़ज़लें क़ैद या नज़रबन्दीकी हालतमें लिखी गई थीं।

'हसरत'की पहली ग़ज़ल जो उन्होंने १२ या १३ सालकी उम्रमें सबसे पहले कही—

---

[1]नम्रतापूर्ण अभिलाषाका; [2]अभिमानका बल रखते हुए; [3]अपनेको भूले रहनेपर भी; [4]नेकी करनेके वायदेका।

मैं तो समझा था क़यामत आ गई।
ख़ैर फिर साहब सलामत हो गई॥
मसजिदोंमें कौन जाये वायज़ा!
अब तो इक बुतसे इरादत हो गई॥
जब मैं जानूँ दिलमें भी आओ न याद।
गरचे ज़ाहिरमें अदावत हो गई॥
उनको कब मालूम था तर्ज़े-जफ़ा।
ग़ैरकी सुहबत क़यामत हो गई॥
इश्क़ने उसको सिखा दी शायरी।
अब तो अच्छी फ़िक्रे 'हसरत' हो गई॥

और यह अन्तिम ग़ज़ल उन्होंने मृत्युसे छः माह पूर्व २० नवम्बर १९५०को लखनऊमें कही थी—

शौक़ कि दादेहया मिलती नहीं।
वोह निगाहे-आश्ना मिलती नहीं॥
शेवये-अहले-रियासे जीनहार।
ख़ूए-अरबाबे-सफ़ा मिलती नहीं॥
दीदनी है यह मुरव्वत हुस्नकी।
जुर्मे-उलफ़तकी सज़ा मिलती नहीं॥
उनसे मिलनेकी हविसमें शौक़को।
ढूँढ़ता है और दुआ मिलती नहीं।
आशिक़ीसे ख़ूए-नाज़े-हुस्ने-दोस्त!
बरसबीले-एतना मिलती नहीं॥
यह भी 'हसरत' क्या सितम है इश्क़से।
हुस्नको दादे-जफ़ा मिलती नहीं॥

३१ मई १९५३ ई०]

'फ़ानी' बदायूनी

'मीर' उर्दू-शायरीके खुदाये-सुख़न समझे जाते हैं, और 'फ़ानी' यास-यातके इमाम। यासयात यानी असफल और निराश-व्यक्तियोंके ऐसे नेता कि जिन्हें कभी जीवनमें एक क्षणको भी सफलता और आशाकी एक भी किरण दिखाई नहीं दी। तमाम उम्र अथक परिश्रम और उद्योग करते रहे, किन्तु असफलता और निराशाके अतिरिक्त कुछ भी हाथ नहीं लगा। तब मजबूरन तक़दीर (भाग्य)के आगे तद्बीर (पुरुषार्थ)को घुटने टेकने पड़े। इस पराजयकी घुटनको 'फ़ानी'ने यूँ व्यक्त किया है—

देख 'फ़ानी' वोह तेरी तद्बीरकी मैयत[1] न हो।
इक जनाज़ा[2] जा रहा है, दोशपर[3] तक़दीरके॥

तमाम उम्र हाथ-पाँव मारते गुज़र जायें, फिर भी किनारा हाथ न आये, तब छट-पटाकर डूब जानेके अतिरिक्त अन्य उपाय भी क्या है?

कुछ आस्तिक कहेंगे कि 'फ़ानी'ने ऐसे घोर संकटके समय ईश्वरको पुकारा होता तो निश्चय ही बेड़ा पार हो जाता। फ़ानीने यह भी करके

---

[1]अर्थी; [2]शव; [3]कन्धेपर।

देख लिया। वे जीवनभर आस्तिक बने रहे, घोर संकटके क्षणोंमें भी वे ख़ुदाको नहीं भूले। उनका दृढ़ विश्वास था कि ख़ुदा रहीम है और उसकी रहमत कभी-न-कभी उनपर भी होगी। लेकिन मरते दमतक भी रहमतका सहारा जब नहीं मिला तो धीरजका बाँध टूट गया, और उसी बेकलीमें उनके मुँहसे निकल गया—

या रब ! तेरी रहमतसे मायूस नहीं 'फ़ानी'।
लेकिन तेरी रहमतकी ताख़ीरको क्या कहिये[1] ?

आपदाओंके भँवरमें जब फ़ानीकी जीवन-नौका चक्कर काट रही थी, उनकी संगिनी और युवा कन्या चल बसीं; जो बच रहे उनको क्षणभर भी निराकुल न देख सके। यह वोह मनोव्यथा है कि इस टीसका अनुभव भुक्त-भोगी ही कर सकता है। 'मीर' तो एक कल्पना ही करके रह गये कि उन-जैसा बदनाम मद्यप भी मस्जिदका इमाम बन गया है—

मस्जिदमें इमाम आज हुआ आके वहाँसे।
कलतक तो यही 'मीर' ख़राबात-नशीं था॥

ख़राबात (मद्यालयों)के मीर (सरदार) रहे तो क्या, और मस्जिदमें इमाम[2] बने तो क्या ? इससे बिगड़ता-बनता क्या है ? लेकिन 'फ़ानी' तो जीवनभर असफलताओं और निराशाओंसे द्वन्द्व करते रहे और एक क्षणको भी विजयी न हुए, इसीलिए उर्दू-आलोचक उन्हें यासयातका इमाम कहते हैं।

---

[1]कौन कम्बख़्त तेरी दयालुता और दीनबन्धुत्वमें सन्देह करता है ? हमें तो आशा ही नहीं, पूर्ण विश्वास है कि तू अपनी रहमतका हाथ हमारे लिए भी बढ़ायेगा। लेकिन इतना जो विलम्ब (ताख़ीर) हो रहा है, इसको क्या कहा जाय ? क्या हम डूब जायेंगे तब....?

[2]धार्मिक नेता, जिसके पीछे खड़े होकर लोग नमाज़ पढ़ें।

यासयातका इमाम तो वह भी कहला सकता है, जो असफल और निराश व्यक्तियोंमें आशाका संचार करे, कर्तव्य-क्षेत्रमें डटे रहनेके लिए उत्साहप्रद भावना भरे। लेकिन 'फ़ानी' ऐसे इमाम नहीं हैं, अपितु किसी व्यक्तिमें आशा-उत्साहका कोई अंकुर रह भी गया हो, तो उनकी इमामत (नेतृत्व) उसे जड़-मूलसे उखाड़ फेंकती है, उसी अर्थमें वे यासयातके इमाम हैं।

यही कारण है कि कुछ आलोचक उनकी जीवितावस्थामें ही यह दोषारोपण करने लगे थे कि 'फ़ानी' हर वक़्त रोते-बिसूरते रहते हैं। उनकी प्रेम-ज्वाला ठंडी पड़ गई है। ग़मसे घबराकर हर वक़्त मौतकी कामना रखते हैं। उनकी शायरीमें व्यक्तिगत रोने-झींकनेके अतिरिक्त और रखा ही क्या है? हाय-हाय करना, छाती पीटना, विधवाओंकी तरह शोकमग्न रहना, बिलखते रहना, उनका स्वभाव है। लखनवी शायरोंकी तरह वह भी प्रेमको एक रोग समझते हैं। उनकी शायरीमें जनाज़ा, मैयत, कफ़न, लहद, मज़ार, शमा, परवाना आदि शब्दोंकी भरमार रहती है। 'जोश' मलीहाबादी[1] तो उन्हें मानवतासे गिरा हुआ कहनेमें भी संकोच नहीं करते, क्योंकि मनुष्य होकर जो ग़मोंसे घबरा उठे, उसे वे मनुष्य नहीं, मनुष्यताका अभिषाप समझते हैं।

किसी हालतमें उक्त आलोचनाएँ ठीक हैं, किन्तु एक ही काँटेपर धान और मोती नहीं तोले जा सकते। हर व्यक्तिके जीवनके भिन्न-भिन्न पहलू होते हैं, और भिन्न-भिन्न वातावरणमें रहने-सहनेके कारण जुदा-जुदा आचार-स्वभाव होते हैं। रामायणका पाठक महाभारतके कौरव-पाण्डवोंमें भी भरत-राम-जैसा स्नेह-सम्बन्ध देखना चाहेगा तो निराशाके अतिरिक्त कुछ भी हाथ नहीं लगेगा। हर शायर 'ग़ालिब' और 'जोश' नहीं

---

[1]'जोश' मलीहाबादीका परिचय 'शायरीके नये दौर' नामक पुस्तकमें दिया गया है, जो कि शीघ्र छपेगी।

हो सकता। न हर शायर 'मीर' और 'फ़ानी' जैसा दर्दीला दिल पा सकता है। प्रारम्भमें 'फ़ानी' भी 'ग़ालिब'से प्रभावित नज़र आते हैं, जैसा कि इन चन्द अशआ़रसे आभास मिलता है--

ग़ालिब-- हस्तीके मत फ़रेबमें आजाइयो 'असद'!
आलम तमाम हल्क़ये-दामे-ख़याल है॥

फ़ानी-- हर मुज़दए-निगाहे-ग़लत जलवा ख़ुदफ़रेब।
आलम दलीले गुमरहीए-चश्मोगोश था॥

ग़ालिब-- है ग़ैब-ग़ैब जिसको समझते हैं हम शहूद।
हैं ख़्वाबमें हनूज़ जो जागे हैं ख़्वाबमें॥

फ़ानी-- तजल्लियाते-वहम हैं मुशाहिदाते-आबो-गिल।
करिश्मये-हयात है ख़याल, वोह भी ख़्वाबका॥
एक मुअम्मा है समझनेका न समझानेका।
ज़िन्दगी काहेको है? ख़्वाब है दीवानेका॥

ग़ालिब-- हाँ खाइयो मत फ़रेबे-हस्ती।
हर चन्द कहें कि है, नहीं है॥

फ़ानी-- है कि 'फ़ानी' नहीं है क्या कहिए।
राज़ है बेनियाज़े-महरमे-राज़॥

ग़ालिब-- न गुले-नग़मा हूँ, न परदयेसाज़।
मैं हूँ अपनी शिकस्तकी आवाज़॥

फ़ानी-- हूँ, मगर क्या यह कुछ नहीं मालूम।
मेरी हस्ती है ग़ैबकी आवाज़॥

ग़ालिब-- लो वोह भी कहते हैं कि "यह बे-नंगो-नाम है"।
यह जानता अगर तो लुटाता न घरको मैं॥

फ़ानी-- बहला न दिल, न तीरगीये-शामे-ग़म गई।
यह जानता तो आग लगाता न घरको मैं॥

ग़ालिब— छोड़ा न रश्क़ने कि तेरे घरका नाम लूँ।
हर-एकसे पूछता हूँ कि जाऊँ किधरको मैं॥

फ़ानी— वोह पाये-शौक़ दे कि जहत-आश्ना न हो।
पूछूँ न ख़िज्रसे भी कि जाऊँ किधरको मैं॥

ग़ालिब— उग रहा है दरो-दीवारसे सब्ज़ा 'ग़ालिब'!
हम बयाबाँमें हैं और घरमें बहार आई है॥

फ़ानी— याँ मेरे क़दमसे हैं वीरानेकी आबादी।
वाँ घरमें ख़ुदा रक्खे आबाद है वीरानी॥

ग़ालिब— मेरी तामीरमें मुज़मिर है इक सूरत ख़राबीकी।
हयूला बर्क़े-ख़िरमनका है, ख़ूने-गर्म दहक़ाँका॥

फ़ानी— तामीरे-आशियाँकी हविसका है नाम बर्क़।
जब हमने कोई शाख़ चुनी शाख़ जल गई॥

ग़ालिब— हो चुकीं 'ग़ालिब' बलाएँ सब तमाम।
एक मर्गे-नागहानी और है॥

फ़ानी— अपनी तो सारी उम्र ही 'फ़ानी' गुज़ार दी।
इक मर्गे-नागहाँके ग़मे-इन्तज़ारने॥

'ग़ालिब' और 'फ़ानी'में अन्तर यही है कि दोनों आपदाओंकी भट्टीमें जीवनभर सुलगते रहते हैं और अन्तमें राख हो जाते हैं। लेकिन 'ग़ालिब' तब भी मुसकराते रहते हैं, तीखे व्यंग कसते हैं, और ऐसा मुँह चिढ़ाते हैं कि आपदायें भी झेंप-झेंपकर रह जाती हैं—

न लुटता दिनको तो, कब रातको यूँ बेख़बर सोता।
रहा खटका न चोरीका, दुआ देता हूँ रहज़नको!

है किसीमें ऐसी हिम्मत कि सर्वस्व लुट जाये, फिर भी आह न करे, उलटा चोरका आभार ही माने? अपने उजाड़ घरको देखकर कितना तीखा व्यंग करते हैं—

घर हमारा जो न रोते भी तो वीरां होता।
बह्‌र गर बह्‌र न होता तो बयाँबा होता॥

[हमारा घर तो उजाड़ होना ही था, फिर रो-रोकर उसे आँसुओं-द्वारा हमने स्वयं ही डुबो दिया तो क्या बुरा किया?]

कम किरायेके टूटे-फूटे मकानमें रहते हैं। उसकी दीवारोंपर काई जम गई है। छतों और मुँडेरोंपर घास उग आई है। जानते हैं कि निर्धनताके कारण ऐसे मकानमें रहना पड़ रहा है, किन्तु अपनी इस बेबसीपर आँसू न बहाकर किस ख़ूबीसे मुँह चिड़ाते हैं कि मकान-मालिकने यह शेर सुना होगा तो अपना सर पीट लिया होगा—

उग रहा है दरो-दीवारपै सब्ज़ा 'ग़ालिब'!
हम बयाबाँमें हैं और घरमें बहार आई है॥

घास और काईको 'सब्ज़ा' और घरकी जीर्णताको 'बहार' कहना ग़ालिबका ही कलेजा है।

दुःख-दरिद्रतामें जीवन व्यतीत करते-करते ख़याल आया कि अगर ख़ुदा मुझे लोक और परलोक दोनों प्रदान कर दे तो क्या हो? चट स्वाभिमानी हृदय घृणासे भर आया, कि जिस ख़ुदाने एक लमहेको सुख-चैनकी साँस नहीं लेने दी, उसका दिया हुआ अब क्यों स्वीकृत किया जाय? लेकिन अपनी वज़अ़-क़तअ़की शराफ़तके कारण 'नहीं' कहनेका साहस भी नहीं होता, सकुचाकर रह जाते हैं—

दोनों जहान देके वोह समझा कि ख़ुश हुआ।
याँ आ पड़ी यह शर्म कि तकरार क्या करें॥

लेकिन 'फ़ानी' दुःखकी भट्टीमें जलते हुए 'ग़ालिब'की तरह मुसकरा नहीं सकते थे। उनका हृदय जिन परमाणुओंसे बना था, उनमें मुसकानके अणु नहीं थे। 'फ़ानी' अपनी व्यथा-पीड़ाके कारण 'ग़ालिब'के बजाय

'मीर'के अधिक समीप मालूम होते हैं। उनके बहुतसे अशआर में 'मीर'का धोका होता है। ऐसे चन्द शेर दिये जाते हैं—

'फ़ानी'को या जुनूँ है या तेरी आरज़ू है।
कल नाम लेके तेरा दीवानावार रोया॥

नाला क्या ? हाँ इक धुआँ-सा शामे-हिज्र।
बिस्तरे-बीमारसे उट्ठा किया॥

आया है बादे-मुद्दत बिछड़े हुए मिले हैं।
दिलसे लिपट-लिपटकर ग़म बार-बार रोया॥

नाज़ुक है आज शायद, हालत मरीज़े-ग़मकी।
क्या चारागरने समझा, क्यों बार-बार रोया ?

ग़मके टहोके कुछ हों बलासे, आके जगा तो जाते हैं।
हम हैं मगर वह नींदके माते जागते ही सो जाते हैं॥

महवे-तमाशा हूँ मैं या रब ! या मदहोशे-तमाशा हूँ।
उसने कबका फेर लिया मुँह अब किसका मुँह तकता हूँ॥

गो हस्ती थी ख़्वाबे-परीशाँ नींद कुछ ऐसी गहरी थी।
चौंक उठे थे हम घबराकर फिर भी आँख न खुलती थी॥

फ़स्ले-गुल आई, या अजल आई, क्यों दरे जिन्दाँ खुलता है ?
क्या कोई वहशी और आ पहुँचा या कोई क़ैदी छूट गया॥

या कहते थे कुछ कहते, जब उसने कहा—"कहिये"।
तो चुप हैं कि क्या कहिये, खुलती है ज़बाँ कोई ?

यहाँ यह कहा जा सकता है कि 'फ़ानी' उम्रभर जलते-भुनते रहते, लेकिन उन्हें अपने दिलकी टीस शायरीमें बखेरकर पाठकोंके हृदयको द्रवित करने और उन्हें निराशावादका पाठ देनेका क्या अधिकार था ?

उन्हें तो अपने रिसते हुए नासूरपर मरहम लगाकर डब-डबाई आँखोंके आँसू पीकर ज़ाहिरामें मुसकराते रहना चाहिए था।

दिलमें हज़ार ग़म हों, जबींपर शिकन न हो

लेकिन शायरी चित्र-जैसी कला नहीं कि मनोभाव दबाकर फ़र्माइशके अनुसार चित्रित की जा सके। लाख प्रयत्न किये जायें, शायरके कलाममें उसके हृदयगत भाव व्यक्त हुए बग़ैर रह नहीं सकते। 'ग़ालिब'ने लाख चाहा कि वे हृदयमें सुलगते ज्वालामुखीको दबाकर जीवनभर मुसकराते रहें और व्यंगोक्तियाँ कसते रहें। मगर यह उनसे भी बराबर नहीं निभ सका, और उनकी हृदयगत आग उनके चारों ओर फैले बग़ैर नहीं रह सकी--

दिलमें ज़ौक़े-वस्ल-ओ-यादे-यार तक बाक़ी नहीं।
आग इस घरको लगी ऐसी कि जो था जल गया।।

किससे महरूमिये क़िस्मतकी शिकायत कीजे।
हमने चाहा था कि मर जायें, सो वह भी न हुआ।।

और जिसे माँगेसे मौत भी न मिले, वह असहाय और लाचार घुट-घुटकर जीने और मनको यह सान्त्वना देनेके अतिरिक्त और कर भी क्या सकता है--

क़ैदे-हयात-ओ-बन्दे-ग़म, अस्लमें दोनों एक हैं।
मौतसे पहले आदमी ग़मसे निजात पाये क्यों ?

शायरी एक दर्पण है, जिसमें अनिच्छा होते हुए भी हृदयगत भावोंका प्रतिबिम्ब पड़े बग़ैर नहीं रह सकता। सैयद सुलेमान नदवीके शब्दोंमें--

"ग़ज़ल लिखनेके लिए स्याही बाज़ारमें नहीं मिलती, बल्कि ख़ूँ-चकाँ सीनेमें पाई जाती है। उसके लिए ज़ख़्मी दिल दरकार है। इसलिए 'इक़बाल'ने कहा है--

मिसरयेमन क़तरयेख़ूने मनस्त।

और 'क़तरयेख़ून' शायरीमें उसी वक़्त टपकता है, जब कि शायरका ख़लूस उसमें कारफ़रमा हो। शेरमें शेरियत (कवित्व)के साथ-साथ तासीर (प्रभाव, असर)का होना भी ज़रूरी है।"[1] तासीर बग़ैर शेर निष्प्राण शरीरके समान हैं।

'फ़ानी'के एक-एक शब्दमें उनकी आतमा बोल रही है। उनके कलामके अध्ययनसे उनके जीवन-पृष्ठ स्वयं उजागर हो जाते हैं; और यही उनकी शायरीका कमाल है। ज़हीरउद्दीन अहमदख़ाँ लिखते हैं—

"वही शायरी बुलन्दपाया (उच्चतम) होगी, जिसको शायरने ख़ुद महसूस किया हो। ज़िन्दगीकी चक्कीमें जिसने अपनेको पीसा हो, और रंजो-ग़मकी भट्टीमें जिसने अपनेको सुलगाया हो, उससे जो आवाज़ निकलती है, वही शायरी है।"[2]

'फ़ानी' इस शायरीकी कसौटीपर पूरा उतरते हैं, जैसा कि उनके जीवन-परिचयसे आभास मिलता है।

शौकतअलीख़ाँ 'फ़ानी' १३ सितम्बर १८७९ ई०में बदायूँ ज़िलेके इस्लामनगरमें उत्पन्न हुए। वे पठान हैं और उनके पूर्वज शाह आलमके शासनकालमें काबुलसे भारत आये और यहाँ उच्च पदोंपर प्रतिष्ठित रहे।

'फ़ानी'के परदादा नवाब बशारतख़ाँ, बदायूँ सूबेके गवर्नर थे और २०० गाँव उनकी जागीरमें थे। धीरे-धीरे जागीर खिसकती गई और नौबत यहाँतक आ पहुँची कि आपके पिता मुहम्मद शुजाअतअलीख़ाँ पुलिसकी नौकरी करनेपर मजबूर हुए और उस थोड़े-से वेतनमें ही अपनी सारी ज़िन्दगी गुज़ार गये।

---

[1]निगार अप्रेल १९४६, पृ० १०; [2]निगार अप्रेल १९४६, पृ० ११।

'फ़ानी'ने १९०१में बी० ए० और १९०८में एल-एल० बी० पास किया। १९२३ तक लखनऊमें रहे, उसके बाद सन् ३२ तक आगरेमें वकालत करते रहे। कुछ अर्से बरेली और बदायूँमें भी वकालत की। जब कहीं भी प्रैक्टिस न चली, तब हैदराबादके प्रधान मंत्री महाराजा किशनप्रसाद 'शाद'ने महरबानी फ़रमाकर हैदराबाद बुला लिया। मगर वहाँ भी अभाग्यने साथ नहीं छोड़ा। वहाँ जाकर जिन असुविधाओं और विघ्न-बाधाओंका सामना करना पड़ा होगा, उसका कुछ आभास निम्न पत्रसे होता है, जो कि उन्होंने २८ जून १९३३को अपने एक सम्बन्धीको लिखा था—

"मेरा तक़र्रुर (नियुक्ति) नहीं हुआ है, देखिये कब होता है? और कहाँ? या ग़ालिबन होता भी है या नहीं।"

'फ़ानी'को वहाँ मुल्की और ग़ैरमुल्की झगड़ोंके कारण भी परेशानी उठानी पड़ी।[1] आख़िर राम-राम करके फ़ानी-जैसे शायरको वहाँके एक हाईस्कूलकी हेडमास्टरी नसीब हुई।

इसी अर्सेमें उनकी जीवन-संगिनी और युवा पुत्री चल बसीं। यहाँ तक कि उनके वहाँ एकमात्र हितैषी महाराजा किशनप्रसाद भी स्वर्गस्थ हो गये। इसे भाग्य-रेखके अतिरिक्त और क्या कहा जाय? बक़ौल 'जिगर' मुरादाबादी—

---

[1] हैदराबादमें यह प्रान्तीय भावना बहुत पुरानी है। सरकारी नौकरियोंमें मुसलमानोंको तो तरजीह दी ही जाती रही है, लेकिन वहाँके मुसलमान भी यह बर्दाश्त नहीं करते थे कि उनके यहाँ कोई अन्य प्रान्तीय आये। हैदराबादसे बाहरके लोगोंको वहाँ 'ग़ैरमुल्की' समझा जाता है। मिर्ज़ा 'दाग़'की नियुक्तिपर भी यह एतराज़ उठा था। आज भी वह रोग ज्यों-का-त्यों बना हुआ है।

मेरे ग़मख़ानये-मुसीबतकी।
चाँदनी भी सियाह होती है॥

आजीविकाकी खोजमें—लखनऊ, बरेली, इटावा, आगरा, हैदराबाद—न जाने कहाँ-कहाँकी ख़ाक छानी। जहाँ भी गये असफलताओं और निराशाओंने आगे बढ़कर स्वागत-सत्कार किया। 'फ़ानी' भावुक थे, तनिक-तनिक-सी बातें उनके दिलपर चरका पहुँचाती थीं। और दिल जब ज़ख़्मी होता है तो बक़ौल 'सीमाब'—

सितारोंकी चमकसे चोट लगती है रगे-जाँपर

हैदराबादमें जिसप्रकार उन्होंने दिन गुज़ारे, उनके बारेमें वहाँके पत्र 'पयाम'ने लिखा था—

"इस सरज़मीनपर शायद ही कोई ऐसा साहबे-कमाल इस कसमपुरसीकी हालतमें दफ़्न हुआ हो, जिस हालतमें 'फ़ानी'ने अपनी ज़िन्दगीके चन्द आख़िरी साल गुज़ारे।"

शेरगोईका शौक़ 'फ़ानी'को ग्यारह वर्षकी अवस्थामें ही हो गया था। यानी सबसे पहली ग़ज़ल आपने १८९० ई०में कही और २० वर्षकी आयुमें दीवान मुकम्मिल हो गया था। अफ़सोस कि वह नष्ट हो गया। १९०६में दूसरा दीवान तैयार किया तो वह भी पहले दीवानकी तरह गुम हो गया। आख़िर दिल बैठ गया और १९१७ तक 'फ़ानी' दुनियाए शायरीसे रूपोश रहे। इसके बाद जलवागर हुए तो उनका पहला दीवान बदायूँसे छपा। दूसरा दीवान 'बाक़ियाते फ़ानी' १९२६में और शेष कलाम 'वजदानियात' १९४०में प्रकाशित हुआ। बक़ौल किसीके—

"लुत्फ़तरीन अहसासात रखते हुए तबाहियों और बरबादियोंका मुसलसल (निरन्तर) शिकार होना और फिर ज़िन्दा भी रहना एक इन्सानको फ़ानी न बना दे तो और क्या तवक़्क़ोह (आशा) हो सकती है? हवादस-ओ-सदमात (मुसीबतें और रंजोग़म) इब्तदामें दर्दनाक

भी मालूम होते हैं, और नाक़ाबिले बरदाश्त भी। इन्सान चीख़ता भी है और आँसू भी बहा लेता है। लेकिन उस हिरमाँ-नसीब (असफल-निराश व्यक्ति)को क्या कहिए? जिसके आँसू भी इन मुतवातिर और पैहम (लगातार-निरन्तर) चोटोंसे ख़ुश्क हो जाते हैं। फिर उसकी मुसकराहट भी 'आह' बन जाती है। और यास (निराशा)में उसको लुत्फ़ भी आता है। चुनाँचे किसी मातमकदे (शोक-गृह)के नौहा (मातम) करने-वालेसे अगर तराने-शादयाने (मंगलवाद्य)की तवक़्क़ोह (आशा) नहीं की जा सकती तो 'फ़ानी'की शायरी भी यासया (निराशावादी) शायरी ही हो सकती थी।"

फ़ानीने जब होश सँभाला तो लखनवी शायरीसे कंघी, चोटी, सुरमा-मिस्सी, चोली-दामन बिदा हो गये थे। लखनऊकी नवाबी मिट चुकी थी। इसलिए रंगीन और ज़नानी शायरीकी जगह मर्सिया ले रहा था। लखनऊके उरूजके दिनोंमें वहाँके शायरोंने जिस तत्परतासे रंगीन एवं ख़ारजी शायरीके नोक-पलक सँवारे थे, उसी तेज़ीसे मर्सियाके मैदानमें भी कूदे। जिस घरमें शादीके नग़मोंसे कान पड़ी आवाज़ सुनाई न देती हो, उस घरमें अकस्मात दुर्घटना होने पर क्रन्दन भी आकाशभेदी उठता है। मर्सियागोई रंगीन शायरीकी प्रतिक्रिया थी, और यह स्वाभाविक भी था। उन दिनों लखनवी शायरोंको रंजो-ग़म गिरय-ओ-मातम, गोरे-ग़रीबाँ और यासो-हिरमाँके अतिरिक्त कुछ सूझता ही न था। यहाँतक कि ग़ज़लमें भी मर्सियतका रंग चढ़ रहा था। रंगीन शायरीकी तरह इसमें भी लखनवी शायरोंने तकल्लुफ़ और कृत्रिमताको हाथसे नहीं छोड़ा।

फ़ानीकी प्रकृति इस वातावरणके अनुकूल थी। वे इस रंगसे काफ़ी प्रभावित हुए। यद्यपि प्रारम्भमें वे ग़ालिबके अनुयायी नज़र आते हैं, किन्तु लखनवी मर्सियतका वातावरण उनके अधिक अनुकूल रहा। अतः करुणा-व्यथा भरे बोल उनके मुँहसे अनायास निकलने लगे।

यहाँतक कि इस पृथ्वीका स्वर्ग काश्मीर भी उनके हृदय-कमलको

नहीं खिला सका, वहाँका प्रसिद्ध 'निशातबाग़' भी उन्हें फ़र्सूदा (कुम्हलाया हुआ) नज़र आया—

इस बाग़में जो कली नज़र आती है।
तसवीरे-फ़सुर्दगी नज़र आती है॥
कश्मीरमें हर हसीन सूरत 'फ़ानी'।
मिट्टीमें मिली हुई नज़र आती है॥

फूलोंकी नज़र-नवाज़ रंगत देखी,
मख़लूक़की दिल-गुदाज़ हालत देखी,
क़ुदरतका करिश्मा नज़र आया कश्मीर,
दोज़ख़में समोई हुई जन्नत देखी॥

उनकी पत्नी और पुत्री मिट्टीमें मिल जायें और उनका घर जिसे वह जन्नत बनाना चाहते थे, दोज़ख़ बन जाये; तब हर हसीन सूरत उन्हें मिट्टीमें मिली हुई और 'जन्नत' दोज़ख़में समोई हुई दिखाई न दे तो और क्या दे? यही व्यथा-भरा अलाप धीरे-धीरे वह रूप लेता गया, जिसे आज 'फ़ानी'की शायरी कहा जाता है। व्यथा रूपी दीमकसे खाये हुए उनके मनसे यही ध्वनित होगा, चाहे वह काश्मीरमें रहें या हैदराबाद-में—

दैरमें या हरममें गुज़रेगी।
उम्र तेरे ही ग़ममें गुज़रेगी॥

और धीरे-धीरे 'फ़ानी' रंज-ओ-ग़मके इतने आदी हो गये हैं कि उन्हें सुख-चैनका तो ख़्वाबो-ख़याल भी नहीं आता। उन्हें तो अब यही आशंका खाये जाती है कि दुःखसे भरे-पूरे दिन उनके जो व्यतीत हो रहे हैं, वोह भी दुर्दैव कहीं उनसे छीन न ले।

हाँ नाख़ुने-ग़म कमी न करना।
डरता हूँ कि ज़ख़्मेदिल न भर जाये॥

और इस दुःखको वे मर्दानावार आमन्त्रण देते हैं—

ग़ैरत हो तो ग़मकी जुस्तजू कर।
हिम्मत हो तो बेक़रार हो जा॥

और इस ग़मको वे अपना सर्वस्व समझते हुए सगर्व कहते हैं—

चुन लिया तेरी मुहब्बतने मुझे।
और दुनिया हाथ मलकर रह गई॥

'फ़ानी'ने मर्सियतसे बहुत जल्द कनाराकशी करके अपना जुदागाना-रंग अख़्तियार कर लिया। कहीं उनके यहाँ ग़ालिब-जैसी दार्शनिकता, और कहीं 'मीर'-जैसा सोज़ोगुदाज़ पाया जाता है। इश्क़िया रंगमें भी उन्होंने अपनी मौलिक प्रतिभाका परिचय दिया है।

हूँ असीरे-फ़रेबे-आज़ादी[1]।
पर हैं और मश्क़े-हीलये-परवाज़[2]॥

इश्क़ है परतवे-हुस्ने-महबूब[3]।
आप अपनी ही तमन्ना क्या ख़ूब॥

अब लबपै वोह हंगामये-फ़रियाद नहीं है।
अल्लाहरे तेरी याद कि कुछ याद नहीं है॥

हमको मरना भी मयस्सर नहीं जीनेके बग़ैर।
मौतने उम्रे-दो रोज़ाका बहाना चाहा॥

---

[1]स्वतन्त्रताके धोकेका क़ैदी; [2]पर होते हुए भी न उड़नेके लिए बहाना ढूंढना; [3]प्रेयसीके सौन्दर्यका प्रतिबिम्ब।

बिजलियाँ शाख़े-नशेपनपै बिछी जाती हैं।
क्या नशेमनसे कोई सोख़्ता-सामाँ[1] निकला ?

'फ़ानी'की ज़िन्दगी भी क्या ज़िन्दगी थी या रब !
मौत और ज़िन्दगीमें कुछ फ़र्क़ चाहिए था ॥

फ़ानीके चन्द मक़्ते—

किसीके ग़मकी कहानी है ज़िन्दगीए-'फ़ानी'।
ज़माना एक फ़साना है, मेरे नालोंका ॥

ख़ाके-'फ़ानी'की क़सम है, तुझे ऐ दश्ते-जुनूँ !
किससे सीखा तेरे ज़र्रोंने बयाबाँ होना ?

चमनसे रुख़सते 'फ़ानी' क़रीब है शायद।
कुछ अबकी बूए-कफ़न दामने-बहारमें है ॥

किसकी कश्ती तहे-गरदाबे-फ़ना[2] जा पहुँची ?
यकबयक शोर जो 'फ़ानी' लबे-साहिलसे[3] उठा ॥

आज रोज़े-विसाल 'फ़ानी' है।
मौतसे हो रहे हैं नाज़ो-नियाज़ ॥

'बाक़याते फ़ानी' और 'वजदानियत' शीर्षक उनके दो संकलनोंसे उनके सभी रंगके अशआ़र पेश किये जा रहे हैं—

तूने करम किया तो ब-उनवाने रंजेज़ीस्त।
ग़म भी मुझे दिया तो ग़मे-जाविदाँ न था ॥

आ गई है तेरे बीमारके मुँहपर रौनक़।
जान क्या जिस्मसे निकली, कोई अरमाँ निकला ॥

---

[1]दग्धहृदय; [2]मृत्यु-दरियाके तलेमें; [3]किनारेसे।

रस्मेख़ुद्दारीसे गो वाक़िफ़ न थी दुनिया-ए-इश्क़ ।
फिर भी अपना ज़ख़्मेदिल शरमिन्द-ए-मरहम न था ॥

मज़ाक़े-तल्ख़पसन्दी न पूछ, उस दिलका—
बग़ैर मर्ग जिसे ज़ीस्तका मज़ा न मिला ॥
मेरी हयात है महरूमे-मुद्दआ-ए-हयात ।
वोह रहगुज़र हूँ जिसे कोई नक़्शेपा न मिला ॥

यूँ सबको भुला दे कि तुझे कोई न भूले ।
दुनिया ही में रहना है तो दुनियासे गुज़र जा ॥

क्या-क्या गिले न थे कि इधर देखते नहीं ।
देखा तो कोई देखनेवाला नहीं रहा ॥

एक आलमको देखता हूँ मैं ।
यह तेरा ध्यान है मुजस्सिम क्या ॥

फ़ुरसते-रंजेअसीरी दी न इन धड़कोंने हाय ।
अब छुरी सैयादने ली, अब क़फ़सका दर खुला ॥

मंज़िलेइश्क़पै तनहा पहुँचे कोई तमन्ना साथ न थी ।
थक-थककर इस राहमें आख़िर इक-इक साथी छूट गया ॥

रफ़्तए-नज़र[1] हो जा, सबसे बेख़बर हो जा ।
खुल गया है राज़[2] अपना खुल न जाये राज़ उनका ॥

फ़रेबेजलवा और कितना मुकम्मिल ऐ मुआज़ल्लाह ।
बड़ी मुश्किलसे दिलको बज़्मे-आलमसे उठा पाया ॥

---

[1]उपेक्षित दृष्टि; [2]भेद ।

हाय क्या दिन हैं कि नक़्शे-सजदा है और सर नहीं।
याद हैं वोह दिन कि सर था और वबालेदोश[1] था॥

निगहे-क़हर ख़ास है मुझपर।
यह तो अहसाँ हुआ सितम न हुआ॥
अब करम है तो यह गिला है मुझे।
कि मुझीपर तेरा करम न हुआ॥

गुलमें वोह अब नहीं है जो आलम था ख़ारका।
अल्लाह क्या हुआ वोह ज़माना बहारका॥

तिनकोंसे खेलते ही रहे आशियाँमें हम।
आया भी और गया भी ज़माना बहारका॥

उसको भूले हुए तो हो 'फ़ानी'!
क्या करोगे अगर वोह याद आया॥

घर ख़ैरसे तक़दीरने वीराना बनाया।
सामाने-जुनूँ[2] मुझसे फ़राहम[3] न हुआ था॥

बालींपे[4] जब तुम आये तो आई वोह मौत भी।
जिस मौतके लिए मुझे जीना ज़रूर था॥
थी उनके सामने भी वही शाने-इज़्तराब[5]।
दिलको भी अपनी वज़अ़पै कितना ग़रूर था॥

बा-ख़बर हैं वोह सबकी हालतसे।
लाओ हम पूछ लें न हाल अपना॥

---

[1]कन्धोंका बोझ; [2]उन्मादका सामान; [3]एकत्र; [4]बीमारके सिरहाने; [5]तड़पनेकी शान।

अल्लाहरे एतमादेमुहब्बत[1] कि आजतक।
हर दर्दकी दवा हैं वोह अच्छा किये बग़ैर॥

निगाहें ढूँढ़ती हैं दोस्तोंको और नहीं पातीं।
नज़र उठती है जब जिस दोस्तपर पड़ती है दुश्मनपर॥

न इब्तदाकी ख़बर है न इन्तहा मालूम।
रहा यह वहम कि हम हैं, सो वोह भी क्या मालूम?
यह ज़िन्दगीकी है रूदादे-मुख़्तसिर[2] 'फ़ानी'!
वजूदे-दर्दमुसल्लिम,[3] इलाज ना मालूम॥

किस जोममें है ऐ रहरवेग़म[4]! धोकेमें न आना मंज़िलके।
यह राह बहुत कुछ छानी है, इस राहमें मंज़िल कोई नहीं॥

हाँ ऐ यक़ीनेवादा! दामन तेरा न छूटे।
यह आसरा न टूटे वोह आयें या न आयें॥

दिलमें आते हुए शरमाते हैं।
अपने जलवोंमें छुपे जाते हैं॥

ना महरबानियोंका गिला तुमसे क्या करें?
हम भी कुछ अपने हालपै अब महरबाँ नहीं॥

तसकीन[5] अजीब चाहता हूँ।
दुश्मनका नसीब चाहता हूँ॥

ग़म भी गुज़श्तनी[6] है खुशी भी गुज़श्तनी।
कर ग़मको अख़्तयार कि गुज़रे तो ग़म न हो॥

---

[1]प्रेम-विश्वास; [2]संक्षिप्त कहानी; [3]दर्द पूर्णरूपेण है; [4]ग़मकी राहपर चलनेवाले; [5]चैन; [6]नाशवान।

बहार लाई है पैग़ामे-इनक़लाबे-बहार।
समझ रहा हूँ मैं कलियोंके मुसकरानेको ।।

काफ़िर सूरत देखके मुँहसे आह निकल ही जाती है।
कहते क्या हो ? अब कोई अल्लाहका यूँ भी नाम न ले ।।

गो नहीं जुज़-तर्के-हसरत[1] दर्देहस्तीका[2] इलाज।
आह वोह बीमार जो आज़ुर्द-ए-परहेज़[3] है ।।

अहले-ख़िरदमें[4] इश्क़की रुसवाइयाँ न पूछ।
आने लगी है ज़िक्रे-वफ़ासे हया मुझे ।।

या रब ! नवाये-दिलसे[5] तो कान आश्ना-से[6] हैं।
आवाज़ आ रही है, यह कबकी सुनी हुई ।।

तर्के-तदबीरको भी देख लिया।
यह भी तदबीर कारगर न हुई ।।
यूँ मिली हर निगाहसे वोह निगाह।
एकको एकको ख़बर न हुई ।।
आज तस्कीने दर्देदिल 'फ़ानी' !
वह भी चाहा किये मगर न हुई ।।

उनके तो दिलसे नक़्शे-कुदूरत[7] भी मिट गया।
हम शाद[8] हैं कि दिलमें कुदूरत नहीं रही ।।

जिन्दगी ख़ुद क्या है 'फ़ानी' यह तो क्या कहिये मगर।
मौत कहते हैं जिसे वोह जिन्दगीका होश है ।।

---

[1]अभिलाषाओंके त्यागके अतिरिक्त; [2]जीवन-व्यथाका; [3]परहेज़ करते-करते दुखी; [4]अक़्लमन्दोंमें; [5]दिलकी आवाज़से; [6]परिचित-से; [7]द्वेष-भाव; [8]प्रसन्न।

न दिलके ज़र्फ़को[1] देखो न तूरको[2] देखो।
बलाकी धुन है तुम्हें बिजलियाँ गिरानेकी॥

कलतक जो तुमसे कह न सका हाले-इज़्तराब[3]।
मिलती है आज उसकी ख़बर इज़्तराबसे॥

मुद्दआ है कि मुद्दआ न कहूँ।
पूछते हैं कि मुद्दआ क्या है?

दुश्मने-जाँ थे तो जाने-मुद्दआ क्यों हो गये?
तुम किसीकी ज़िन्दगीका आसरा क्यों हो गये?

ज़िन्दगी यादे-दोस्त है यानी—
ज़िन्दगी है तो ग़ममें गुज़रेगी॥

आपने अहद किया है मेरी ग़मख़्वारीका।
अब इजाज़त हो तो यह अहद मुझे याद रहे॥

मरके टूटा है कहीं सिलसिलये क़ैदे-हयात?
मगर इतना है कि ज़ंजीर बदल जाती है॥

शेवये-आशिक़ी नहीं हिज्रमें आरज़ूए-मर्ग।
हाँ नहीं ज़िन्दगी अज़ीज़, मौत ही ज़िन्दगी सही॥

जीने भी नहीं देते मरने भी नहीं देते।
क्या तुमने मुहब्बतकी हर रस्म उठा डाली?

तर्के-उम्मीद बसकी बात नहीं।
वरना उम्मीद कब बर आई है॥

---

[1]पात्रताको; [2]एक पर्वतका नाम; [3]तड़पकी खबर।

मौजोंकी सयासतसे मायूस न हो 'फ़ानी' !
गरदाबकी हर तहमें साहिल नज़र आता है ।।

फूलोंसे तअ़ल्लुक़ तो, अब भी है मगर इतना ।
जब ज़िक्रे-बहार आया, समझे कि बहार आई ।।

कर ख़ूये-जफ़ा न यक-बयक तर्क ।
क्या जानिये मुझपै क्या गुज़र जाये ।।

वोह हमसे कहाँ छुपते ? हम ख़ुद हैं जवाब उनका ।
महमिलमें जो छुपते हैं, छुपते नहीं महमिलसे ।।

हर राहसे गुज़रकर दिलकी तरफ़ चला हूँ ।
क्या हो जो उनके घरकी यह राह भी न निकले ।।
शिकवा न कर फ़ुग़ाँका, वोह दिन ख़ुदा न लाये ।
तेरी जफ़ापै दिलसे जब आह भी न निकले ।।

लो तबस्सुम भी शरीके-निगहे-नाज़ हुआ ।
आज कुछ और बढ़ा दी गई क़ीमत मेरी ।।

दो घड़ीके लिए मीज़ाने-अदालत ठहरे ।
कुछ मुझे हश्रमें कहना है ख़ुदासे पहले ।।

गुल दिये थे तो काश फ़स्ले-बहार ।
तूने काँटे भी चुन लिये होते ।।

चौंक पड़ते हैं ज़िक्रे 'फ़ानी'से ।
नींद उचटती है इस कहानीसे ।।

बेज़ौक़ेनज़र बज़्मे-तमाशा न रहेगी ।
मुंह फेर लिया हमने तो दुनिया न रहेगी ।।

पछतायेंगे आप दिलको लेकर।
कमबख़्त ग़मआश्ना बहुत है॥

ज़िन्दगीकी दूसरी करवट थी मौत।
ज़िन्दगी करवट बदलकर रह गई॥

क्या बला थी अदाये-पुरसिशेयार।
मुझसे इज़हारे-मुद्दआ न हुआ॥

तेरे फ़िराक़में हालत तबाह-सी है तबाह।
न दिलपै हाथ न अब सूए-आसमाँ है निगाह॥

रस्मे-बेदादे-दोस्त आम हुई।
तल्ख़िये-ज़ीस्त भी हराम हुई॥

करमे-बेहिसाब चाहा था।
सितमे-बेहिसाबमें गुज़री॥

मिज़ाजेदहरमें उनका इशारा पाये जा।
जो हो सके तो बहरहाल मुसकराये जा॥

तू कहाँ है कि तेरी राहमें यह काबा-ओ-दैर।
नक़्श बन जाते हैं मंज़िल नहीं होने पाते॥

१४ मई १९५२ ई०]

काबा-ओ-दैर

'वहशत' कलकत्वी

वहशत १८ नवम्बर १८८१में जन्मे, कलकत्तेके आप निवासी हैं और भारत-विभाजनके बाद पूर्वी पाकिस्तान चले गये हैं। १९११ ई०में आपका दीवान प्रकाशित हुआ था। आप इस्लामिया कालेज कलकत्तेमें उर्दूके प्रोफ़ेसर रह चुके हैं। १९३१ ई०में अंग्रेज़ सरकारसे ख़ानबहादुरीका ख़िताब भी मिला था। आपका कलाम पुख़्ता और गहराई लिये हुए होता है।

अभी तो तेरी मायूसीसे इत्मीनान है ऐ दिल !
मुझे उस वक़्त होगा ख़ौफ़ जब तू शादमाँ होगा ॥

फिर नवाज़िश आपकी हदसे ज़ियादा हो गई।
फिर दिले-आफ़तरसीदा बदगुमाँ होने लगा ॥

मुझे अब तानये-अफ़सुर्दगी देता है तू ऐ दिल !
कभी तूफ़ान था मैं भी ज़माना यादकर मेरा ॥

किसीसे कहती है चितवन किसीकी।
"कि तू क्या और तेरा मुद्दआ क्या ॥"

निशाने-मंज़िले-जानाँ मिले-मिले-न-मिले ।
मज़ेकी चीज़ है यह ज़ौक़े-जुस्तजू मेरा ।।

है नज़रबाज़ोंमें हलचल, सब हैं गरमे-जुस्तजू ।
वोह परी है कौन 'वहशत' जिसका दीवाना हुआ ।।

दिलके कहनेपै चलूँ अक़्लका कहना न करूँ ।
मैं इसी सोचमें हूँ, क्या करूँ और क्या न करूँ ।।

ज़रूरत तुमको क्या मुझसे तकल्लुफ़की तवाज़अ़की ।
यही अन्दाज़ वोह हैं जो मुझे मायूस करते हैं ।।

इस दिलनशीं अदाका मतलब कभी न समझे ।
जब हमने कुछ कहा है, वोह मुसकरा दिये हैं ।।*

कुछ शोख़ कर दिया है, छेड़ोंसे हमने तुमको ।
कुछ हौसले हमारे तुमने बढ़ा दिये हैं ।।

निशाने-ज़िन्दगि-ए-दिल है, बेक़रारिये-दिल ।
है दिलकी मौत अगर चैन आ गया दिलको ।।

आप अपना रूये-ज़ेबा देखिये ।
या मुझे महवे-तमाशा देखिये ।।

जिससे चाहो पूछ लो तुम मेरे सोज़े-दिलका हाल ।
शमअ़ भी महफ़िलमें है; परवाना भी महफ़िलमें है ।।

---

*इसी ख़यालको 'सबा' अकबराबादीने किस ख़ूबीसे व्यक्त किया है—

ग़लतफ़हमियोंमें जवानी गुज़ारी ।
कभी वोह न समझे कभी हम न समझे ।।

अब ख़फ़ा होने लगे हो मुझसे हर-हर बातमें।
तुम कि हो जाते थे दुश्मनसे ख़फ़ा मेरे लिए ।।

दोनोंने किया है मुझको रुसवा।
कुछ दर्दने और कुछ दवाने ।।

हँसा हूँ हालपर अपने जहाँ रोनेका मौक़ा था।
किया है शुक्रके परदेमें क़िस्मतका गिला मैंने ।।

है हिदायतके लिए मौजूद ख़ुद तेरा ज़मीर।
गोशे-दिलसे सुन हक़ीक़तकी यही आवाज़ है ।।

वोह आयें या न आयें, उन्हें अख़्तियार है।
ऐ ज़ौक़े-इन्तज़ार में ख़ुश हूँ कि तू तो है ।।

परवानेकी है मौतपर ऐ शमअ़ ! मुझको रश्क।
तेरा शहीदेनाज़ तेरे रूबरू तो है ।।

हो रसाई क्या वहाँतक बस इक आसरा यही है।
कि उन्हींको याद आये कभी अपने नातवाँकी ।।

निगार जनवरी १९४१

अल्लाहरे-ज़ोरे मजबूरी ख़ुद मुझको हैरत होती है।
जो बार उठाना पड़ता है, क्योंकर वोह उठाया जाता है ।।
यह भी है तमाशा उल्फ़तका, जो बात है वोह नादानीकी।
मंज़ूर नहीं है रब्त जिन्हें, रब्त उनसे बढ़ाया जाता है ।।

सरेबालीं ज़रा आजाओ तुम बीमारे-हिजराँके।
कि इक हिचकीमें वोह कह दे कहानी ज़िन्दगी भरकी ।।

निगाहे-नाज़ तेरी मेरे हक़म इक मुअम्मा है।
समझ ही में नहीं आता कि क्या इरशाद होता है॥

गो मैं हूँ तुझसे दूर तेरी आरज़ू तो है।
तेरा पता मिले-न-मिले जुस्तजूं तो है॥

बारहा बे इल्तफ़ाती देखकर सैयादकी।
ख़ुद-ब-ख़ुद बेताब होकर मैं तहे-दाम आ गया॥

२० मई १९५२ ई०]

सैयाद

'यगाना' चंगेज़ी

मिर्ज़ा वाजिदहुसैन 'यगाना' चंगेज़ख़ांके वंशजोंमें-से हैं। आपके पूर्वज ईरानसे भारत आये थे और तत्कालीन सल्तनतकी तरफ़से पटने (अज़ीमाबाद)में कुछ जागीर प्रदान किये जानेपर वहीं बस गये थे। वहीं आपका १८८४ ई०के लगभग जन्म हुआ। उर्दू-फ़ारसीकी शिक्षाके अतिरिक्त १९०३में आपने मैट्रिक परीक्षा भी पास की। स्कूलमें सदैव प्रथम रहे और वज़ीफ़े, तमग़े, इनाम आदि हमेशा पाते रहे।

शायरीमें आपको 'शाद' अज़ीमाबादी-जैसे बड़े उस्तादका शिष्य होनेका गौरव प्राप्त हुआ। १९०५ ई०में आप स्वास्थ्य-सुधारकी दृष्टिसे लखनऊ गये थे, वहाँका वातावरण आपको इतना पसन्द आया कि वहीं सकूनत अख़्तियार कर ली और १९१३ ई०में वहींके एक प्रतिष्ठित परिवारकी कन्यासे शादी भी हो गई। उन दिनों आप 'यास' उपनामसे शायरी करते थे और 'यास' अज़ीमाबादी नामसे प्रसिद्ध थे।

जिन दिनों आप लखनऊ पहुँचे, उन दिनों लखनऊसे 'नासिख़' और 'अमीर मीनाई'का रंग तो उड़ चुका था, मगर 'मीर'-ओ-'ग़ालिब'की ग़मो-दर्दवाली शायरीका असफल अनुकरण हो रहा था। मर्सियाकी शायरीका बोल-बाला था। जिसे देखो वही रोने-बिसूरनेकी शायरीमें

लीन मालूम होता था। यह ग़लत अनुसरण 'यास'को न भाया, 'यास'ने मुशायरोंमें शिरकत फ़र्माकर और अख़बारोंमें निरन्तर लिखकर अपने रंगकी धूम मचा दी। आपके कलाममें 'मीर'-ओ-'आतिश'के रंगकी पुट होती थी। कहनेका और बयान करनेका अपना निजी अन्दाज़ था। चन्द ही दिनोंमें 'यास'का तूती बोलने लगा। लखनवी उस्तादोंको यह कब सहन हो सकता था, उन्होंने बहुत ज़ोरोंसे मुख़ालफ़त शुरू कर दी। 'यास' इन विरोधोंसे कब दबनेवाले थे। 'यास'ने हार मानना कभी सीखा ही नहीं। आप स्वभावतः ज़िद्दी, स्वाभिमानी और अहमन्य हैं। अतः आपने डटकर मुक़ाबिला ही नहीं किया, अपितु वोह दन्दान शिकन जवाबी हमले किये कि रहे नाम साईंका।

उन्हीं दिनों आपका 'नश्तरे-यास' प्रकाशित हुआ तो लखनवी उस्ताद और भी चराग़-पा हो गये। परिणामस्वरूप काग़ज़ी जंग छिड़ गई। १९१५ ई०में आपने शायरी सम्बन्धी एक पत्रका प्रकाशन प्रारम्भ किया तो दबी आग फिर भड़क उठी। लेकिन मिर्ज़ाने तनिक भी चिन्ता न की और अपनी टेकपर बराबर अडिग रहे।

इस निरन्तरके विरोध, उपेक्षा, घृणा आदिके कारण मिर्ज़ामें एक विचित्र प्रकारकी प्रतिक्रिया अंकुरित हो उठी। आप प्रारम्भमें मिर्ज़ा 'ग़ालिब'के प्रशंसक थे, किन्तु लखनवी उस्तादोंकी अन्धी श्रद्धा-भक्ति और असफल अनुकरणकी प्रतिक्रिया स्वरूप आप मिर्ज़ा ग़ालिबके घोर विरोधी बन बैठे। यहाँतक कि मिर्ज़ा ग़ालिब आपके जन्मसे पूर्व ही परलोक सिधार चुके हैं, और उम्रके लिहाज़से भी आपके दादाकी उम्रोंके रहे होंगे, फिर भी आप अपनेको 'ग़ालिब'का चचा अथवा ग़ालिब-शिकन कहने लगे और यह प्रतिक्रिया यहाँतक बढ़ी कि आपने सैकड़ों ग़ज़लोंमें इन शब्दोंका प्रयोग किया है, और करते रहते हैं। यथा—

भोण्डापन है मज़ाक़े-ग़ालिबमें रचा।
मिर्ज़ाका कलाम अपनी न नज़रोंमें जचा॥

महफ़िलमें है अब रंगे-'यगाना' ग़ालिब।
वोह कौन 'यगाना'? वही 'ग़ालिब'के चचा॥

'यास'के बजाय अब 'यगाना' उपनामसे शेर कहने लगे। निरन्तरके विरोधोंके कारण लखनऊका वातावरण इतना विषाक्त हो गया कि आप लाहौर चले गये और वहाँ उर्दू-साहित्यके प्रसिद्ध सम्पादकाचार्य्य तथा आलोचक मौलाना ताजवर नजीबाबादीके साथ साहित्यिक अनुष्ठानमें लग गये। वहाँ भी पंजाबियोंकी प्रान्तीय भावनाओंके कारण आप स्थिर न रह सके और लखनऊ लौट आना पड़ा। लखनऊ पहुँचनेपर अहले लखनऊके पुराने ज़ख़्म फिर हरे हो गये, और वे आपको हर तरहसे मिटानेको कटिबद्ध हो गये। आखिर महाराजा किशनप्रसाद 'शाद' प्रधान मंत्रीके निमंत्रणपर आप हैदराबाद चले गये और वहाँ किसी ज़िलेमें सब-रजिस्ट्रार बना दिये गये।

मिर्ज़ा 'यगाना' सर्वधर्म समभावी हैं। साम्प्रदायिकतासे कोसों दूर हैं। फ़र्माया है—

कृशनका[1] हूँ मैं पुजारी अलीका बन्दा हूँ।
'यगाना' शानेख़ुदा देखकर रहा न गया॥

मिर्ज़ा किसी बाहरी ख़ुदाके क़ायल नहीं, वह तो अपने मनमन्दिरके पुजारी हैं। जो ईश्वर अपने घटमें विराजमान है, उसे बाहर खोजना सरासर भूल है—

आपसे बाहर चले हो ढूँढ़ने।
आह! पहला ही क़दम झूठा पड़ा॥

दिखावटी पूजा-उपासनासे आपको बेहद चिढ़ है—

कलमा पढ़ूँ तो क्यों पढ़ूँ, सबकी नज़रपै क्यों चढ़ूँ?
यादे-ख़ुदा तो दिलसे है, दिलसे ज़बाँतक आये क्यों?

---

[1] शुद्ध नाम कृष्ण।

मिर्ज़ा मज़हबी दीवानगीको इन्सानियतके लिए बोझ समझते हैं—

दुनियाके साथ दीनकी बेगार ! अलअमाँ।
इन्सान आदमी न हुआ जानवर हुआ ॥

और पुरुषार्थ छोड़कर जो हाथपर हाथ धरे ईश्वरके भरोसे बैठनेके आदी हैं, उनके समक्ष ईश्वरकी सर्वशक्तिमानताकी निःसारता बताते हुए फ़र्माया है—

आईको टाल दे जभी जानें।
दम-ब-ख़ुद है तो फिर ख़ुदा क्या है ॥

छैल-छबीले विलासी युवकोंपर कितना मीठा व्यंग किया है—

वक़्त जिसका कटे हसीनोंमें।
कोई मर्दाना काम क्या करता ?

यह नौजवानी, यह नामुरादी।
छाई है मुँहपर यह मुर्दनी क्या ॥

मिर्ज़ा सबके हितमें अपना हित समझते हैं। वे आपा-धापीके क़ायल नहीं। यहाँतक कि वह एक ही नावमें बैठे मुसाफ़िरोंको डूबते देखकर स्वयं भी डूब जाना श्रेष्ठ समझते हैं—

मुझे ऐ नाख़ुदा ! आख़िर किसीको मुँह दिखाना है।
बहाना करके तनहा पार उतर जाना नहीं आता ॥

महात्मा गांधी जीवनभर हिन्दू-मुस्लिम एक्यका प्रयत्न करते रहे, परन्तु साम्प्रदायिक लोग सदैव अड़ंगा लगाते रहे, इसी भावको मिर्ज़ा यूँ व्यक्त करते हैं—

सुलह ठहरी तो है बिरहमनसे।
कहीं मज़हब अड़ा न दे कोई टाँग ॥

इन्सान, इन्सानके आगे हाथ फैलाये, इस दयनीय स्थितिसे खीजकर मिर्ज़ाको कहना पड़ा—

ख्वाह प्याला हो या निवाला हो।
बन पड़े तो झपट ले, भीक न माँग॥

ईश्वर और ख़ुदाके नामपर संसारमें जैसे वीभत्स कृत्य हुए हैं, वैसे कार्य नारकीयों, दोज़ख़ियों और दरिन्दोंसे होने सम्भव ही नहीं। धर्म-मज़हबकी रक्षाके लिए जितने मानवोंकी हत्यायें होती रही हैं, यदि उन सबकी हड्डियाँ एकत्र की जा सकतीं तो सुमेर पर्वतको अपनी इस ऊँचाईका इस क़दर गर्व न रहता। ईसाइयोंके रोमन कैथोलिक और प्रोटेंसटैण्टोंका पारस्परिक वध, आस्तिकों द्वारा नास्तिकोंका विध्वन्स, और अहले इस्लाम-का ग़ैर इस्लामियोंके ख़िलाफ़ जहाद, पुराने पोथोंमें पड़े कराह रहे थे कि भारत-विभाजनके वक़्त ईश्वर-ख़ुदाके लाड़ले बेटोंने उनके नामपर जो लाखों मनुष्योंकी बलि दी हैं और लाखों नारियोंकी जो अस्मतदरी की है, उसके समक्ष दरिन्दोंकी क्रूरता भी पानी-पानी हो गई। स्वयं ख़ुदा भी यह महसूस करने लगा होगा कि मैंने दुनिया बनाकर घोर अपराध ही किया है—

तख़लीक़े-कायनातके दिलचस्प जुर्मपर।
हँसता तो होगा आप भी यज़दाँ कभी-कभी॥

—अदम

ऐसे ही मज़हबी उन्मादसे तंग आकर मिर्ज़ा 'यगाना'ने अपने किसी मुसलमान दोस्तको कुछ ऐसे शब्द लिख दिये, जो इस्लामके लिए अपमानजनक समझे गये। बस फिर क्या था? ख़ुदाके बन्दों और रसूलके इन लाड़लोंने ७० वर्षके बूढ़े यगानाको घेर लिया। तारकोलसे मुँह काला करके, जूतोंका हार डालकर उनको गधेपर बिठाना चाहा; मगर गधेको

मनुष्योंकी यह हरकत पसन्द न आई, और वह स्वयं शर्माकर भाग खड़ा हुआ। इस वाक़येसे मज़हबी दीवाने क्या सबक़ लेते, उनका इन्तक़ाम और भड़क उठा, और उन्होंने एक और गधेको पकड़कर रिक्शामें जोता और मिर्ज़ा 'यगाना'को उसपर बिठाकर लखनऊ भरमें घुमाया गया। [illegible] रिक्शापर खड़े होनेको मजबूर किया जाता था,

...के. लानत-न्योछावर कर सके और यह सब

...धानी लखनऊमें इसी अप्रेल १९५३ में पुलिस-

... मानवताका शव निकलता रहा, सभ्यता

... ख़ुदाके बन्दे ख़ुदाको ख़ुश करनेमें मसरूफ़

... बाधाओं-मुसीबतोंका सामना करना पड़ता

...ते थे, जैसा कि उन्होंने वर्षों पहले फ़र्माया

...ख़र कह गया ख़ुदा लगती।

...गता बन्दये-मुक़र्रब क्या ?

...बसे बड़ा फ़रिश्ता खरी बात कहने पर

... उसने यही कहा था कि जिस सरको मैंने

... [illegible] उस आदमे-ख़ाकीके सामने क्योंकर झुका दूँ ? कितना उच्च और श्रेष्ठ उपासनाका भाव था, परन्तु ख़ुदा साहब इस उच्च भावनाकी क़द्र न कर सके, और तानाशाहीपर उतर आये कि तूने आज्ञा भंग करके अनुशासन-हीनताका परिचय दिया है और उसे जन्नतसे निकाल दिया। जब फ़रिश्ते भी सत्य बोलनेपर दण्ड पा सकते हैं तो सर्वसाधारणकी तो बात ही क्या ?]

फिर भी न जाने क्यों चूक गये और ईर्ष्यालुओंको व्यर्थमें ही आक्रमण करनेका अवसर दे दिया।

मिर्ज़ा 'यगाना' वृद्धावस्थाके कारण हैदराबादसे आकर अब लखनऊ रहने लगे हैं।

जून १६५३]

ख़ुदीका नशा चढ़ा आपमें रहा न गया।
ख़ुदा बने थे 'यगाना' मगर बना न गया॥
गुनाहे-ज़िन्दादिली कहिये या दिल-आज़ारी[1]।
किसीपै हँस लिये इतना कि फिर हँसा न गया॥
समझते क्या थे, मगर सुनते थे तरानये-दर्द।
समझमें आने लगा जब तो फिर सुना न गया॥
पुकारता रहा किस-किसको डूबनेवाला।
ख़ुदा थे इतने, मगर कोई आड़े आ न गया॥

पहले अपनी तो ज़ात पहचाने।
राज़े-क़ुदरत बखाननेवाला॥
जानकर और होगया अनजान।
हो तो ऐसा हो जाननेवाला॥
पेटके हलके लाख बड़मारें।
कोई खुलता है जाननेवाला?
ख़ाकमें मिलके पाक हो जाता।
छानता क्या है छाननेवाला॥
दिनको दिन समझे और न रातको रात।
वक़्तकी क़द्र जाननेवाला॥

क्या ख़बर थी दिल-सा शाहं-शाह आख़िर एक दिन।
इश्क़के हाथों गदाओं-का-गदा[2] हो जायगा॥

---

[1]सताना;   [2]भिक्षुक।

किस दिले-बेक़रारको तूने यह वलवला दिया।
देना न देना एक है, ज़र्फ़से[1] जब सिवा दिया॥
हुस्न चमक गया तो क्या, बूएवफ़ा तो उड़ गई।
इस नई रोशनीने आह दिलका कँवल बुझा दिया॥

जिन्दा रक्खा है सिसकनेके लिए
वाह अच्छे दोस्तसे पाला पड़ा॥

किधर चला है ? इधर एक रात बसता जा।
गरजनेवाले गरजता है क्या, बरसता जा॥
रुला-रुलाके ग़रीबोंको हँस चुका कलतक।
मेरी तरफ़से अब अपनी दसापै हँसता जा॥

शरबतका घूँट जानके पीता हूँ ख़ूनेदिल।
ग़म खाते-खाते मुँहका मज़ातक बिगड़ गया॥

इसी फ़रेबने मारा कि कल है कितनी दूर।
इस आज-कलमें अबस[2] दिन गँवाये हैं क्या-क्या ?
ख़ुशीमें अपने क़दम चूम लूँ तो ज़ेबा[3] है।
वोह लग़ज़िशोंपै[4] मेरी मुसकराये हैं क्या-क्या॥

बस एक नुक्तये-फ़र्ज़ीका[5] नाम है काबा।
किसीको मरकज़े-तहक़ीक़का[6] पता न चला॥
उमीदो-बीमने[7] मारा मुझे दुराहेपर।
कहाँके दैरोहरम ? घरका रास्ता न मिला॥

---

[1]आवश्यकतासे अधिक, पात्रतासे सिवा; [2]व्यर्थ; [3]मुनासिब; [4]लड़खड़ानेपर; [5]कल्पना-बिन्दुका; [6]खोजके लक्षका; [7]आशा-निराशाने।

मुझे दिलकी ख़तापर 'यास' ! शरमाना नहीं आता।
पराया जुर्म अपने नाम लिखवाना नहीं आता ॥
बुरा हो पाये-सरकशका कि थकजाना नहीं आता ॥
कभी गुमराह होकर राहपर आना नहीं आता ॥
मुसीबतका पहाड़ आख़िर किसी दिन कट ही जायेगा ॥
मुझे सरमारकर तेशेसे मर जाना नहीं आता ॥
दिले-बेहौसला है इक ज़रा-सी ठेसका महमाँ।
वह आँसू क्या पियेगा जिसको ग़म खाना नहीं आता ॥
सरापा राज़ हूँ मैं क्या बताऊँ कौन हूँ, क्या हूँ ?
समझता हूँ मगर दुनियाको समझाना नहीं आता ॥

गिला किसे है कि क़ातिलने नीमजाँ[1] छोड़ा।
तड़प-तड़पके निकालूँगा हौसला दिलका ॥
ख़ुदा बचाये कि नाज़ुक है उनमें एक-से-एक।
तुनक-मिज़ाजोंसे ठहरा मुआमला दिलका ॥
किसीके हो रहो अच्छी नहीं यह आज़ादी।
किसीकी ज़ुल्फ़से लाज़िम है सिलसिला दिलका ॥
पियाला ख़ाली उठाकर लगा लिया मुँहसे।
कि 'यास' कुछ तो निकल जाय हौसला दिलका ॥

परवाने कर चुके थे सर-अंजामे-ख़ुदकशी[2]।
फ़ानूस आड़े आ गया, तक़दीर देखना ॥

चराग़ेज़ीस्त[3] बुझा दिलसे इक धुआँ निकला।
लगाके आग मेरे घरसे मेहमाँ निकला ॥

---

[1]अर्द्धमृतक; [2]आत्महत्याका प्रयत्न; [3]जीवन-दीप।

तड़पके आबलापा[1] उठ खड़े हुए आख़िर।
तलाशेयारमें जब कोई कारवाँ निकला॥
लहू लगाके शहीदोंमें हो गये दाख़िल।
हविस तो निकली मगर हौसला कहाँ निकला?
लगा है दिलको अब अंजामेकारका खटका।
बहारे-गुलसे भी इक पहलुए-ख़िज़ाँ निकला॥

ज़माना फिर गया चलने लगी हवा उलटी।
चमनको आग लगाके जो बाग़बाँ निकला॥
कलामे 'यास'से दुनियामें फिर इक आग लगी।
यह कौन हज़रते 'आतिश'का हमज़बाँ निकला?

हवाएतुन्दमें[2] ठहरा न आशियाँ अपना।
चराग़ जल न सका ज़ेरे-आस्माँ अपना॥
जरसने[3] मुज़दए-मंज़िल[4] सुनाके चौंकाया।
निकल चला था दबे पाँव कारवाँ अपना॥
ख़ुदा किसीको भी यह ख़्वाबे-बद न दिखलाये।
क़फ़सके सामने जलता है आशियाँ अपना॥

सुहबते-वाइज़में भी अँगड़ाइयाँ आने लगीं।
राज़ अपनी मैकशीका क्या कहें क्योंकर खुला।

रोशन तमाम काबा-ओ-बुतख़ाना हो गया।
घर-घर जमालेयारका अफ़साना हो गया॥

दयारे-बेख़ुदी है अपने हक़में गोशये-राहत।
ग़नीमत है घड़ीभर ख़्वाबे-ग़फ़लतमें बसर होना॥

---

[1]पाँवके छाले; [2]तेज़ हवामें; [3]यात्रीदलके ऊँटोंकी घण्टीकी आवाज़ने; [4]यात्राका अन्त होनेकी ख़ुशख़बरी।

दिले-आगाहने बेकार मेरी राह खोटी की।
बहुत अच्छा था अंजामे-सफ़रसे बेख़बर होना ॥

लाश कम्बख़्तकी काबेमें कोई फिकवा दे।
कूचये-यारमें क्यों ढेर हो बेगानेका ॥

ज़ीस्तके हैं यही मज़े वल्लाह।
चार दिन शाद, चार दिन नाशाद ॥
सब्र इतना न कर कि दुश्मनपर।
तल्ख़ हो जाय लज़्ज़ते-बेदाद ॥

आप क्या जानें मुझपै क्या गुज़री।
सुबहदम देखकर गुलोंका निखार ॥
दूरसे देख लों हसीनोंको।
न बनाना कभी गलेका हार ॥
अपने ही सायेसे भड़कते हो।
ऐसी वहशतपै क्यों न आये प्यार ॥
तू भी जी और मुझे भी जीने दे।
जैसे आबाद गुलसे पहलू-ए-ख़ार ॥
बेनियाज़ी भली कि बेअदबी।
लड़खड़ाती ज़बाँसे शिकवये-यार ॥
बन्दगीका सबूत दूँ क्योंकर।
इससे बहतर है कीजिये इन्कार ॥
ऐसे दो दिल भी कम मिले होंगे।
न कशाकश हुई न जीत न हार ॥

ढूँढ़ते फिरते हो अब टूटे हिए दिलमें पनाह।
दर्दसे ख़ाली दिले-गबरू-मुसलमाँ देखकर ॥

सब्र करना सख़्त मुश्किल है तड़पना सहल है।
अपने बसका काम कर लेता हूँ आसाँ देखकर ॥

ऐसी पिला कि साक़िया ! फ़िक्र न हो निजातकी।
नशा कहीं उतर न जाय रोज़े-शुमार देखकर ॥
आबला-पा निकल गये काँटोंको रौंदते हुए।
सूझा फिर आँखसे न कुछ मंज़िले-यार देखकर ॥

सब तेरे सिवा काफ़िर, आख़िर इसका मतलब क्या ?
सिर फिरा दे इन्साँका ऐसा ख़ब्ते-मज़हब क्या ?

ज़मीं करवट बदलती है बलाये-नागहाँ होकर।
अजब क्या सरपै आये पाँवकी ख़ाक आस्माँ होकर ॥
उठो ऐ सोनेवालो ! सरपै धूप आई क़यामतकी।
कहीं यह दिन न ढल जाये नसीबे-दुश्मनाँ होकर ॥
अरे ओ जलनेवाले ! काश जलना ही तुझे आता।
यह जलना कोई जलना है कि रह जाये धुआँ होकर ॥

पसीना तक नहीं आता, तो ऐसी ख़ुश्क तौबा क्या ?
नदामत वोह कि दुश्मनको तरस आ जाये दुश्मनपर ॥

उस तरफ़ सात आसमाँ और इस तरफ़ इक नातवाँ।
तुमने करवट तक न ली दुनियाको बरहम देखकर ॥

ख़ुदा जाने अजलको पहले किसपर रहम आयेगा ?
गिरफ़्तारे क़फ़सपर या गिरफ़्तारे नशेमनपर ॥

मजाल थी कोई देखे तुम्हें नज़र भरकर।
यह क्या है आज पड़े हो मले-दले क्योंकर ॥

कोई क्या जाने बाँकपनके यह ढंग।
सुलह दुश्मनसे और दोस्तसे जंग॥
क्या ज़माना था कैसे दुश्मन थे?
रातभर सुलह और दिनभर जंग॥
संगे-दिलको बना दूँ देवता मैं।
आप क्या जानें बन्दगीके ढंग?

फिरते हैं भेसमें हसीनोंके।
कैसे-कैसे डकैत थांग-की-थांग॥

आह! यह बन्दये ग़रीब आपसे लौ लगाये क्यों?
आ न सके जो वक़्तपर, वक़्तपै याद आये क्यों?*

दीदकी[1] इल्तजा[2] करूँ? तिश्ना[3] ही क्यों न जान दूँ।
परदयेनाज़[4] ख़ुद उठे, दस्ते-दुआ उठायें क्यों?

बदल न जाये ज़मानेके साथ नीयत भी।
सुना तो होगा जवानीका एतबार नहीं॥
जो ग़म भी खायें तो पहले खिलायें दुश्मनको।
अकेले खायेंगे ऐसे तो हम गँवार नहीं॥

नतीजा कुछ भी हो लेकिन हम अपना काम करते हैं।
सबेरे ही से दूरन्देश फ़िक्रे-शाम करते हैं॥

---

*इसी मज़मूनपर असर लखनवीका यह अमर शेर भी सुनें—

हम उसीको ख़ुदा समझते हैं।
जो मुसीबतमें याद आ जाये॥

[1]दर्शनोंकी; [2]प्रार्थना; [3]प्यासा; [4]प्रेयसीका परदा।

दावरे-हश्र[1] होश्यार, दोनोंमें इम्तयाज़[2] रख।
बन्दये-नाउम्मीद[3] और बन्दये-बेनियाज़में[4] ॥
यादे-ख़ुदाका वक़्त भी आयेगा कोई या नहीं ?
यादे-गुनाह कब तलक शामोसहर नमाज़में ?

नाख़ुदा ! कुछ ज़ोरे-तूफ़ाँ आज़माई भी दिखा।
फ़िक्रे-साहिल छोड़ लंगर डाल दे मजधारमें ॥
'यास' ! गुमराहीसे अच्छी ज़हमते-वामान्दगी।
डाल लो ज़ंजीर कोई पायेकज-रफ़्तारमें ॥

पैवन्दे-ख़ाक होनेका अल्लाहरे इश्तयाक़।
उतरे हम अपने पाँवसे अपने मज़ारमें ॥
शरमिन्दये-कफ़न न हुए आसमाँसे हम।
मारे पड़े हैं सायए-दीवारे-यारमें ॥
कहते हो अपने फ़ेलका मुख़्तार है बशर।
अपनी तो मौत तक न हुई अख़्तियारमें ॥
दुनियासे 'यास' जानेको जी चाहता नहीं।
वल्लाह क्या कशिश है इस उजड़े दयारमें ॥

मौत माँगी थी ख़ुदाई तो नहीं माँगी थी।
ले दुआ कर चुके अब तर्के-दुआ करते हैं ॥

गलेमें बाहें डाले चैनसे सोना जवानीमें।
कहाँ मुमकिन फिर ऐसा ख़्वाब देखूँ ज़िन्दगानीमें ॥
ग़नीमत जान उस कूचेमें थककर बैठ जानेको।
किसे दमभर मिला आराम दौरे-आसमानीमें ॥

---

[1]प्रलयके दिन न्याय करनेवाले; [2]भेद-अन्तर; [3]असफल भक्तमें; [4]अभिलाषा न रखनेवाले भक्तमें।

यकसाँ कभी किसीकी न गुज़री ज़मानेमें।
यादश बख़ैर बैठे थे कल आशियानेमें॥
सदमा दिया तो सब्रकी दौलत भी देगा वोह।
किस चीज़की कमी है सख़ीके ख़ज़ानेमें॥
अफ़सुर्दा ख़ातिरोंकी ख़िज़ाँ क्या, बहार क्या?
कुंजे-क़फ़समें मर रहे या आशियानेमें॥
हम ऐसे बदनसीब कि अबतक न मर गये।
आँखोंके आगे आग लगी आशियानेमें॥
दीवाने बनके उनके गलेसे लिपट भी जाओ।
काम अपना कर लो 'यास' बहाने-बहानेमें॥

हिजाबेनाज़ बेजा 'यास' जिस दिन बीचमें आया।
उसी दिनसे लड़ाई ठन गई शेख़ो-बिरहमनमें॥

तौबा भी भूल गये इश्क़में वोह मार पड़ी।
ऐसे ओसान गये हैं कि ख़ुदा याद नहीं॥
क्या अजब है कि दिले-दोस्त हो मदफ़न अपना।
कुश्तये-नाज़ हूँ मैं क़ुश्तये-बेदाद नहीं॥

ख़ूनके घूँट बलानौश पिये जाते हैं।
ख़ैर साक़ीकी मनाते हैं जिये जाते हैं॥
एक तो दर्द मिला उसपै यह शाहाना मिज़ाज।
हम ग़रीबोंको भी क्या तोहफ़े दिये जाते हैं॥
दिल है पहलूमें कि उम्मीदकी चिनगारी है।
अबतक इतनी है हरारत कि जिये जाते हैं॥

तो क्या हमीं हैं गुनहगार, हुस्नेयार नहीं?
लगावटोंका गुनाहोंमें क्या शुमार नहीं?

खटका लगा न हो तो मज़ा क्या गुनाहका।
लज़्ज़त ही और होती है चोरीके मालमें॥
अल्लाह क़फ़समें आते ही क्या मत पलट गई।
आख़िर हमीं तो हैं कि फड़कते थे जालमें॥

महराबोंमें सजदा वाजिब, हुस्नके आगे सजदा हराम।
ऐसे गुनहगारोंपै ख़ुदाकी मार नहीं तो कुछ भी नहीं॥
दिलसे ख़ुदाका नाम लिये जा, काम किये जा दुनियाका।
काफ़िर हो, दींदार हो, दुनियादार नहीं तो कुछ भी नहीं॥

सजदा वह क्या कि सरको झुकाकर उठा लिया।
बन्दा वोह है जो बन्दा हो, बन्दानुमा न हो॥
उम्मीदे-सुलह क्या हो, किसी हक़परस्तसे।
पीछे वोह क्या हटेगा, जो हदसे बढ़ा न हो॥

मज़ा जब है कि रफ़्ता-रफ़्ता उम्मीदें फलें-फूलें।
मगर नाज़िल कोई फ़ज़्ले-इलाही नागहाँ क्यों हो॥
समझमें कुछ नहीं आता पढ़े जाऊँ तो क्या हासिल?
नमाज़ोंका है कुछ मतलब तो परदेसी ज़बाँ क्यों हो?

दिल अपना जलाता हूँ, काबा तो नहीं ढाता।
और आग लगाते हो, क्यों तुहमते-बेजासे॥

बाज़ आ साहिलपै ग़ोते खानेवाले बाज़ आ।
डूब मरनेका मज़ा दरियाए-बेसाहिलमें है॥

मुफ़लिसीमें मिज़ाज शाहाना।
किस मरज़की दवा करे कोई॥

हँस भी लेता हूँ ऊपरी दिलसे।
जी न बहले तो क्या करे कोई॥

न जाने क्या हो यह दीवाना जिस जगह बैठे।
ख़ुदीके नशेमें कुछ अनकही न कह बैठे॥

कोई ज़िद थी या समझका फेर था।
मन गये वोह मैंने जब उल्टी कही॥
शक है काफ़िरको मेरे ईमानमें।
जैसे मैंने कोई मुँह देखी कही॥
क्या ख़बर थी यह ख़ुदाई और है।
हाय ! क्यों मैंने ख़ुदा लगती कही॥

ताअ़त हो या गुनाह पसेपरदा ख़ूब है।
दोनोंका मज़ा जब है कि तनहा करे कोई॥

बन्दे न होंगे, जितने ख़ुदा हैं ख़ुदाईमें।
किस-किस ख़ुदाके सामने सजदा करे कोई ?

इतना तो जिन्दगीका कोई हक़ अदा करे।
दीवानावार हालपै अपने हँसा करे॥

ज़माना ख़ुदाको ख़ुदा जानता है।
यही जानता है तो क्या जानता है॥
वोह क्यों सर खपाये तेरी जुस्तजूमें ?
जो अंजामे-फ़िक्रेरसा जानता है॥
ख़ुदा ऐसे बन्दोंसे क्यों फिर न जाये।
जो बैठा हुआ माँगना जानता है॥
वोह क्यों फूल तोड़े वोह क्यों फूल सूँघे ?
जो दिलका दुखाना बुरा जानता है॥

क्यों होशमें फिर आया, क्यों हाथ मल रहा है ?
हदसे गुज़रनेवाले तेरी यही सज़ा है ।।
मंज़िलकी फ़िक्र क्यों हो, जब तू हो और मैं हूँ ।
पीछे न फिरके देखूँ काबा भी हो तो क्या है ।।

हासिले-फ़िक्रे नारसा क्या है ।
तू ख़ुदा बन गया बुरा क्या है ।।
कैसे-कैसे ख़ुदा बना डाले ।
खेल बन्देका है ख़ुदा क्या है ।।
दर्दे-दिलकी कोई दवा न हुआ ।
या इलाही ! यह माजरा क्या है ।।
नूर ही नूर है कहाँका जहूर ।
उठ गया परदा अब रहा क्या है ।।
रहने दे हुस्नका ढका परदा ।
वक़्त-बेवक़्त झाँकता क्या है ।।

यहींसे सैर कर लो 'यास' इतनी दूर क्यों जाओ ।
अदम आबादका डांडा मिला है कूए-क़ातिलसे ।।

गला न काट सके अपना वाये नाकामी ।
पहाड़ काटते हैं रोज़ोशब मुसीबतके ।।

मौत आई आने दीजिये परवा न कीजिये ।
मंज़िल है ख़त्म सजदये-शुकराना कीजिये ।।
दीवानावार दौड़के कोई लिपट न जाय ।
आँखोंमें आँख डालके देखा न कीजिये ।।

क्या कोई पूछनेवाला भी अब अपना न रहा ।
दर्दे-दिल रोने लगे 'यास' जो बेगानोंसे ।।

पढ़के दो कलमे अगर कोई मुसल्माँ हो जाय।
फिर तो हैवान भी दो रोज़में इन्साँ हो जाय॥
आगमें हो जिसे जलना तो वोह हिन्दु बन जाय।
ख़ाकमें हो जिसे मिलना वोह मुसल्माँ हो जाय॥
नशये-हुस्नको इस तरह उतरते देखा।
ऐबपर अपने कोई जैसे पशेमाँ हो जाय॥

मज़ा गुनाहका जब था कि बावज़ू करते।
बुतोंको सजदा भी करते तो क़िब्लारू करते॥

जो रो सकते तो आँसू पूछनेवाले भी मिल जाते।
शरीके-रंजोग़म दामनसे पहले आस्तीं होती॥

जैसे दोज़ख़की हवा खाके अभी आया है।
किस क़दर वाइज़े मक्कार डराता है मुझे॥
जलवये-दारोरसन अपने नसीबोंमें कहाँ ?
कौन दुनियाकी निगाहोंपै चढ़ाता है मुझे॥

सुलहज़ूईने गुनहगार मुझे ठहराया।
जुर्म साबित जो किया चाहो तो मुश्किल हो जाय॥
नाख़ुदाको नहीं अबतक तहे-दरियाकी ख़बर।
डूबकर देखे तो बेगानये-साहिल हो जाय॥

एक ही सजदा किया दूसरेका होश कुजा।
ऐसे सजदेका यह अंजाम कि बातिल हो जाय॥

न इन्तक़ामकी आदत न दिल दुखानेकी।
बदी भी कर नहीं आती मुझे कुजा नेकी ?

अल्लाहरी बेताबियेदिल वस्लकी शबको।
कुछ नींद भी आँखोंमें है कुछ मयका असर भी॥

वोह कश-म-कशे-ग़म है कि मैं कह नहीं सकता।
आग़ाज़का अफ़सोस और अंजामका डर भी॥

कोई बन्दा इश्क़का है कोई बन्दा अक़्लका।
पाँव अपने ही न थे क़ाबिल किसी ज़ंजीरके॥

शैतानका शैतान, फ़रिश्तेका फ़रिश्ता।
इन्सानकी यह बुलअजबी याद रहेगी॥

दर्देसर था सजदये शामोसहर मेरे लिए।
दर्देदिल ठहरा दवाए दर्देसर मेरे लिए॥
दर्देदिलके वास्ते पैदा किया इन्सानको।
जिन्दगी फिर क्यों हुई है, दर्देसर मेरे लिए॥
फ़ितरते-मजबूरको अपने गुनाहोंपै है शक।
वा रहेगा कबतलक तौबाका दर मेरे लिए॥

हँसीमें लग़ज़िशे-मस्ताना उड़ गई वल्लाह।
तो बेगुनाहोंसे अच्छे गुनाहगार रहे॥
ज़माना इसके सिवा और क्या वफ़ा करता।
चमन उजड़ गया काँटे गलेका हार रहे॥

ऐसी आज़ाद रूह इस तनमें।
क्यों पराये मकानमें आई॥
बात अधूरी मगर असर दूना।
अच्छी लुक़नत ज़बानमें आई॥
आँख नीची हुई अरे यह क्या।
क्यों ग़रज़ दरमियानमें आई॥
मैं पयम्बर नहीं 'यगाना' सही।
इससे क्या कस्र शानमें आई॥

कीमया-ए-दिल क्या है, ख़ाक है, मगर कैसी ?
लीज़िये तो मँहगी है, बेचिये तो सस्ती है ।।
ख़िज्रे-मंज़िल अपना हूँ, अपनी राह चलता हूँ ।
मेरे हालपर दुनिया क्या समझकर हँसती है ।।

बन्दा वोह बन्दा जो दम न मारे ।
प्यासा खड़ा हो दरिया किनारे ।।

शबे-उम्मीद कट गई. लेकिन—
ज़िन्दगी अपनी मुख़्तसिर न हुई ।।

सलामत रहें दिलमें घर करनेवाले ।
इस उजड़े मकाँमें बसर करनेवाले ।।
गलेपै छुरी क्यों नहीं फेर देते ।
असीरोंको बेबालो-पर करनेवाले ।।
खड़े हैं दुराहेपै दैरो-हरमके ।
तेरी जुस्तजूमें सफ़र करनेवाले ।।
कुजा सहने-आलम, कुजा कुंजे-मरक़द ।
बसर कर रहे हैं बसर करनेवाले ।।

१० दिसम्बर १९५०]

यगाना साहबके कलामका चयन उनके निम्न ग्रन्थोंसे किया गया है—
१—**गंजीना**—प्रकाशक, क़ौमी दारुल इशाअ़त लाहौर,
प्रकाशन-सन और आवृत्तिका उल्लेख नहीं ।
१८६ पृष्ठोंमें १२१ ग़ज़लें और १६३ रुबाइयाँ हैं;
२—**आयाते वजदानी**—प्रकाशक—मिर्ज़ा मुरादबेग चुग़ताई हैदराबाद दक्षिण—१९४५ ई०में प्रकाशित पृ० ४००, विस्तृत टीका और भाष्य सहित ।

'अमजद' हैदराबादी

हज़रत अमजद १८८४ ई०में हैदराबादमें पैदा हुए। आपके जन्मके ४० रोज़ बाद पिताका निधन हो गया। माताके अतिरिक्त कोई ऐसा कुटुम्बी या रिश्तेदार न था, जो भरण-पोषणका भार उठाता। आमदनीका कोई ज़रिया नहीं था। ज़िन्दगी निहायत तकलीफ़से बसर होती थी। फिर भी विधवा और असहाय माँ ने हिम्मत न हारी और महनत-मज़दूरी करके अमजदका भरण-पोषण ही नहीं किया, अपितु उन्हें उन दिनोंके रिवाजके अनुसार फ़ारसीकी उच्च शिक्षा भी दिलाई। अमजद बहुत परिश्रमी और अध्ययनशील थे। जिन उस्तादसे आपने फ़ारसीका अध्ययन किया, वे आपके मकानसे १४ मील दूर रहते थे। फिर भी आप उनके पास दैनिक पढ़ने जाते थे। इस परिश्रमका परिणाम यह हुआ कि आपने फारसीमें मुंशी फ़ाज़िलकी सर्वोच्च डिगरी प्राप्त की।

हैदराबाद उन दिनों शेरो-शायरीका मुख्य केन्द्र बना हुआ था। मिर्ज़ा 'दाग़'-जैसे ख्यातिप्राप्त उस्ताद हैदराबादमें जलवा-फ़र्मा थे। दो हज़ारके लगभग उनके शिष्य भारतके कोने-कोनेमें बिखरे हुए थे। 'दाग़' की ग़ज़लसराईसे जब समस्त भारत गमक रहा था, तब हैदराबादकी

साहित्यिक मजलिसोंके तो ठाट ही निराले होंगे, जहाँ वे स्वयं अपनी ज़बाने-मुबारकसे ग़ज़ल पढ़ते थे। स्थानीय लोगोंके अतिरिक्त बीसों शिष्य दिल्ली, इलाहाबाद, एटा, पंजाब आदि-जैसे सुदूर शहरोंसे उस्तादकी ख़िदमतमें रहते थे। महाराजा सर किशनप्रसाद 'शाद' जो कि हैदराबाद राज्यके प्रधान मंत्री थे, अधिक-से-अधिक शायरोंका समागम बनाये रखते थे। उन जैसा महमाँ-नवाज़, क़द्रदाँ, कला-पारखी और उदार-हृदय प्रधान शासक जहाँ मौजूद हो और स्वयं नवाब हैदराबाद मिर्ज़ा 'दाग़'के शिष्य हों, और शेरोशायरीमें दिलचस्पी लेते हों, उस हैदराबादका क्या कहना? गली-गली, कूचे-कूचेमें मुशायरोंकी महफ़िलें जमती थीं। 'दाग़'के अतिरिक्त उत्तरी भारतसे 'सरशार', 'तुर्की', 'गिरामी', 'ज़हीर' वग़ैरह भी रौनक़ अफ़रोज़ थे। इसी वातावरणमें अमजद भी परवान चढ़ रहे थे। चुनांचे शायरीका शौक़ बचपनसे ही हो गया। कहींसे 'नासिख़'का दीवान हाथ लग गया, अतः चुपचाप उसे पढ़ते रहते और शेर कहनेका अभ्यास करते रहते थे। पहले-पहल आपने यह शेर मौज़ूँ किया—

नहीं ग़म गरचे दुश्मन हो गया है, आसमाँ अपना।
मगर या रब! न हो, नामहरबाँ वोह महरबाँ अपना॥

जीविकोपार्जनके लिए आप स्कूलमें शिक्षक हो गये, और उसी अल्प वेतनमें स्वाभिमानके साथ सन्तोषपूर्वक जीवन-निर्वाह कर रहे थे, कि दैवसे आपका यह सुख भी नहीं देखा गया। आपकी माँ, पत्नी और पुत्री दरियामें डूब गये। किसी तरह कई फ़र्लांग मौजोंके थपेड़े खाकर अकेले 'अमजद' साहब बचे। इस दुर्घटनासे आपको बहुत सदमा पहुँचा।

आप स्वाभिमानी, महमाँनवाज़, विनम्र और सरल एवं सादा स्वभावके बुज़ुर्ग हैं। आप ग़ज़ल और नज़्म दोनों ही कहते हैं।

नालए-जाने-ख़स्ता-जाँ,[1] अर्शेबरींपै[2] जाये क्यों ?
मेरे लिए ज़मीनपर साहबे-अर्श[3] आये क्यों ?
नूरे-ज़मीं-ओ-आसमाँ, दीदये-दिलमें आये क्यों ?
मेरे सियाह-ख़ानेमें कोई दिया जलाये क्यों ?
ज़ख़्मको घाव क्यों बनाओ ? दर्दको और क्यों बढ़ाओ ?
निसबतेहूको[4] तोड़कर कीजिये हाय-हाय क्यों ?
बख़्शने वाला जब मेरा उफ़ूपै[5] है तुला हुआ ?
मुझ-सा गुनहगार फिर जुर्मसे बाज आये क्यों ?
'अमजदे'-ख़स्ता हालकी पूरी हो क्योंकर आरज़ू।
दिल ही नहीं जब उसके पास,म तलबेदिल बर आये क्यों ?

अमजद सूफ़ी ख़यालके हैं। आपका इश्क़ ईश्वरीय और भाव दार्शनिक हैं। उसी दृष्टिसे निम्न अशआ़र अवलोकन कीजिये—

हम तो एक बार उसके हो जायें।
वोह हमारा हुआ, हुआ, न हुआ॥
ढूँढता हूँ मैं हर नफ़स[6] उसको।
एक नफ़स[7] मुझसे जो जुदा न हुआ॥
क्या मिला वहदते-वजूदीसे[8] ?
बन्दा, बन्दा रहा, ख़ुदा न हुआ॥
बन्दगीमें यह किब्रयाई[9] है ?
ख़ैर गुज़री कि मैं ख़ुदा न हुआ॥

---

[1]निर्बल शरीरवाले दिलकी आहें; [2]ईश्वरके समीप तक; [3]भगवान्; [4]ईश्वर-लीनताको; [5]क्षमाशीलतापै; [6]हर स्वासमें; [7]एक लमहेको; [8]एक ईश्वरवादसे; [9]अभिमान।

किस तरह नज़र आये वोह परदानशीं 'अमजद' !
हर परदेके बाद और एक परदा नजर आता है ॥*

वोह करते हैं सब छुपकर, तद्‌बीर इसे कहते हैं।
हम धर लिये जाते हैं, तक़दीर इसे कहते हैं ॥†

चन्द रुबाइयात—

हर ज़र्रेपै फ़ज़्ले-किब्रिया[1] होता है।
इक चश्मे-ज़दनमें[2] क्या-से-क्या होता है॥
असनाम दबी ज़बाँसे यह कहते हैं—
"वोह चाहे तो पत्थर भी ख़ुदा होता है॥"

हर गाम पै चकराके गिरा जाता हूँ।
नक़्शे-कफ़े-पा बनके मिटा जाता हूँ॥
तू भी तो सम्भाल मेरे देनेवाले !
मैं बारे-अमानतमें दबा जाता हूँ॥

इस जिस्मकी केचुलीमें इक नाग भी है।
आवाज़-शिकस्ता दिलमें इक राग भी है॥
बेकार नहीं बना है, इक तिनका भी।
ख़ामोश दियासलाईमें इक आग भी है॥

---

*आह परदा तो कोई मानए-दीदार नहीं।
अपनी ग़फ़लतके सिवा कुछ दरो-दीवार नहीं॥

—दर्द

†हम ख़्वाबमें वाँ पहुँचे, तद्‌बीर इसे कहते हैं।
वोह नींदसे चौंक उट्ठे, तक़दीर इसे कहते हैं॥

[1]ईश्वरीय कृपा; [2]पलक मारते।

हर चीज़का खोना भी बड़ी दौलत है।
बेफ़िक्रीसे सोना भी बड़ी दौलत है॥
इफ़लासने[1] सख़्त मौत[2] आसाँ कर दी।
दौलतका न होना भी बड़ी दौलत है॥

साँचेमें अजलके हर घड़ी ढलती है।
हर वक़्त यह शमए-ज़िन्दगी जलती है॥
आती-जाती है साँस अन्दर-बाहर।
या उम्रके हलक़पर छुरी चलती है॥

हासिल न किया महरसे[3] ज़र्रा तुमने।
दरियासे पिया न एक क़तरा तुमने॥
'अमजद' साहब ! ख़ुदाको क्या समझोगे?
अबतक ख़ुद ही को जब न समझा तुमने॥

——आजकल १५ जुलाई १९४६ ई०

कामयाबीके नहीं हम ज़िम्मेदार।
कामकी हदतक हमारा काम है॥
जब्र उस मुख़्तारपर क्योंकर करें?
अर्ज़ कर देना हमारा काम है॥

हुस्ने-सूरतको नहीं कहते हैं हुस्न।
हुस्न तो हुस्ने-अमलका नाम है॥
रह सके किस तरह 'अजमद' मुतमईन!
ज़िन्दगी ख़ौफ़े-ख़ुदाका नाम है॥

१७ मई १९५३ ई०]

——आजकल जून १९४६ ई०

---

[1]निर्धनताने; [2]कठिनतासे आनेवाली मृत्यु, दुखदमृत्यु; [3]सूर्यसे।

तू कानका कच्चा है तो बहरा हो जा,
बदबीं[1] है अगर आँख तो अन्धा हो जा।
गाली-ग़ीबत[2] दरोग़गोई[3] कबतक?
'अमजद' क्यों बोलता है, गूँगा हो जा॥

मत सुन परदेकी बात बहरा हो जा,
मत कह इसरारे-ग़ैर[4] गूँगा हो जा।
वोह रूए लतीफ़[5] और यह नापाक नज़र[6],
'अमजद' क्यों देखता है अन्धा हो जा॥

दुनियाके हरइक ज़र्रेसे घबराता हूँ।
ग़म सामने आता है, जिधर जाता हूँ।
रहते हुए इस जहाँमें मिल्लत गुज़री,
फिर भी अपनेको अजनबी पाता हूँ॥

दिलशाद[7] अगर नहीं तो नाशाद सही,
लबपर नग़मा[8] नहीं तो फ़रियाद सही।
हमसे दामन छुड़ाके जानेवाले,
जा-जा गर तू नहीं तेरी याद सही॥

गुलज़ार[9] भी सहरा[10] नज़र आता है मुझे,
अपना भी पराया नज़र आता है मुझे।
दरिया-ए-वजूदमें है तूफ़ाने-अदम[11],
हर क़तरे में ख़तरा नज़र आता है मुझे॥

---

[1]कुदृष्टि; [2]पीठ पीछे बुराई करनेकी आदत; [3]असत्य सम्भाषण; [4]शत्रुका भेद; [5]सुशीला पवित्र नारीकी कोमल देह; [6]कामुक दृष्टि; [7]प्रसन्न; [8]संगीत [9]उद्यान; [10]वीरान जंगल; [11]अस्तित्व रूपी दरियामें मृत्यु रूपी तूफ़ान।

बरबाद न कर बेकसका चमन, बेदर्द खिज़ाँसे कौन कहे।
ताराज[१] न कर मेरा खिरमन,[२] उस बर्क़े-तपाँसे[३] कौन कहे॥
मुझ खस्ता जिगरकी जान न ले, यह कौन अजलको[४] समझाये।
कुछ देर ठहर जा ऐ दरिया! दरिया-ए-रवाँसे[५] कौन कहे॥
सीनेमें बहुत ग़म हैं पिन्हा[६] और दिलमें हज़ारों हैं अरमाँ।
इस क़हरे-मुजस्सिमके[७] आगे, हाल अपना ज़बाँसे कौन कहे॥
हरचन्द हमारी हालतपर रहम आता है हरइकको लेकिन--
कौन आपको आफ़तमें डाले, उस आफ़ते-जाँसे कौन कहे॥
क़ासिदके बयाँका ऐ 'अमजद' क्योंकर हो असर उनके दिलपर
जिस दर्दसे तुम खुद कहते हो, उस तर्ज़ेबयाँसे कौन कहे॥

किस शानसे 'मैं' कहता हूँ, अल्लाहरे मैं।
समझा नहीं 'मैं' को आजतक वाहरे मैं॥

आजकल फ़रवरी १९५४ ई०

फ़क़ीर

---

[१]नष्ट; [२]खलिहान; [३]कौन्दती हुई बिजलीसे; [४]मृत्युको; [५]बहते हुए दरियासे; [६]छिपे हुए; [७]साक्षात मौतसे।

'आसी' ग़ाज़ीपुरी

हज़रत शाह अब्दुलअलीम 'आसी' अपने सूफ़ियाना कलाम और रुबा-इयोंके कारण प्रसिद्ध थे। आप नासिख़ स्कूलके स्नातक और लखनवी शायर थे। अतः आपके यहाँ ख़ारजी और लखनवी रंगके अशआरकी भी काफ़ी संख्या है। जिनके नमूने न देकर हम केवल चन्द चुने हुए शेर दे रहे हैं—

गौना करते ही पिया कमाने-खाने परदेश चला गया और वहाँ मिरच-देशवालोंके[1] फन्देमें फँस गया। बेचारे परस्पर मुँह भी न देख सके। वहाँसे किसी तरह बचकर आया भी तो कब? जब केस रूपा हो गये। और आँखें इस योग्य न रहीं कि एक दूसरेको निहार सकें। विरह-व्यथा सहते-सहते वे विरहके मूर्तमान रूप हो गये हैं। उन्हें तब वस्ल नसीब

---

[1]दक्षिण अफ़्रीका आदि प्रदेश बसानेके लिए अंग्रेज़ भारतसे क़ुली भर्ती किया करते थे। जो निश्चित अवधिके बाद ही भारत वापिस आ सकते थे। उनमें अधिकांश कष्टोंके कारण मर जाते थे, या वहीं रह जाते थे, बिरले ही लौटकर आ पाते थे। इन्हीं प्रदेशोंको उन दिनों मिरच-देश कहा जाता था।

होता है, जब वे वस्लके योग्य नहीं रहे। वे दोनों रंजोग़मके इतने अभ्यस्त हो गये हैं कि उन्हें यह जीवन भरकी कठोर तपस्याके बाद मिली हुई मिलनकी शुभवेला भी आकुल किये दे रही है। इसी जीवनके अनुभवको 'आसी' देखिये किस ख़ूबीसे एक शेर में समोते हैं—

वस्ल है, पर दिलमें अबतक ज़ौक़े-ग़म पेचीदा है।
बुल-बुला है ऐन दरियामें मगर नम-दीदा है॥

[वस्ल नसीब है, मगर दिल ग़मोंके शौक़का इतना आदी हो गया है कि वह वस्लका लुत्फ़ उठानेके योग्य नहीं रहा है। पानीका बुलबुला पानीमें रहते हुए भी अश्रुपूर्ण (नमदीदा) है, क्योंकि वह अपने क्षणिक जीवनसे परिचित है]

अक्सर सूफ़ी शायर हर जगह ख़ुदाका जलवा देखते हैं—

मदरसा या दैर था या काबा या बुतख़ाना था।
हम सभी मेहमान थे, इक तू ही साहबख़ाना था॥

—ख़्वाजा दर्द

यहाँतक कि वे माशूक़के पैकरमें भी ख़ुदाको ही देखते हैं।

मगर 'आसी'के इश्क़की इन्तहा और बुलन्दी देखिये कि वह ख़ुदाको ख़ुदा ही नहीं समझते। वे हश्रमें पहुँचे तो उनका ख़याल था कि वहाँ ख़ुदाका जलवा देखनेको मिलेगा और वह हमारा इन्साफ़ करेगा। मगर हश्रमें यह क्या हश्र-बरपा हुआ कि जिसे लोग ख़ुदा समझ रहे हैं, वह तो 'आसी'का वही शोख़ माशूक़ है। उसने 'आसी'को देखते ही हयासे मुँह फेर लिया—

हश्रमें मुँह फेरकर कहना किसीका हाय! हाय!!
"आसी-ए-गुस्ताख़का हर जुर्म ना-बख़्शीदा है॥"

वहाँ भी वादये-दीदार इस तरह टाला।
"कि ख़ास लोग तलब होंगे बारे आमके बाद ॥"

मूर्ति-पूजक तो मुसलमानोंसे अधिक तेरे भक्त हैं। मुसलमान तो केवल काबेमें ही तुझे सजदा करते हैं और यह तो सब जगह तेरा चिन्तन और स्मरण करते हैं--

इतने बुतख़ानोंमें सजदे एक काबेकी एवज़।
कुफ़्र तो इस्लामसे बढ़कर तेरा गरवीदा है ॥

वर्षोंकी साधनाके बाद, प्यारेका दीदार नसीब हुआ, मगर दिलको यक़ीन नहीं आता कि प्यारा यूँ भी जलवागर हो सकता है--

मेरी आँखें और दीदार आपका ?
या क़यामत आ गई या ख़्वाब है ॥

इश्क़के बारेमें 'आसी' फ़र्माते हैं--

आशिक़ीमें है महवियत दरकार।
राहते-वस्ल-ओ-रंजे-फ़ुरक़त क्या ?

इसी ग़ज़लके चन्द अशआर और--

न गिरे उस निगाहसे कोई।
और उफ़्ताद क्या, मुसीबत क्या ?
जिनमें चर्चा न कुछ तुम्हारा हो।
ऐसे अहबाब, ऐसी सुहबत क्या ?
जाते हो जाओ, हम भी रुख़सत हैं।
हिज्रमें जिन्दगीकी मुद्दत क्या ?

'आसी' ख़ुदासे दुआ माँगते हैं—

ताबे-दीदार जो लाये मुझे वोह दिल देना।
मुँह क़यामतमें दिखा सकनेके क़ाबिल देना॥
रश्के-ख़ुरशीदे-जहाँ-ताब दिया दिल मुझको।
कोई दिलबर भी इसी दिलके मुक़ाबिल देना॥

अस्ल फ़ित्ना है, क़यामतमें बहारे-फ़रदौस।
जुज़ तेरे कुछ भी न चाहे मुझे वोह दिल देना॥
तेरे दीवानेका बेहाल ही रहना अच्छा।
हाल देना हो अगर रहमके क़ाबिल देना॥
हाय-रे-हाय तेरी उक़्दाकुशाईके मज़े।
तू ही खोले जिसे वोह उक़्दये-मुश्किल देना॥

चन्द शेर और—

तुम नहीं कोई तो सबमें नज़र आते क्यों हो?
सब तुम ही तुम हो तो फिर मुँहको छुपाते क्यों हो?

फ़िराक़े-यारकी ताक़त नहीं, विसाल मुहाल।
कि उसके होते हुए हम हों, यह कहाँ यारा!

तलब तमाम हो मतलूबकी अगर हद हो।
लगा हुआ है यहाँ कूच हर मुक़ामके बाद॥

अनलहक़ और मुश्ते-ख़ाके-मन्सूर।
ज़रूर अपनी हक़ीक़त उसने जानी॥

इतना तो जानते हैं कि आशिक़ फ़ना हुआ।
और उससे आगे बढ़के ख़ुदा जाने क्या हुआ॥

यूँ मिलूँ तुमसे मैं कि मैं भी न हूँ।
दूसरा जब हुआ तो ख़िलवत क्या ?

इश्क़ कहता है कि आलमसे जुदा हो जाओ।
हुस्न कहता है जिधर जाओ नया आलम है ?

न कभीके बादापरस्त हम, न हमें यह कैफ़े-शराब है।
लबेयार चूमें हैं ख़्वाबमें, वही जोशे-मस्तिये-ख़्वाब है।।
दिले मुब्तिला है तिरा ही घर, उसे रहने दे कि ख़राबकर।
कोई मेरी तरह तुझे मगर न कहे, कि ख़ाना ख़राब है।।
उन्हें किब्रे-हुस्नकी[1] नख़वतें, मुझे फ़ैज़े-इश्क़की हैरतें।
न कलाम है, न पयाम है, न सवाल है, न जवाब है।।
दिले-अन्दलीब यह शक नहीं, गुलो-लालाके यह वरक़ नहीं।
मेरे इश्क़का वोह रिसाला है, तेरे हुस्नकी यह किताब है।।

नहीं होता कि बढ़कर हाथ रख दें।
तड़पता देखते हैं, दिल हमारा।।
अगर क़ाबू न था दिलपर, बुरा था।
वहाँ जाना सरे-महफ़िल हमारा।।

वहाँ पहुँचके यह कहना सबा ! सलामके बाद।
"कि तेरे नामकी रट है, ख़ुदाके नामके बाद।।"

यह हालत है तो शायद रहम आ जाय।
कोई उसको दिखा दे दिल हमारा।।

---

[1]रूप मदका ग़रूर।

बे तेरे, जीनेकी किस जीसे तमन्ना करते ?
मर न जाते जो शबे-हिज्र तो हम क्या करते ?

भला किस दिलसे हम इनकारे-दर्दे-इश्क़ करते हैं।
नहीं कुछ है तो क्यों रह-रहके दिलपर हाथ धरते हैं॥

ज़ाहिरमें तो कुछ चोट नहीं खाई है ऐसी।
क्यों हाथ उठाया नहीं जाता है जिगरसे ?

ता-सहर वोह भी न छोड़ी तूने ऐ बादे-सबा !
यादगारे-रौनक़े-महफ़िल थी परवानेकी ख़ाक॥

तूने दावाए-ख़ुदाई न किया ख़ूब किया।
ऐ सनम ! हम तेरे दीदारको तरसा करते॥
दिले-बीमारेसे दावा है मसीहाईका।
चश्मे-बीमारको अपने नहीं अच्छा करते॥
दाग़ेदिल दिलवर नहीं, सीनेसे फिर लिपटा हूँ क्यों ?
मैं दिलेदुश्मन नहीं, फिर यूँ जला जाता हूँ क्यों ?

रात इतना कहके फिर आशिक़ तेरा ग़श कर गया।
"जब वही आते नहीं, मैं होशमें आता हूँ क्यों ?"

वोह कहते हैं—"मैं जिन्दगानी हूँ तेरी"।
यह सच है तो इसका भरोसा नहीं है॥*

---

*तुम हमारी जिन्दगी, पर जिन्दगीकी क्या उम्मीद ?
तुम हमारी जान, लेकिन क्या भरोसा जानका ?

—ज़ौक़

कमी न जोशे-जुनूँमें, न पाँवमें ताक़त ।
कोई नहीं जो उठा लाये घरमें सहराको ॥

ऐ पीरेमुग़ाँ ! ख़ूनकी बू साग़रे-मै में ।
तोड़ा जिसे साक़ीने, वोह पैमानये-दिल था ॥

—निगार जनवरी १९५० ई०

कुछ हमीं समझेंगे या रोज़े-क़यामतवाले ।
जिस तरह कटती है उम्मीदे-मुलाक़ातकी रात ॥

ग़ुबार होके भी 'आसी' फिरोगे आवारा ।
जुनूँने-इश्क़से मुमकिन नहीं है छुटकारा ॥

हम-से बेकल-से वादये-फ़रदा ?
बात करते हो तुम क़यामतकी ॥

साथ छोड़ा सफ़रे-मुल्केअदममें सबने ।
लिपटी जाती है मगर हसरते-दीदार हनूज़ ॥

हवाके रुख़ तो ज़रा आके बैठ जा ऐ क़ैस !
नसीबे-सुबहने छेड़ा है ज़ुल्फ़े-लैलाको ॥

बस तुम्हारी तरफ़से जो कुछ हो ।
मेरी सई और मेरी हिम्मत क्या ॥

जो रही और कोई दम यही हालत दिलकी ।
आज है पहलु-ए-ग़मनाकसे रुख़सत दिलकी ॥
घर छुटा, शहर छुटा, कूचये-दिलदार छुटा ।
कोहो-सहरामें लिये फिरती है वहशत दिलकी ॥

रास्ता छोड़ दिया उसने इधरका 'आसी'।
क्यों बनी रहगुज़रे-यारमें तुरबत दिलकी ॥

तरक़्क़ी और तनज़्ज़ुलकी न पूछो।
मैं दुश्मन हो गया, दुश्मन हुआ दोस्त ॥

इश्क़ने फ़रहादके परदेमें पाया इन्तक़ाम।
एक मुद्दतसे हमारा ख़ून दामनगीर था ॥
वोह मुसव्वर था कोई या आपका हुस्नेशबाब।
जिसने सूरत देख ली, इक पैकरे-तसवीर था ॥

मेरे दुश्मनको न मुझपर कभी क़ाबू देना।
तुमने मुँह फेर लिया, आह, यही क्या कम है ?

कोई तो पीके निकलेगा, उड़ेगी कुछ तो बू मुँहसे।
दरे-पीरेमुग़ाँपर मैपरस्तो चलके बिस्तर हो ॥
किसीके दरपै 'आसी' रात रो-रोके यह कहता था--
कि "आख़िर मैं तुम्हारा बन्दा हूँ, तुम बन्दा परवर हो ॥"

टुकड़े होकर जो मिली, कोहकनो-मजनूँको।
कहीं मेरी ही वोह फूटी हुई तक़दीर न हो ॥

यह दोनों एक ही तरकशके हैं तीर।
मुहब्बत और मर्गे-नागहानी ॥

तुम्हीं सच-सच बता दो कौन था शीरींकी सूरतमें।
कि मुश्तेख़ाककी हसरतमें कोई कोहकन क्यों हो ॥

कौन उस घाटसे उतरा कि जनाबे 'आसी'।
बोसा लेनेको बढ़े हैं लबे-साहिलकी तरफ़ ॥

मिलनेकी यही राह, न मिलनेकी यही राह।
दुनिया जिसे कहते हैं, अजब राहगुज़र है॥

ऐ शबेगोर ! वोह बेताबि-ए-शबहाय फ़िराक़।
आज आरामसे सोना मेरी तक़दीरमें था॥

—तनक़ीदी हाशिये

६ जून १९५३ ई०]

'असग़र' गोंडवी

असग़रहुसैन साहब 'असग़र'के पूर्वज गोरखपुर ज़िला निवासी थे। आपके पिता गोण्डेमें क़ानूनगो थे। उन्होंने वहींसे पेंशन ली और फिर स्थाई रूपसे वहीं बस गये थे।

असग़र १ मार्च १८८४ ई०में पैदा हुए। घरेलू वातवरण और आर्थिक स्थिति अनुकूल न होनेके कारण स्कूली शिक्षा व्यवस्थित रूपसे न हो सकी। यूँ फ़ारसी-अरबीका अच्छा ज्ञान था। अंग्रेज़ी भी समझ-बोल लेते थे। लेकिन यह सब उनके निजी अध्यवसाय और परिश्रमका परिणाम था।

'असग़र' शायर न होते तो भी उनकी ख्यातिमें अन्तर न पड़ता। आप सदाचारी और पवित्र थे। आपका व्यक्तित्व उच्च और प्रभावशाली था। आपके सत्संगके परिणामस्वरूप 'जिगर' जैसे मशहूर रिन्द मैख़ानेका रास्ता छोड़कर सम्यक् मार्गपर चल निकले।

आप चश्मेका रोज़गार करते थे, आमदनी अल्प होते हुए भी न कभी आपने तंगदस्तीका किसीसे ज़िक्र किया, न कभी मेहमाँनवाज़ीमें अन्तर पड़ने दिया। अच्छा पहनते थे, अच्छा खाते थे। जो वज़अ़ शुरूमें अख़्तियार की, उसे जीवनभर निभाया।

कुछ अर्से आप लाहौरके 'उर्दू मरकज़'में कार्य करते रहे, और अन्तिम दिनोंमें आप 'हिन्दुस्तानी' एकेडमी' इलाहाबादकी त्रैमासिक पत्रिका 'हिन्दुस्तानी'का सम्पादन करते थे। 'असग़र' खुद फ़र्माया करते थे कि "मेरी ज़िन्दगीमें कोई वाक़या क़ाबिलेज़िक्र नहीं है।" १९३६ ई०में आपका निधन हो गया।

शायरीमें पहले तो आप मुंशी खलील अहमद 'वज्द'से संशोधन लेते रहे। फिर चन्द ग़ज़लें मुंशी अमीर अल्लाह 'तसलीम'[1]को दिखाईं। लेकिन यह क्रम अधिक नहीं चल सका। 'असग़र' बाक़ायदा किसीके शिष्य नहीं हुए। आपने जो मौलिक प्रतिभा और बुद्धि पाई थी, उसको देखते हुए यह कहना पड़ता है कि उन दिनों आपके योग्य कोई उस्ताद भी नहीं था। वही दक़ियानूसी पुरातन सड़े-गले विचारोंकी शृंखला चली आ रही थी। उस शृंखलामें 'असग़र' जैसा प्रतिभाशाली जकड़कर नहीं रखा जा सकता था। उसे जिस लक्षपर पहुँचना था, उसके लिए कोई पगडंडी नहीं बनी थी। उसे स्वयं नई डगर बनानी थी।

लीक-लीक गाड़ी चले, लीकहिं चलें कपूत।
लीक छोड़ तीनों चलें, शायर, सिंह, सपूत॥

'असग़र' उर्दूके उन्हीं शायरों, नरसिंहों और सपूतोंमें-से एक थे, जो अपना मार्ग स्वयं बनाते हैं। बक़ौल जिगर मुरादाबादी—

अपना ज़माना आप बनाते हैं अहले-दिल।
हम वोह नहीं कि जिसको ज़माना बना गया॥

'असग़र'ने भी 'अमीर' और 'दाग़'की शायरीके वातावरणमें आँखें खोलीं। लेकिन आपने उस रंगको सर्वथा हेय समझकर अपना नवीन

---

[1]आपका परिचय शेरोसुख़न प्रथम भागमें दिया जा चुका है।

मार्ग चुना, औ॰ ग़रीफ़ यह कि जिस ग़ज़लसे लोग दामन बचाकर निकलने लगे थे, उसीको अपने पवित्र भाव व्यक्त करनेका साधन चुना, और उस पतनोन्मुखी ग़ज़लमें इतनी पवित्रता भरी कि उसका कायाकल्प ही हो गया। ग़ज़ल आज जिस ऊँचाईपर पहुँच गई है, उसके इस विकासकी कल्पना स्वप्नमें भी नहीं हो सकती थी।

'असग़र'का प्रेम ईश्वरीय प्रेम है। आपके किसी शेरमें आध्यात्मिकताकी सुबास है तो किसी शेरमें दार्शनिकताकी झलक। कहीं सूफ़ियाना रंग हिलोरें ले रहा है, तो कहीं पवित्र प्रेम छलका पड़ रहा है। आपके यहाँ अश्लील, निकृष्ट विचार तो दरकिनार, एक शेर भी साधारण और हलका नहीं मिलता। प्रत्येक शेर आत्म-विभोर कर देनेकी शक्ति रखता है। जो भी कहा गया है, बहुत गहरेमें डूबकर कहा गया है।

'असग़र'का प्रेम निर्मल, स्वच्छ और निष्कलंक है। उनके प्रेममें विषयाशक्ति नहीं कि उसे छिपाये फिरें; वे तो मुक्त-हृदयसे अपने प्रेमको प्रकट करते हैं और दृढ़तापूर्वक कहते हैं--प्रेम ही मेरे जीवनकी चेष्टा (सई) है। यही मेरे जीवनकी कमाई (हासिल) है। यही मेरी यात्राका अभीष्ट स्थान है और यही वहाँ तक पहुँचनेके लिए पगडंडी (जाद-ए-मंज़िल) है--

इश्क़ ही सअ़ई मेरी, इश्क़ ही हासिल मेरा।
यही मंज़िल है, यही जाद-ए-मंज़िल मेरा॥

'असग़र'का यह प्रेम अपने प्यारेकी खोजमें उन्हें मन्दिरों-मस्जिदोंकी खाक नहीं छनवाता। अपितु उनके झमेलोंसे उन्हें बेदाग़ निकाल ले जाता है—

दैर[1]-ओ-हरम[2] भी कूचए-जानाँमें आये थे।
पर शुक्र है कि बढ़ गये दामन बचाके हम॥

[1]मन्दिर; [2]मस्जिद।

परिणाम इसका यह होता है कि वे इस प्रेमाग्निमें तपकर इतने महान हो उठते हैं कि अपने प्यारेकी यादमें जहाँ भी मत्था टेक देते हैं, एक तीर्थ बन जाता है। और यह तीर्थ हैं भी क्या? जहाँ कहीं सिद्ध पुरुषों और वीतरागात्माओंके चरण पहुँचे हैं, वहीं उनकी स्मृतिमें तीर्थ बन गये।

नियाज़े-इश्क़को[1] समझा है क्या ऐ वाइज़े-नादाँ !
हज़ारों बन गये काबे, जहाँ मैंने जबीं रख दी ॥

प्रेमी जब उक्त स्थितिमें पहुँच जाता है, तब उसके लिए मिलन-सुख और विरह-दुःख कुछ अर्थ नहीं रखते—

क्या दर्दे-हिज्र और यह क्या लज़्ज़ते-विसाल।
उससे भी कुछ बुलन्द मिली है नज़र मुझे ॥

और अन्तमें एक ऐसी स्थिति आती है कि प्रेमी और प्यारा दोनों एकाकार हो जाते हैं—

अब न यह मेरी ज़ात है, अब न यह कायनात[2] है।
मैंने नवाये-इश्क़को[3] साज़से यूँ मिला दिया ॥

असग़रने कुछ इसी तरहके भाव भिन्न-भिन्न अशआ़रमें इस तरह व्यक्त किये हैं—

इक सूरते-उफ़्तादगीये-नक़्शे-फ़ना[4] हूँ।
अब राहसे[5] मतलब न मुझे राहनुमासे[6] ॥

मेरे मज़ाक़ेशौक़का इसमें भरा है रंग।
मैं ख़ुदको देखता हूँ, कि तसवीरे-यारको ॥

---

[1]प्रेम-विभोरताको; [2]सांसारिक वस्तुएँ; [3]प्रेम-वाणी, प्रेम-संगीतको; [4]विनाशका मिटा हुआ चिह्न; [5]मार्गसे; [6]पथ-प्रदर्शकसे।

हुजूमे-शौक़में अब क्या कहूँ मैं क्या न कहूँ ?
मुझे तो ख़ुद भी नहीं, अपना मुद्दआ मालूम ॥

जहान है कि नहीं जिस्मोजान हैं कि नहीं ।
वोह देखता है मुझे, उसको देखता हूँ मैं ॥

बेख़ुदीका[1] आलम है, महवे-जिबहसाई[2] हूँ ।
अब न सरसे मतलब है, और न आस्तानेसे[3] ॥

अब न कहीं निगाह है, अब न कोई निगाहमें ।
महव[4] खड़ा हुआ हूँ मैं, हुस्नकी जलवागाहमें ॥

जुनूने-इश्क़में हस्तीए-आलमपै नज़र कैसी ?
रुख़ेलैलाको क्या देखेंगे महमिल देखनेवाले ॥

अब मुझे ख़ुद भी नहीं होता है कोई इम्तियाज़[5] ।
मिट गया हूँ इस तरह उस नक़्शे-पा-के सामने ॥

नज़रमें वोह गुल समा गया है, तमाम हस्तीपै छा गया है ।
चमनमें हूँ या क़फ़समें हूँ मैं मुझे अब इसकी ख़बर नहीं है ॥

अक्स किस चीज़का आईन-ए-हैरतमें नहीं ।
तेरी सूरतमें है क्या जो मेरी सूरतमें नहीं ॥

ख़ुदा जाने कहाँ है 'असग़रे' दीवाना बरसोंसे ।
कि उसको ढूँढ़ते हैं काब-ओ-बुतख़ाना बरसोंसे ॥

'असग़रने अपने प्यारेके मोहनी रूपका वर्णन इतनी कुशलता और पवित्रतासे किया है कि कहीं भी वासनाकी गन्ध नहीं आती——

---

[1]आत्मलीनताका; [2]नतमस्तक-लीन; [3]प्यारेके दर्वाज़ेके पत्थरसे; [4]तल्लीन; [5]विवेक ।

उसका वोह क़दैरअना,[1] उसपर वोह रुख़े-रंगीं[2]।
नाज़ुक-सा सरेशाख़[3] इक गोया गुलेतर[4] देखा ॥

तुम सामने क्या आये, इकतरफ़ा बहार आई।
आँखोंने मेरी गोया फ़रदौसे-नज़र[5] देखा ॥

उठ्ठे अजब अन्दाज़से वोह जोशेग़ज़बमें।
चढ़ता हुआ इक हुस्नका दरिया नज़र आया ॥

दोशपर बिजली गिरी, आँखें भी ख़ैरा[6] हो गईं।
तुम तो क्या थे, इक झलक-सी थी तुम्हारी यादकी ॥

जो शजर बाग़में है, वोह शजरे-तूर[7] है आज।
पत्ते-पत्तेमें जो देखा तो वही नूर[8] है आज ॥

यूँ मुसकराये जान-सी कलियोंमें पड़ गई।
यूँ लबकुशा हुए कि गुलिस्ताँ बना दिया ॥

ताक़त कहाँ मुशाहदये-बेहिजाबकी[9]।
मुझको तो फूँक देगी, तजल्ली[10] नक़ाबकी ॥

नक़्शे-क़दम यह हैं, उसी जाने-बहारके।
इक पंखड़ी पड़ी है लहदपर गुलाबकी ॥

मैं इज़्तराबे-शौक़[11] कहूँ या जमाले-दोस्त[12]।
इक बर्क़[13] है जो कौंद रही है नक़ाबमें ॥

---

[1]उपयुक्त क़द; [2]सुन्दर मुख; [3]टहनीपर; [4]ताज़ा फूल; [5]स्वर्गका दृश्य। [6]चकाचौंध; [7]तूर पर्वताका वृक्ष; [8]रूप प्रकाश; [9]परदेसे बाहर देखनेकी; [10]आभा; [11]उत्कण्ठाकी बेचैनी; [12]प्यारेका रूप; [13]बिजली।

वोह निक्हतसे[1] सिवा पिन्हाँ[2], वोह गुलसे भी सिवा उरियाँ[3]।
यह हम हैं जो कभी परदा, कभी जलवा समझते हैं॥

और सच तो यह है कि उसके रूपका बखान हो भी नहीं सकता—

अगर ख़मोश रहूँ मैं तो तू ही सब कुछ है।
जो कुछ कहा तो तेरा हुस्न हो गया महदूद॥

'असग़र'के दीवानमें एक शेर भी ऐसा नहीं, जिसमें कामुकताकी गन्ध आये। उनके यहाँ पवित्र प्रेम हिलोरें ले रहा है। वे तो प्यास बुझानेको भी कामुकता (बुलहविसी) समझते हैं। अपने प्यारेकी खोजमें मृगमरीचिका (मौज-सराब)में भटकते रहना ही जीवनका सार समझते हैं। दर्शनोंकी प्यास बुझी तो फिर प्रेमपिपासा कहाँ रही?

मैं बुलहविस[4] नहीं कि बुझाऊँगा तिश्नगी[5]।
मेरे लिए तो उठती हैं मौजें सराबकी[6]॥

अब तो यह तमन्ना है किसीको भी न देखूँ।
सूरत जो दिखा दी है तो ले जाओ नज़र भी॥

आये थे सभी तरहके जलवे मेरे आगे।
मैंने मगर ऐ दीदये-हैराँ नहीं देखा॥

हम एक बार जलवये-जानाना देखते।
फिर काबा देखते न सनमख़ाना देखते॥

तसलीम[7] मुझको ख़ानये-काबाकी मंज़िलत[8]।
सब कुछ सही मगर वोह तेरा आस्ताँ[9] नहीं॥

---

[1]फूलकी सुगन्धसे; [2]छुपा हुआ; [3]नग्न, प्रकट; [4]कामुक; [5]प्यास; [6]मृगमरीचिकाकी; [7]स्वीकृत; [8]इज़्ज़त, गौरव; [9]निवासस्थान।

हर ज़र्रेमें सहराके बेताब नज़र आई।
लैलीको भी मजनूँने यूँ ख़ाक बसर देखा ॥

प्रेममें तो आठों पहर भीगा रहे, तभी जीवनकी सार्थकता है—

क़हर है थोड़ी-सी भी ग़फ़लत तरीक़े-इश्क़में।
आँख झपकी क़ैसकी और सामने महमिल न था ॥

'असग़र'की रिन्दी मुलाहिज़ा हो—

रहा जो होश तो रिन्दी-ओ-मैकशी क्या है।
ज़रा ख़बर जो हुई फिर वोह आगही[1] क्या है ॥

उर्दू शायरीकी परम्पराके अनुसार 'असग़र'के यहाँ भी शेख़-ओ-ज़ाहिदका ज़िक्र मिलता है। मगर देखिये कितने सलीक़े और सौजन्यताके साथ—

न होगा काविशे-बेमुद्दआका[2] राज़दाँ[3] बरसों।
वोह ज़ाहिद जो रहा सरगुश्तए सूदो-ज़ियाँ[4] बरसों ॥

सनमकदेमें तजल्लीकी ताब मुश्किल है।
हरममें शेख़को महवे-नमाज़ रहने दे ॥

मन्दिरों-मस्जिदोंको लेकर संसारमें इतना अधिक नर-संहार हुआ। फिर भी धर्मान्धोंकी आँखें नहीं खुलतीं। ईश्वर और ख़ुदाके नामपर

---

[1]होश्यारी, वाक़िफ़ियत; [2]निःस्वार्थ लगन, स्वार्थहीन कार्य्योंका; [3]भेदी; [4]हानि-लाभके झगड़ेमें भटकनेवाला। भाव यह है कि ज़ाहिद तो हूर-जन्नतकी अभिलाषामें नमाज़-रोज़ेका पाबन्द रहा, वह कैसे जानेगा कि निःस्वार्थ पूजा-उपासना क्या होती है?

उनके बन्दोंका हर समय रक्त पीनेको प्रस्तुत रहते हैं। इसके विपरीत 'असग़र'का पवित्र हृदय है कि—

मौजे-नसीमे-सुबहमें[1], बूए-सनम कदा[2] भी है।
और भी जान पड़ गई कैफ़ियते-नमाज़में[3]॥

'असग़र' शायर हैं, मौलवी या वाइज़ नहीं। वे भी भूले-भटकोंको मार्ग सुझाते हैं। मगर वाइज़की तरह नहीं कि पथिक खिन्न हो उठे—

फ़ित्ना-सामानियोंकी[4] ख़ू[5] न करे।
मुख़्तसर यह कि आरज़ू न करे॥
पहले हस्तीकी है तलाश ज़रूर।
फिर जो गुम हो तो जुस्तजू न करे॥
मावरायें-सुख़न[6] भी है कुछ बात।
बात यह है कि गुफ़्तगू न करे॥

तर्के-मुद्दआ[7] कर दे ऐने-मुद्दआ[8] हो जा।
शाने-अबद[9] पैदाकर मज़हरे-ख़ुदा[10] हो जा॥
उसकी राहमें मिटकर, बे-नियाज़े-ख़लक़त बन।
हुस्नपर फ़िदा होकर हुस्नकी अदा हो जा॥
तू है जब पयाम उसका फिर पयाम क्या तेरा।
तू है जब सदा उसकी, आप बेसदा हो जा॥

---

[1]प्रातःकालीन मृदु पवनमें; [2]मन्दिरोंकी सुगन्ध भरी होनेसे; [3]नमाज़ पढ़नेमें और भी आनन्द आने लगा; [4]सांसारिक वस्तुओंकी; [5]इच्छा; [6]वाणीका संयम, चुप रहना; [7]अभिलाषाओंका त्याग; [8]इच्छा रहित, निर्मल; [9]आत्मसमर्पण करके उसके सेवक बननेका गौरव प्राप्त कर; [10]ईश्वरके प्रकट होनेका स्थान।

आदमी नहीं सुनता आदमीकी बातोंको।
पैकरे-अमल बनकर ग़ैबकी सदा हो जा।।

यह मुझसे सुन ले तू राज़े-पिन्हाँ[1] सलामती खुद है दुश्मने-जाँ[2]।
कहाँसे रहरवमें[3] ज़िन्दगी हो कि राह जब पुरख़तर नहीं है[4]।।

तलब कैसी[5]? कहाँका सूदो-हासिल कैफ़े-मस्तीमें[6]।
दुआतक भूल जाते, मुद्दआ[7] इतना हसीं होता।।

चला जाता हूँ हँसता खेलता मौजे-हवादससे[8]।
अगर आसानियाँ हों, ज़िन्दगी दुश्वार हो जाये।।

'असग़र' भी युवकोंको कुछ कर गुज़रनेकी प्रेरणा देते हैं, परन्तु कितने कोमल और मधुर ढंगसे कि नसीहतका आभासतक नहीं मिलता। वे 'हाली'की तरह वाइज़ बनकर यह नहीं कहते--

कुछ कर लो नौजवानो उठती जवानियाँ हैं।

बल्कि रिन्दाना एक लतीफ़ इशारा भर करके रह जाते हैं।

ख़ूब जी भरके उठा ले जोशे-वहशतके[9] मज़े।
फिर कहाँ यह दश्त[10], यह नाक़ा[11] कहाँ, महमिल[12] कहाँ ?

---

[1]छुपा हुआ भेद; [2]सुख-चैन ही आत्माके शत्रु हैं; [3]यात्रीमें जीवनका ओज कहाँसे आये; [4]जब मार्ग ही भयानक एवं कण्टकाकीर्ण नहीं है। भाव यह है कि संघर्षमें ही ज़िन्दगी है; [5]अभिलाषाओंका ज़िक्र क्या; [6]आत्म-लीनतामें हानि-लाभका लेखा-जोखा क्यों; [7]सुरुचिपूर्ण उपासनाका ध्येय पवित्र हो तो दुआके लिए हाथ उठानेकी भी याद न रहे; [8]आपदाओंसे; [9]दीवानगीके; [10]बियावान; [11]ऊँटनी; [12]लैलाका महमिल।

'असग़र' इश्क़में रोना-बिसूरना तो खिलाफ़ेशान समझते ही हैं। बल्कि आपका विश्वास है कि सुखके साथ यदि दुःख न रहे तो ज़िन्दगी बेमज़ा हो जाय--

सहबाए-ख़ुशगवार[1] भी या रब ! कभी-कभी ।
इतना तो हो कि तल्ख़ियेग़म[2] बेमज़ा न हो ॥

हमारे सामने 'असग़र' साहबके निम्न दो ग्रन्थ हैं--
१--**निशाते-रूह**--इसमें कुल ६३ ग़ज़लें हैं।
२--**सरोदे ज़िन्दगी**--इसमें कुल ४८ ग़ज़लें हैं।
इन्हीं दोनों ग्रंथोंसे असग़रके सरल शेर चुनकर दिये जा रहे हैं--

सारे आलममें किया तुझको तलाश ।
तू ही बतला है रगेगरदन[3] कहाँ ?
ख़ूब था सहरा, पर ऐ ज़ौक़े-जुनूँ ।
फाड़नेको नित नये दामन कहाँ ?

वोह लज़्ज़ते-सितमका जो ख़ूगर[4] समझ गये ।
अब ज़ुल्म मुझपै है कि सितम गाह-गाहका[5] ॥
शीशेमें मौजे-मै को यह क्या देखते हैं आप ।
इसमें जवाब है उसी बर्क़े-निगाहका ॥

मेरी वहशतपै बहस-आराइयाँ अच्छी नहीं नासह !
बहुत-से बाँध रक्खे हैं गरेबाँ मैंने दामनमें ॥
इलाही कौन समझे मेरी आशुफ़्ता मिज़ाजीको[6] ।
क़फ़समें चैन आता है, न राहत है नशेमनमें ॥

---

[1]सुख-चैन-सुरा; [2]दुखकी कड़वाहटें [3]क़ुरानमें ऐसी आयत है कि ख़ुदा हर रगे-गर्दनके नज़दीक है; [4]अभ्यस्त; [5]कभी-कभी; [6]अस्थिर स्वभावको।

खिलते ही फूल बाग़में पज़मुर्दा[1] हो चले।
जुम्बिश रगे-बहारमें मौजे-फ़ना की है।।

बुलबुलो-गुलमें जो गुज़री हमको उससे क्या ग़रज़।
हम तो गुलशनमें फ़क़त, रंगेचमन देखा किये।।

जानते हैं वोह अदायें इस दिले-बेताबकी।
उनसे बढ़कर कौन होगा, नुक्तादाने-इज़्तराब[2]।।

नासहे मुश्फ़िक़[3]! मगर यूँ हीं तड़पने दे मुझे।
मुझको भी मालूम है, सूदो-ज़ियाने-इज़्तराब[4]।।

तुम बाख़बर हो, चाहनेवालोंके हालसे।
सबकी नज़रका राज़ तुम्हारी नज़रमें है।।
मुझको जलाके गुलशने-हस्ती न फूँक दे।
वोह आग जो दबी हुई मुश्ते-परमें है।।

'असग़र' हरीमेइश्क़में,[5] हस्ती[6] ही जुर्म है।
रखना कभी न पाँव, यहाँ सर लिए हुए।।

मरते-मरते न कभी आक़िलो-फ़रज़ाना बने।
होश रखता हो जो इन्सान तो दीवाना बने।।
परतवे-रुख़के करिश्मे थे सरे राह गुज़र।
ज़र्रे जो ख़ाकसे उठ्ठे, वोह सनमख़ाना बने।।
कारफ़रमा है फ़क़त हुस्नका नैरंगे-कमाल।
चाहे वोह शमअ़ बने, चाहे वोह परवाना बने।।

---

[1]कुम्हलाने लगे; [2]बेचैनीको समझनेवाला; [3]हितैषी उपदेशक महाराज; [4]बेचैनीका हानि-लाभ; [5]प्रेममन्दिरमें; [6]अहमन्यता, अपने व्यक्तित्वका भान।

ऐसा कि बुतकदेका जिसे राज़ हो सुपुर्द ।
अहले-हरममें कोई न आया नज़र मुझे ॥

गो नहीं रहता कभी परदेमें राज़े-आशिक़ी ।
तुमने छुपकर और भी उसको नुमायाँ कर दिया ॥

सरगर्मे तजल्ली हो, ऐ जलवए-जानाना !
उड़ जाये धुआँ बनकर, काबा हो कि बुतख़ाना ।

अबतक नहीं देखा है, क्या उस रुख़ेख़न्दाँको ।
इकतारे शुआ़ईसे उलझा है जो परवाना ॥
माना कि बहुत कुछ है, यह गर्मिये-हुस्नेशमअ़ ।
इससे भी ज़ियादा है, सोज़े-ग़मे-परवाना ॥
ज़ाहिदको तआज्जुब है, सूफ़ीको तहय्युर है ।
सद-रश्के-तरीक़त है, इक लग़ज़िशे-मस्ताना ॥

राज़की जुस्तजूमें मरता हूँ ।
और मैं ख़ुद हूँ एक परदये-राज़ ॥

वोह शोख़ियोंसे जलवा दिखाकर तो चल दिये ।
उनकी ख़बरको जाऊँ कि अपनी ख़बरको मैं ॥

होता है राज़े-इश्क़ो-मुहब्बत उन्हींसे फ़ाश !
आँखें ज़बाँ नहीं हैं, मगर बेज़बाँ नहीं ॥

पीरीमें अक़्ल आई तो समझे कि ख़ूब थी ।
डूबी हुई निशातमें,[1] ग़फ़लत शबाबकी[2] ॥

---

[1]सुखचैनमें; [2]यौवनकी ।

न पूछो मुझपै क्या गुज़री है मेरी मश्क़े-हसरतसे।
क़फ़सके सामने रक्खा रहा है, आशियाँ बरसों॥

यह इश्क़ने देखा है, यह अक़्लसे पिन्हाँ है।
क़तरेमें समन्दर है, ज़र्रेमें बयाबाँ है॥
धोका है यह नज़रोंका, बाज़ीचा है लज़्ज़तका।
जो कुंजे-क़फ़समें था, वोह अस्ल गुलिस्ताँ है॥

—निशातेरूह

समा गये मेरी नज़रोंमें छा गये दिलपर।
ख़याल करता हूँ, उनको कि देखता हूँ मैं॥
न कोई नाम है मेरा न कोई सूरत है।
कुछ इस तरह हमातनदीद हो गया हूँ मैं॥
न कामयाब हुआ और न रह गया महरूम।
बड़ा ग़ज़ब है कि मंज़िलपै खो गया हूँ मैं॥

ख़ैर गई नज़रके साथ, होशका भी पता नहीं।
और भी दूर हो गये, आके तेरे हुज़ूरमें॥
तेरी हज़ार बरतरी, तेरी हज़ार मसलहत।
मेरी हरइक शिकस्तमें मेरे हरइक क़ुसूरमें॥

बस इतनेपर हुआ हंगामये-दारोरसन बरपा।
कि ले आग़ोशमें आईना क्यों महरे-दरख़्शाँको॥
सुना है हश्रमें शानेकरम बेताब निकलेगी।
लगा रक्खा है सीनेसे मताये-ज़ौक़े-इसयाँको॥

कहके कुछ लाला-ओ-गुल रख लिया परदा मैंने।
मुझसे देखा न गया, हुस्नका रुसवा होना॥

हश्र है ज़ाहिद ! यहाँ हर चीजका है फ़ैसला ।
ला कोई हुस्नेअमल, मेरी ख़ताके सामने ।।

चमनमें छेड़ती है किस मजेसे गुंच-ओ-गुलको ।
मगर मौजे-सबाकी पाकदामानी नहीं जाती ।।

कभी हैं महवेशौद ऐसे समझ बाक़ी नहीं रहती ।
कभी दीदारसे महरूम हैं इतना समझते हैं ।।
यही थोड़ी-सी मै है और यही छोटा-सा पैमाना ।
इसीसे रिन्द राज़े-गुम्बदे-मीना समझते हैं ।।
कभी तो जुस्तजू जलवेको भी परदा बताती हैं ।
कभी हम शौक़में परदेको भी जलवा समझते हैं ।।
यह ज़ौक़ेदीदकी शोख़ी, वोह अक्सेरंगे-महबूबी ।
न जलवा है न परदा, हम उसे तनहा समझते हैं ।।

सनमख़ानेमें क्या देखा कि जाकर खो गया 'असग़र' !
हरममें काश रह जाता तो ज़ालिम शेख़े-दीं होता ।।

तुम उस काफ़िरका ज़ौक़े-बन्दगी, अब पूछते क्या हो ?
जिसे ताके-हरम भी अबरु-ए-ख़मदार हो जाये ।।

हुस्नको वुसअ़तें जो दीं, इश्क़को हौसला दिया ।
जो न मिले, न मिट सके, वोह मुझे मुद्दआ़ दिया ।।

मह-ओ-अंजुममें भी अन्दाज़ हैं पैमानोंके ।
शबको दर बन्द नहीं होते हैं मैख़ानोंके ।।

बुझ गई कल जो सरेबज़्म वही शमअ़ न थी।
शमअ़ तो आज भी सीनेमें है परवानोंके॥

जिसपै बुतख़ाना तसद्दुक़, जिसपै काबा भी निसार।
एक सूरत ऐसी भी सुनते हैं, बुतख़ानेमें है॥

—सरुदे ज़िन्दगी

१८ जून १९५३]

बुतख़ाना-ओ-काबा

'जिगर' मुरादाबादी

अलीसिकन्दर 'जिगर' १८६० ई०में मुरादाबादमें उत्पन्न हुए। आपके पूर्वज मौलवी मुहम्मद समीअ् दिल्ली-निवासी थे और शाहजहाँ बादशाहके शिक्षक थे। किसी कारणसे बादशाहके कोप-भाजन बन गये। अतः आप दिल्ली छोड़कर मुरादाबाद जा बसे थे। 'जिगर'के दादा हाफ़िज़ मुहम्मदनूर 'नूर' और पिता मौलवी अलीनज़र 'नज़र' भी शायर थे।

'जिगर' पहले मिर्ज़ा 'दाग़'के शिष्य थे। बादमें 'तसलीम'के शिष्य हुए। इस युगकी शायरीके नमूने 'दाग़ेजिगर'में पाये जाते हैं। आपकी वर्त्तमान-ढंगकी शायरीका दौर 'असग़र' गोण्डवीके प्रभावमें आनेसे हुआ। 'असग़र'की संगतके कारण आपके जीवनमें बहुत बड़ा परिवर्तन हुआ। पहले आपके यहाँ हलके और आम कलामकी भरमार थी। अब आपके कलाममें गम्भीरता, उच्चता और स्थायित्व आ गया है। आप ग़ज़लगो शायरोंमें बहुत बड़ा मर्त्तबा रखते हैं। नित नये अनुभवोंका आप ग़ज़लमें समावेश कर रहे हैं। जिससे ग़ज़लमें एक ताज़गी, स्फूर्ति और नवीनता बढ़ती जा रही है। मजाज़ी इश्क़के साथ-साथ हक़ीक़ी इश्क़का पुट देकर तग़ज़्ज़ुल और तसव्वुफ़का समन्वय करनेमें कमाल करते हैं। आपके पढ़नेका ढंग

इतना दिलकश और मोहक है कि सैकड़ों शायर उसकी कॉपी करनेका प्रयत्न करते हैं, मगर वोह बात कहाँ ? जिगर, जिगर हैं।

पहले आप मशहूर रिन्द थे। मुशायरोंमें भी पीकर और बेखुद होकर बैठते थे। यहाँतक कि १९२८ ई०में बिजनौर नुमाइशके मुशायरेमें हमने उन्हें मुशायरेमें ही पीते हुए देखा है। मगर अब अर्सेसे तौबा किये हुए हैं। बहुत-से मुशायरोंमें आपका कलाम हमें सुननेका सौभाग्य प्राप्त हुआ है।

जिगरकी शायरी

इश्क़को दिलफेंक छोकरे मनबहलावका एक साधन समझते हैं। जब जी चाहा किया, जब जी न चाहा, छोड़ दिया। यह इश्क़ नहीं, लुचपन है, ऐय्याशी है। इश्क़की परिभाषा 'जिगर'से सुनिये—

यह इश्क़ नहीं आसाँ, इतना ही समझ लीजे।
इक आगका दरिया है, और डूबके जाना है॥

'जिगर'की प्रेयसी हरजाई या बाज़ारी नारी नहीं। वह हयापरवर, सुशीला कुलीन सुकुमारी है। न जाने उसके हृदयमें प्रेमकी चिनगारी कैसे जा लगी है? वह अन्दर-ही-अन्दर सुलगती जा रही है, परन्तु उसका धुआँ बाहर नहीं निकलने देना चाहती। एक भी आह ओठोंसे बाहर निकली तो जग हँसाई होगी। कुटुम्बी क्या कहेंगे? इसी भयसे वह मन-ही-मनमें सुलगती जा रही है। सामाजिक और पारिवारिक बन्धन इतने हैं कि वह एक पाती भी अपने प्यारेको नहीं भेज सकती, न किसीके हाथ सन्देशा। जिगर अपनी प्रेयसीकी विवशतासे परिचित हैं। वे अन्य शायरोंकी तरह शिकवा-ओ-शिकायत, नाला-ओ-फ़ुग़ाँ नहीं करते; यही कहकर दिलको बहलानेका यत्न करते हैं—

इधरसे भी है सिवा, कुछ उधरकी मजबूरी।
कि हमने आह तो की, उनसे आह भी न हुई॥

ऐसे हयापरवर माशूक़का तसव्वुर उर्दूग़ज़लमें 'जिगर'की जिगर-सोज़ीसे पहले-पहल आया है।

कुछ शायरोंका सिद्धान्त है कि—

जो ग़म हुआ उसे ग़मे-जानाँ बना लिया

यानी साँसारिक आपदायें किसी भी कारणसे आयें। वे सब इश्क़के कारण आईं, यही समझकर उसका उल्लेख ग़ज़लमें करते हैं। लेकिन आजका शायर ग़मेदौराँको ग़मेजानाँ न बनाकर, ग़मेजानाँको ग़मेदौराँ बनानेके पक्षमें है।

हमपर अकेले ही यह मुसीबतोंका पहाड़ नहीं टूट रहा है, अपितु समस्त मानव समाज इसके नीचे पड़ा हुआ कराह रहा है। उन सबका दुख दूर होनेमें ही अपना कल्याण है। यही भावना 'ग़मेदौराँ' है।

राष्ट्रपिता बापूपर जो अमानुषिक अत्याचार दक्षिण अफ्रीकामें गोरों द्वारा हुए, बापूने उन्हें व्यक्तिगत न समझकर समस्त अश्वेत जातिका अपमान समझा। इसी समझको 'ग़मेदौराँ' कहते हैं।

एक अबला भरी जवानीमें विधवा हो जाती है। वह विलख-विलख कर रोनेके बजाय, यह समझकर कि यह आपदा केवल उसीपर नहीं आई है, न जाने कितनी नारियाँ इस दुःखसे बिलख रही हैं, उनके उद्धारके लिए आश्रमों और शिक्षालयोंका प्रबन्ध करनेमें जुट जाती है। घर-घर जाकर विधवाओंको सान्त्वना देती है। इसी कार्यको 'ग़मेदौराँ' कहते हैं।

यदि किसी पुत्रवती माँका इकलौता लाल देशहितमें शहीद हो जाता है, और उसकी माँ अपनेको निपूती न समझकर, समूचे देशकी माँ समझ लेती है। उसी समझको 'ग़मेदौराँ' कहते हैं। 'जिगर' इसी 'ग़मेदौराँ'-के क़ायल हैं—

मैं वोह साफ़ ही न कह दूँ, जो है फ़र्क़ मुझमें, तुझमें।
तेरा दर्द, दर्दे-तनहा, मेरा ग़म ग़मे-ज़माना॥

'जिगर'का मानवीय-प्रेम धीरे-धीरे ईश्वरीय-प्रेममें परिवर्तित हो जाता है, और वे सर्वत्र उसका जलवा देखते हैं—

जिस रंगमें देखा उसे, वह परदानशीं है।
और उसपै यह परदा है कि परदा ही नहीं है॥
हर एक मकाँमें कोई इस तरह मुकीं है।
पूछो तो कहीं भी नहीं, देखो तो यहीं है॥

बाहरकी आँखें बन्दकर जब उसे हियेकी आँखोंसे देखा तो—

मुझीमें रहे मुझसे मस्तूर होकर।
बहुत पास निकले बहुत दूर होकर॥

अपना प्यारा सर्वत्र अपने साथ है, परन्तु अपनी अन्धी आँखें उसे न देख सकें, तो उसका क्या दोष? जिसने जब भी उसे टेरा, अपने समीप पाया—

इस तरह न होगा कोई आशिक़ भी तो पाबन्द।
आवाज़ जहाँ दो उसे वोह शोख़ वहीं है॥

साथ ही नहीं है, वह रोम-रोममें व्याप्त है—

आँखोंमें नूर, जिस्ममें बनकर वोह जाँ रहे।
यानी हमींमें रहके, वोह हमसे निहाँ रहे॥

और जो मुसीबतें हमपर आईं, वोह हमारे साथ हमारे प्यारेने भी बर्दाश्त कीं। आये हुए दुःखको जब अपने साथी बाँट लेते हैं, समवेदना प्रकट करते हैं, तो दुःखका बोझ बहुत हलका लगने लगता है—

हरचन्द वक़्फ़े-कश-म-कशे-दो जहाँ रहे।
तुम भी हमारे साथ रहे, हम जहाँ रहे॥

हमारा प्यारा हररूपमें जलवागर है, हियेकी आँखोंसे देखो तो भूखोंकी भूख-प्यासमें, सतियोंके आँसुओंमें, पीड़ितोंकी आहोंमें, पक्षियोंके चहकनेमें, वही दिखाई देगा--

बहारे-लाला-ओ-गुल, शोखिये-बर्क़-शरर होकर।
वोह आये सामने लेकिन, हिजाबाते-नज़र होकर ।।

अपने प्यारेका जलवा कैसे व्यक्त किया जाय? जिन आँखोंने उसे देखा है, वे बोलना नहीं जानतीं, और जीभ कहे तो क्या कहे? उसने कुछ देखा नहीं--

क्या हुस्नका अफ़साना महदूद हो लफ़्ज़ोंमें।
आँखें ही कहें उसको, आँखोंने जो देखा है ।।*

वाहरे मेरे प्यारेका मेरे प्रति अनुराग! न वोह काबेमें रहा, न मन्दिरमें, न धनियोंके महलोंमें। वह तो मेरे इस उजड़े दिलमें ही बना रहा--

जो न काबेमें है महदूद न बुतख़ानेमें।
हाय वोह और एक उजड़े हुए काशानेमें ।।

मैं तो उसीके हुस्नका आशिक़ हूँ। मुझे तो सर्वत्र उसीका हुस्न-ही-हुस्न नज़र आ रहा है, और कुछ भी नहीं--

हुस्न है मेरे सामने, हुस्नके मासिवा नहीं।
इश्क़में मुब्तिला हूँ मैं, कुफ़्रमें मुब्तिला नहीं ।।

परमात्माकी एक झलक देखनेकी साध लिये हुए न जाने कितने साधकोंने साधनाएँ कीं। कुछ और आगे बढ़े तो परमात्माके चरणोंकी समीपता प्राप्त करनेकी अभिलाषामें दुर्धर तप करते रहे। अधिक-से-अधिक ईश्वरमें एकाकार होनेके प्रयत्न किये, परन्तु परमात्मा कोई पृथक

---

*गिरा अनयन, नयन बिन बानी--तुलसीदास

शक्ति नहीं। वीतराग होनेपर यह आत्मा ही परमात्मा हो सकता है। कुछ इसी सिद्धान्तसे मिलता-जुलता अभिप्राय जिगर इस तरह व्यक्त करते हैं——

यहाँतक जज़्ब कर लूँ काश तेरे हुस्ने-कामिलको।
तुझीको सब पुकार उट्ठें निकल जाऊँ जिधर होकर॥

प्रेमी और प्यारा जब एकाकार हो जायें, तब विरह-मिलनके दुःखोंका समूल नाश हो जाता है। गुण, गुणी, ज्ञाता, ध्यान, ध्येय, ध्याता, तू, मैं, परका तब भेद-भाव नहीं रहता। मिस्रीसे मिठास जुदा नहीं, इसी तरह यह आत्मा वीतराग होकर परमात्म-पद प्राप्त कर लेता है, तब उपासक और उपास्यका भेद नहीं रहता——

वहदते-ख़ास इश्क़में ग़ैरियतका ज़िक्र क्या?
अपने ही जलवे देखिये अपनी ही बज़्मेनाज़में॥

ईश्वर नामकी कोई वस्तु संसारमें है और उसीने यदि यह सृष्टि की है तो न जाने वह अपने भक्तोंको मिटानेपर क्यों तुला हुआ है? इस बेरहमीसे तो बच्चा भी अपने खिलौने नहीं तोड़ता। जब भक्त ही न होंगे तो भक्त-वत्सलको कौन पूछेगा? सृष्टि ही न रहेगी तो उसे सृष्टि-कर्ता कौन कहेगा?

मुझे ख़ाकमें तो न यूँ मिला, हूँ अगर्चे मैं तेरा नक़्शे-पा।
तेरे जलवे-जलवेकी है बक़ा, मेरे शौक़े-नाम-ब-नामसे[1]॥

---

[1] इसी भावको इक़बालने यूँ व्यक्त किया है——

इसी कोकबकी ताबानीसे है तेरा जहाँ रोशन।
ज़वाले-आदमे-ख़ाकी ज़ियाँ तेरा है या मेरा?

(इन्हीं मानव-रूपी चमकते नक्षत्रोंसे तेरा संसार जगमग-जगमग हो रहा है। यदि इनको तू नष्ट कर देगा तो नुक़सान तेरा होगा या अन्य किसीका?)

'जिगर' रोने-बिसूरनेको शायाने-शान नहीं समझते—

इश्क़की अज़मत न हरगिज़ जीते जी कम कीजिये।
जान दे दीजे मगर, आँखें न पुरनम कीजिये॥

तौहीने-इश्क़ देख न हो, ऐ 'जिगर'! न हो।
हो जाये दिलका ख़ून, मगर आँख तर न हो॥

और कभी आहो-नाला मुँहसे निकले भी तो—

नाला यूँ कीजे, यह अन्दाज़े-शिकेबाई[1] हो।
जैसे बेसाख़्ता[2] होंटोंपै हँसी आई हो॥

ग़मे-इश्क़में ओठोंपर मुसकान न आये, तो 'जिगर' ऐसे इश्क़को इश्क़ और ज़िन्दगीको ज़िन्दगी नहीं समझते—

तेरी ख़ुशीसे अगर ग़ममें भी ख़ुशी न हुई।
वोह ज़िन्दगी तो मुहब्बतकी ज़िन्दगी न हुई॥

'जिगर' अपने प्यारे द्वारा दिये गये कष्टोंको कष्ट नहीं समझते। बल्कि उसका अहसान समझकर आभारी होते हैं—

तेरी अमानतेग़मका तो, हक़ अदा कर लूँ।
ख़ुदा करे शबे-फ़ुरक़त अभी दराज़ रहे॥
तेरे निसार अताकरदा एक लतीफ़ ख़लिश।
तमाम उम्र मुहब्बतको जिसपै नाज़ रहे॥

अब ज़बाँ भी दे अदाये-शुक्रके क़ाबिल मुझे।
दर्द बख़्शा है अगर तूने बजाये-दिल मुझे॥

---

[1]सन्तोष और सब्रका अन्दाज़ मालूम दे; [2]अनायास, यकायक।

मनुष्यकी वह स्थिति कितनी शोचनीय है, जब कि कोई उसे दयनीय समझकर ज़ुल्मो-सितमसे हाथ खींच ले। युद्धमें रत एक योद्धा यह समझकर हथियार फेंक दे कि विपक्षी योद्धा अशक्त हो चला है, प्रतिद्वन्द्वी योद्धाके लिए घोर लज्जाकी बात होगी।

फूँक दे ऐ ग़ैरते-सोज़े-मुहब्बत फूँक दे।
अब समझती हैं वोह नज़रें, रहमके क़ाबिल मुझे॥

'जिगर'के यहाँ भी रक़ीबका ज़िक्र आता है, मगर कितनी महानताके साथ ?

वोह हज़ार दुश्मने-जाँ सही, मुझे फिर भी ग़ैर अज़ीज़ है।
जिसे ख़ाके-पा तेरी छू गई, वोह बुरा भी हो तो, बुरा नहीं[1]॥

'जिगर' एक ज़मानेमें बहुत बड़े रिन्द रहे हैं। ऐसे कि इमामे-मैख़ाना कहलानेके पूर्ण अधिकारी। अपनी रिन्दीके बारेमें फ़रमाते हैं--

रिन्द जो मुझको समझते हैं उन्हें होश नहीं।
मैकदा-साज़ हूँ मैं मैकदाबरदोश नहीं॥
पाँव रुकते ही नहीं मंज़िले-जानाँके ख़िलाफ़।
और अगर होशकी पूछो तो मुझे होश नहीं॥

'जिगर'को दर्से-हक़ीक़त बहुत न दे वाइज़ !
वोह बेख़बर है बज़ाहिर तो बाख़बर पिन्हाँ॥

---

[1]रक़ीबके सम्बंधमें किसी अज्ञात कविका यह शेर 'जिगर' को हमने झूम-झूम कर पढ़ते सुना है और उनकी रायमें उर्दू शायरीमें इससे अच्छा शेर रक़ीब पर नहीं लिखा गया।

सामने उसके न कहते मगर अब कहते हैं।
लज़्ज़ते-इश्क़ गई ग़ैरके मर जानेसे॥

जबतक शबाबेइश्क़, मुकम्मिल शबाब है।
पानी भी है शराब, हवा भी शराब है॥

तूने जिस अश्कपर नज़र डाली।
जोश खाकर वही शराब हुआ॥

'जिगर' पतनोन्मुखी क़ौमको देखिये किस अन्दाज़में ग़ैरत दिलाते हैं—

जो साज़ कि ख़ुद नग़मये-हिरमाँ था उसीको।
अन्देशये-मिज़राब है मालूम नहीं क्यों?
उसी किश्तीको नहीं ताबेतलातुम सदहैफ़।
जिसने मुँह फेर दिये थे कभी तूफ़ानोंके॥

सुख-दुखका जोड़ा है। जब सुख भोगते रहे तो दुखसे घबराहट क्यों?

काँटोंका भी कुछ हक़ है आख़िर।
कौन छुड़ाये अपना दामन॥

अब हम आपके 'शोलयेतूर' दीवानसे और पत्र-पत्रिकाओंसे सभी तरहका कलाम चुनकर दे रहे हैं—

बैठे हैं बज़्मेदोस्तमें[1] गुमशुदगाने-हुस्ने-दोस्त[2]।
इश्क़ है और तलब[3] नहीं, नग़मा[4] है और सदा[5] नहीं॥

अरबाबे-चमनसे[6] नहीं, पूछो यह चमनसे।
कहते हैं किसे निकहते-बरबादका[7] आलम॥

---

[1]प्यारेकी महफ़िलमें; [2]प्यारेके रूपमें लीन गुम-सुम; [3]इच्छा; [4]गीत लहरी; [5]आवाज़; [6]चमनवालोंसे; [7]बरबादीकी गन्धका।

हरइक सूरत, हरइक तसवीर मुबहिम[1] होती जाती है।
इलाही ! क्या मेरी दीवानगी कम होती जाती है ?

तेरे बग़ैर तो जीना रवा नहीं लेकिन।
मैं क्या करूँ जो तेरा ग़म ही जाँनवाज़[2] रहे।।

इश्क़ ही के हाथोंमें कुछ सकत[3] नहीं रहती।
वरना चीज़ ही क्या है गोशये-नक़ाब उनका।।

आँखोंका था क़ुसूर न दिलका क़ुसूर था।
आया जो मेरे सामने मेरा ग़रूर था।।

किसी सूरत नमूदे-सोज़े-पिनहानी[4] नहीं जाती।
बुझा जाता है दिल, चेहरेकी ताबानी[5] नहीं जाती।।

मुहब्बतमें इक ऐसा वक़्त भी दिलपर गुज़रता है।
कि आँसू ख़ुश्क हो जाते हैं, तुग़यानी[6] नहीं जाती।।

जिसे रौनक़ तेरे क़दमोंने देकर छीन ली रौनक़।
वोह लाख आबाद हो उस घरकी वीरानी नहीं जाती।।
वोह यूँ दिलसे गुज़रते हैं कि आहट तक नहीं होती।
वोह यूँ आवाज़ देते हैं, कि पहचानी नहीं जाती।।

वोह लाख सामने हों मगर इसका क्या इलाज ?
दिल मानता नहीं कि नज़र कामयाब है।।

---

[1]धुंधली; [2]जानके साथ; [3]शक्ति; [4]अन्तरंग व्यथाका अस्तित्व; [5]चमक; [6]तूफ़ान।

उन्हींके दिलसे कोई इसकी अज़मतें पूछे।
वोह एक दिल जिसे सब कुछ लुटाके लूट लिया ॥

और तो कुछ कमी नहीं आपके इक़्तदारमें[१]।
आप मुझे भुला सकें यह नहीं अख़्तयारमें ॥

फ़ित्नये-रोज़गारमें[२] अमन[३] है क्या, क़रार[४] क्या ?
हासिले-ज़ीस्त[५] ग़म सही, ग़मका भी ऐतबार क्या ?

क्यों आतिशेगुल मेरे नशेमनको जलाये ?
तिनकोंमें है ख़ुद बर्क़ेचमनज़ादका आलम ॥

उन लबोंकी जाँनवाज़ी देखना।
मुँहसे बोल उठनेको है जामे-शराब ॥

दिलको बरबाद करके बैठा हूँ।
कुछ ख़ुशी भी है कुछ मलाल भी है ॥

आ कि तुझ बिन इस तरह ऐ दोस्त ! घबराता हूँ मैं।
जैसे हर शैमें किसी शैकी कमी पाता हूँ मैं ॥
कूए-जानाँ की हवातकसे भी थर्राता हूँ मैं।
क्या करूँ बेअख़्तयाराना चला जाता हूँ मैं ॥
मेरी हस्ती शौक़ेपैहम, मेरी फ़ितरत इज़्तराब।
कोई मंज़िल हो मगर गुज़रा चला जाता हूँ मैं ॥

उनके बहलाये भी न बहला दिल।
रायगाँ[६] सईए-इल्तफ़ात[७] गई ॥

---

[१]अधिकारमें; [२]संसारके झमेलोंमें; [३]सुख-शान्ति; [४]चैन; [५]ज़िन्दगीका हासिल; [६]व्यर्थ; [७]कृपा पानेकी युक्ति।

तर्के-उल्फ़त बहुत बजा नासेह !
लेकिन उसतक अगर यह बात गई ?

सीनये-नैपै[1] जो गुज़रती है ।
वोह लबे-नै-नवाज़[2] क्या जाने ?

इबरते-बन्दगी-ओ-नाचारी[3] ।
कोई बन्दानवाज़[4] क्या जाने ?

इस इश्क़की तलाफ़ियें-माफ़ात[5] देखना ।
रोनेको हसरतें हैं, जब आँसू नहीं रहे ॥

हम न मरते तेरे तग़ाफ़ुलसे[6] ।
पुरसिशे-बे-हिसाबने[7]-मारा ॥

हाय यह मजबूरियाँ, महरूमियाँ, नाकामियाँ ।
इश्क़ आख़िर इश्क़ है, तुम क्या करो, हम क्या करें ?

किस तरफ़ जाऊँ, किधर देखूँ, किसे आवाज़ दूँ ?
ऐ हुजूमे-नामुरादी जी बहुत घबराय है ॥

हमसे पूछो तो इश्क़की भी निगाह ।
सख़्त काफ़िर निगाह होती है ॥
वोह भी है इक मुक़ामेइश्क़ जहाँ ।
हर तमन्ना गुनाह होती है ॥

---

[1]बाँसुरीके मनपर; [2]स्वर खींचनेवालेके ओठ । [3]उपासना और उसे न कर सकनेकी मजबूरियाँ; [4]ख़ुदा, माशूक़; [5]प्रायश्चितकी मरी हुई भावनायें; [6]उपेक्षासे; [7]अधिक पूछताछने ।

इलाही ! तर्केमुहब्बत भी क्या मुहब्बत है।
भुलाते हैं उन्हें वोह याद आये जाते हैं।

मैं तेरा अक्स हूँ कि तू मेरा।
इस सवालो-जवाबने मारा॥

देखा गया न यह भी सैयादो-बाग़बाँसे।
इक शाख़ेगुल थी लिपटी एक शाख़े-आशियाँसे॥

ज़मानेके हमदोशो[1] हमराज़[2] कबतक ?
ज़मानेको पीछे हटाता चला आ॥

सावनकी रैन अँधेरी, तनहाइयोंका आलम।
भूले हुए फ़साने सब याद आ रहे हैं॥

शौक़ने बेख़ुदीमें जब दस्तेतलब[3] बढ़ा दिया।
इबरते-इश्क़ने वहीं पहलू-ए-दिल दबा दिया॥

इश्क़ फ़नाका नाम है इश्क़में ज़िन्दगी न देख।
जल्वये-आफ़ताब बन, ज़र्रेमें रोशनी न देख॥
होके रहेगा हमनवा वोह भी तेरे ही साथ-साथ।
नग़मयेशौक़ गाये जा इश्क़की बरहमी न देख॥

सोज़े-तमाम चाहिए, रंगे-दवाम चाहिए।
शमअ़ तहेमज़ार हो शमअ़ सरेमज़ार क्या ?

भूल जाऊँ कि मेरा ज़ौक़ेमुहब्बत क्या है ?
इस तरह तो न मेरी हौसला अफ़ज़ाई हो॥

---

[1]कन्धे-ब-कन्धे; [2]साथ-साथ; [3]इच्छाका हाथ।

उनके जाते ही यह हैरत छा गई।
जिस तरफ़ देखा किया, देखा किया ॥

वोह उनकी बेरुख़ी, वोह बेनियाज़ाना हँसी अपनी।
फिरी महफ़िल थी लेकिन बात बिगड़ी बन गई अपनी ॥

फूल वही, चमन वही, फ़र्क़ नज़र-नज़रका है।
अहदे बहारमें था क्या ? दौरेख़िज़ाँमें क्या नहीं ॥

रह गया है अब तो बस इतना ही रब्त इक शोख़से।
सामना जिस वक़्त हो जाता है, भर आता है दिल ॥

जब मिली आँख होश खो बैठे।
कितने हाज़िर जवाब हैं हम लोग ॥

अल्लाह तुझे रक्खे महफ़ूज़[1] हवादससे[2]।
ऐ कुफ़्र ! तेरे दमतक आराइशे-ईमाँ[3] हैं ॥

पीता बग़ैर अज़्न[4] यह कब थी मेरी मजाल।
दर-परदा चश्मेयारकी शह पाके पी गया ॥

किधरसे बर्क़ चमकती है देखें ऐ वाइज़ !
मैं अपना साग़र उठाता हूँ, तू किताब उठा ॥

बहार तौबा-शिकन, चश्मे-मस्तेयार मुसिर।
मैं आज पी जो न लेता वह बदगुमाँ होता ॥

हमसे नज़र फेर ली उस शोख़ने।
हम भी हैं इन्सान ख़फ़ा हो गये ॥

---

[1]सुरक्षित; [2]आपदाओंसे; [3]ईमानकी शोभा; [4]निमंत्रण।

इश्क़ ही तनहा नहीं आशुफ़्ता सर मेरे लिए।
हुस्न भी बेताब है और किस क़दर मेरे लिए॥

अब नज़रको कहीं क़रार नहीं।
काविशे-इन्तख़ाबने मारा॥

ज़र्रोंसे बातें करते हैं दीवारोदरसे हम।
मायूस किस क़दर हैं, तेरी रहगुज़रसे हम॥
कोई हसीं हसीं ही ठहरता नहीं 'जिगर'!
बाज़ आये इस बुलन्दिये-ज़ौक़े-नज़रसे हम॥
इतनी-सी बातपर है बस इक जंगेज़रगरी।
पहले उधरसे बढ़ते हैं वोह या इधरसे हम॥

मुमकिन नहीं कि जज़्बयेदिल कारगर न हो।
यह और बात है तुम्हें अबतक ख़बर न हो॥

जिसे मैं भी ख़ुद न बता सकूँ, मेरा राज़ेदिल है वोह राज़ेदिल।
जिसे ग़ैर दोस्त समझ सके, मेरे साज़में वोह सदा नहीं॥

अर्ज़े-शौक़पर मेरी पहले कुछ इताब उनका।
ख़ास इक अदाके साथ, उफ़ वोह फिर हिजाब उनका॥

यह आलम है अब ख़ुश्क आँखोंमें अपनी।
कि तूफ़ाँ है बरपा रवानी नहीं है॥

हद्दे-कूचये-महबूब है वहींसे शुरू।
जहाँसे पड़ने लगें पाँव डगमगाये हुए॥

लेके ख़त उनका किया ज़ब्त बहुत कुछ लेकिन।
थरथराते हुए हाथोंने भरम खोल दिया॥

मिलाके आँख न महरूमे-नाज़ रहने दे।
तुझे क़सम जो मुझे पाकबाज़ रहने दे॥

ख़ता मुआफ़ किसी औरका तो ज़िक्र ही क्या ?
नियाज़मन्द तेरे तुझसे बेनियाज़ रहे॥

मानूसे-ऐतबारे-करम क्यों किया मुझे ?
अब हर ख़तायेशौक़ उसीका जवाब है॥

जो मसर्रतोंसे ख़लिश नहीं, जो अज़ीयतोंमें मज़ा नहीं।
तेरे हुस्नका भी क़ुसूर है, मेरे इश्क़ ही की ख़ता नहीं॥
मेरा ज़ौक़ भी, मेरा शौक़ भी, है बलन्द सतहे-अवामसे।
तेरा हिज्र भी, तेरा वस्ल भी, मेरे दर्देदिलकी दवा नहीं॥

चुप हैं वोह यूँ सुनके मेरी अर्ज़ेशौक़।
जैसे कि सचमुच ही ख़फ़ा हो गये॥

ख़बर नहीं मुझे, मैं क्या हूँ, आरज़ू क्या है ?
किसीने जबसे यह समझा दिया कि तू क्या है॥

कूचये-इश्क़में निकल आया।
जिसको ख़ाना-ख़राब होना था॥

लाखोंमें इन्तख़ाबके क़ाबिल बना दिया।
जिस दिलको तुमने देख लिया दिल बना दिया॥

माना ग़ुरूरे-इश्क़ भी इक चीज है मगर।
इतने भी दूर-दूर तेरे आस्ताँसे क्या ?

उनकी वोह आमद-आमद अपना यहाँ यह आलम।
इक रंग आ रहा है, इक रंग जा रहा है॥

वोह कबके आये भी और गये भी, नज़रमें अबतक समा रहे हैं।
यह चल रहे हैं, वह फिर रहे हैं, यह आ रहे हैं, वह जा रहे हैं ॥
वही क़यामत है क़द्देबाला, वही है सूरत, वही सरापा।
लबोंको जुम्बिश, निगहको लरज़िश, खड़े हैं और मुसकरा रहे हैं ॥

हुस्न आया था ख़ुद मनानेको।
सो तवज्जह ही इश्क़ने कम की ॥

मुझे क्या पड़ी है तेरे दरसे उट्ठूँ।
ठहरने जो दे इज़्तराबे-मुहब्बत ॥

यह क्या है कि पहलूमें वोह भी हैं लेकिन—
शबे-माह फिर भी सुहानी नहीं है ॥

अजब इन्क़लाबे ज़माना है, मेरा मुख़्तसर-सा फ़साना है।
यही अब जो बार है दोशपर यही सर था ज़ानू-ए-यारपर ॥

हश्रके दिन वोह गुनहगार न बख़्शा जाये।
जिसने देखा तेरी आँखोंका पशेमाँ होना ॥

दिलको क्या-क्या सकून होता है।
जब कोई आसरा नहीं होता ॥

उमीदे-उफ़ूको[1] भी मैंने अब दिलसे मिटा डाला।
यह था इक बदनुमा धब्बा मेरे दामाने-इसयाँका[2] ॥

चाँदनी है, हवा है, क्या कहिये।
मुफ़लिसी क्या बला है, क्या कहिये ॥

---

[1]हश्रमें अपराध क्षमा किये जानेकी आशाको; [2]पाप-रूपी चादरका।

फिर वह हमसे ख़फ़ा हैं क्या कहिये ?
जिन्दगी बेहया है, क्या कहिये ।।

अपना ज़माना आप बताते हैं अह्ले दिल ।
हम वोह नहीं कि जिसको ज़माना बता गया ।।

मुझ नातवाने-इश्क़को[1] समझा है तुमने क्या ?
दामन पकड़ लिया तो छुड़ाया न जायगा ।।

हरमो-दैरमें रिन्दोंका ठिकाना ही न था ।
वोह तो यह कहिए अमाँ[2] मिल गई मयख़ानेमें ।।

वोह भी निकली इक शुआए-ब़र्क़े-हुस्न[3] ।
मैं जिसे अपनी नज़र समझा किया ।।

नवीदे-बख़्शिशे-इसयाँसे[4] शर्मसार न कर ।
गुनाहगारको या रब ! गुनाहगार न कर ।।

नाज़ करती है ख़ाना वीरानी ।
ऐसे ख़ाना ख़राब हैं हम लोग ।।

उससे भी शोख़तर हैं उस शोख़की अदायें ।
कर जायें काम अपना लेकिन नज़र न आयें ।।

जुनूने-मुहब्बत यहाँतक तो पहुँचा ।
कि तर्के-मुहब्बत किया चाहता हूँ ।।

हुस्नकी सहरकारियाँ[5] इश्क़के दिलसे पूछिये ।
वस्ल कभी है हिज्र-सा, हिज्र कभी विसाल-सा ।।

---

[1]निर्बल प्रेमीको; [2]शरण; [3]हुस्नरूपी विजलीकी किरण; [4]अपराधोंको क्षमा किये जानेकी सूचनासे; [5]जादूगरी ।

हुस्नकी शानें थीं जितनी, सब नुमायाँ हो गईं।
जो तेरे रुख़से बचीं रंगे गुलिस्ताँ हो गईं॥

—निगार जनवरी १९४१ ई०

मेरी हैरतकी क़सम आप उठायें तो नक़ाब।
मेरा ज़िम्मा है कि जलवे न परीशाँ होंगे॥

मेरा जो हाल हो-सो-हो बर्क़ेनजर गिराये जा।
मैं यूँ ही नालाकश रहूँ तू यूँ ही मुसकराये जा॥

लहज़ा-ब-लहज़ा दम-ब-दम जलवा-ब-जलवा आये जा।
तिश्नये-हुस्नेज़ात हूँ, तिश्नालबी बढ़ाये जा॥

लुत्फ़से है कि महरसे, होगा कभी तो रूबरू।
उसका जहाँ पता चले, शोर वहीं मचाये जा॥

ख़ुशा वोह दर्देमुहब्बत, ज़हे वोह दिल कि जिसे।
ज़रा सुकून हुआ, गुद-गुदा दिया तूने॥

ख़ुशा वोह जान जिसे दी गई अमानते-इश्क़।
ज़हे वोह दिल जिसे अपना बनाके लूट लिया॥
सलाम उसपै कि जिसने उठाके परदये-दिल।
मुझीमें रहके मुझीमें समाके लूट लिया॥

मुझे चाहिए वही साक़िया जो छलक चले, जो बरस चले।
तेरे हुस्ने-शीशा-बदस्तसे, तेरी चश्मे-बादा-बजामसे॥

तुम्हें भी ख़बर है जो तुम कह गये हो?
ख़ुद अपनी अदाओंसे मसहूर होकर॥

सुनता हूँ कि हर हालमें वोह दिलके क़रीं है।
जिस हालमें मैं हूँ मुझे अफ़सोस नहीं है॥
वाहरे शौक़े-शहादत, कूए-क़ातिलकी तरफ़।
गुनगुनाता, रक़्स करता, झूमता जाता हूँ मैं॥

—अपनी डायरीसे

तेरी ख़ुशीसे अगर ग़ममें भी ख़ुशी न मिली।
वोह ज़िन्दगी तो मुहब्बतकी ज़िन्दगी न हुई॥
सबा! यह उनसे हमारा पयाम कह देना।
गये हो जबसे यहाँ सुबहोशाम ही न हुई॥

दिल गया रौनक़े-हयात गई।
ग़म गया सारी कायनात गई॥

जबसे तू महरबान है प्यारे।
और दिल बदगुमान है प्यारे॥

तू जहाँ नाज़से क़दम रख दे।
वोह ज़मीन आसमान है प्यारे॥

शामसे आ गये जो पीनेपर।
सुबहतक आफ़ताब हैं हम लोग॥
तू हमारा जवाब है तनहा।
और तेरा जवाब हैं हम लोग॥

'आजकल' सितम्बर १९४९ ई०

तेरे जलवोंको देखें और मेरे दिलकी तरफ़ देखें।
कहाँ है इत्तसाले[1]-मौजो-साहिल देखनेवाले?

---

[1]लहरें और किनारेको मिला हुआ।

कहीं ऐसा तो नहीं वोह भी कोई हो आज़ार।
तुमको जिस चीज़पै राहतका गुमाँ होता है ॥

हाय ! वोह सिलसिलये-अश्क कि जो तेरे हुज़ूर।
दिलमें रहता है न आँखोंमें रवाँ रहता है ॥

वोह अदाये-दिलबरी हो कि नवाए-आशिक़ाना।
जो दिलोंको फ़तह कर ले, वही फ़ातहेज़माना ॥
कभी हुस्नकी तबीयत न बदल सका ज़माना।
वही नाज़े-बेनियाज़ी वही शाने-ख़ुसरवाना ॥
मैं हूँ उस मुक़ामपर अब कि फ़िराक़ोवस्ल कैसे ?
मेरा इश्क़ भी कहानी, तेरा हुस्न भी फ़साना ॥
तेरे इश्क़की करामत यह अगर नहीं तो क्या है ?
कभी बेअदब न गुज़रा, मेरे पाससे ज़माना ॥
मेरे हमसफ़ीर बुलबुल ! मेरा-तेरा साथ ही क्या ?
मैं ज़मीरे-दश्तोदरिया तू असीरे-आशियाना ॥
तुझे ऐ 'जिगर' ! हुआ क्या कि बहुत दिनोंसे प्यारे।
न बयाने-इश्क़ो-मस्ती न हदीसे-दिलबराना ॥

'आजकल' १५ अगस्त १९४९ ई०

क़दम हटे जो कभी जादयेवफ़ासे कहीं।
हरेक ज़र्रा पुकारा कि देखता हूँ मैं ॥

इल्म ही ठहरा इल्मका बाग़ी।
अक़्ल ही निकली अक़्लकी दुश्मन ॥

'माहेनौ' कराँची फ़रवरी १९५१ ई०

अज़मते-काबा मुसल्लिम, लेकिन इसका क्या इलाज ?
दिल ही जब कहता हो कि बुतख़ाना फिर बुतख़ाना है ॥

रिन्दोंने जो छेड़ा ज़ाहिदको साक़ीने कहा किस तंज़से आज—
"औरोंकी वोह अज़मत क्या जानें, कमज़र्फ़ जो इन्साँ होते हैं॥"
यह ख़ून जो है मज़लूमोंका, ज़ाया तो न जायेगा लेकिन—
कितने वोह मुबारक क़तरे हैं जो सर्फ़े-बहाराँ होते हैं ?
—'शायर' अक्तूबर १९५० ई०

वोह सब्ज़ानंगे-चमन है, जो लहलहा न सके।
वोह गुल है ज़ख़्मे-बहाराँ जो मुसकरा न सके॥
घटे अगर तो बस इक मुश्तेख़ाक है इन्साँ।
बढ़े तो वुसअ़ते-कौनैनमें समा न सके॥

कभी शाख़ो-सब्ज़ा-ओ-बर्गपर कभी गुंचओ-गुलो-ख़ारपर।
मैं चमनमें चाहे जहाँ रहूँ, मेरा हक़ है फ़स्ले-बहारपर॥

२ जून १९५३ ई०]

अली अख़्तर 'अख़्तर'

आप १८९२ ई०में रामपुरमें उत्पन्न हुए, अलीगढ़के रहनेवाले हैं। १९१०-११ ई०से हैदराबादमें नौकरी कर रहे थे, और अब भारत-विभाजनके बाद कराँची चले गये हैं। अरबी-फ़ारसीके अतिरिक्त अंग्रेज़ीमें मैट्रिकुलेट हैं। घरेलू वातावरण शायरीमय था। अतः आप भी बचपनसे शेर कहने लगे।

१४-१५ वर्षकी उम्रमें आप ऐसा कलाम कहने लगे थे—

क़फ़समें समझे थे हम कि हालत रहीने-अमनो-अमाँ रहेगी।
किसे खबर थी कि बर्क़ अब भी निगाह-बर आशियाँ रहेगी॥

डूबी हुई पाता हूँ नब्ज़े-दिले-दीवाना।
हलकी-सी फिर इक जुम्बिश ऐ जलवये जानाना!

यहाँ आपके चन्द अशआ़र निगार जनवरी १९४१ से मुन्तख़िब करके दिये जाते हैं—

कोई और तर्ज़े-सितम सोचिये।
दिल अब ख़ूगरे-इम्तहाँ[1] हो गया॥

---

[1]परीक्षाका अभ्यस्त।

मेरी मज़लूम[1] चुपपर शादमानीका[2] गुमाँ क्यों हो।
कि नाउम्मीदियोंके ज़ख़्मको बहना नहीं आता॥

तुझसे हयातो-मौतका[3] मसअला हल अगर न हो।
ज़हरे-ग़मे-हयात पी मौतका इन्तज़ार कर॥

कब हुई आपको तौफ़ीक़े-करम[4]।
आह! जब ताक़ते-फ़रियाद नहीं॥

ज़हमते-इल्तफ़ात[5] की, आपने आह! क्या किया?
अब वोह लताफ़तें कहाँ हसरते-इन्तज़ारमें॥

करवटें लेती है फूलोंमें शराब।
हमसे इस फ़स्लमें तौबा होगी?

मेरी बलाको हो, जाती हुई बहारका ग़म।
बहुत लुटाई हैं ऐसी जवानियाँ मैंने॥
मुझीको परदये-हस्तीमें दे रहा है फ़रेब।
वोह हुस्न जिसको किया जलवा आफ़रीं मैंने॥

नहीं ऐ हमनफ़स! बेवजह मेरी गिरयासामानी।
नज़र अब वाक़िफ़े-राज़े तबस्सुम होती जाती है॥

मेरी बेख़ुदी है उन आँखोंका सदक़ा।
छलकती है जिनसे शराबे-मुहब्बत॥
उलट जायें सब अक़्लोइरफ़ाँकी बहसें।
उठा दूँ अभी गर नक़ाबे-मुहब्बत॥

१० फ़रवरी १९५२]

---

[1]अत्याचार-पीड़ित; [2]प्रसन्नताका; [3]जीवन-मृत्युका; [4]कृपाकरनेकी सामर्थ्य; [5]कृपाकरनेकी तकलीफ़ उठाई।

रज़्म रदौलवी

ज़फ़र मेहदी 'रज़्म' अवधके एक क़स्बे 'रदौली' में क़रीब १९०० ई० में उत्पन्न हुए। रदौली लखनऊ फ़ैज़ाबादके दरम्यानमें पड़ता है। रज़्मकी इश्क़िया शायरीमें सौंदर्यकी कोमल भावनाओंके साथ-साथ प्रेमका एक बुलन्द तसव्वुर भी मिलता है। वे इश्क़को बेकारोंके जी बहलावकी चीज़ नहीं समझते, बल्कि उसे जीवनके लिए अत्यंत आवश्यक समझते हैं—

बेइश्क़ दर्दे-ज़ीस्तका दरमाँ न हो सका।
इन्साँ बजाये ख़ुद कभी इन्साँ न हो सका॥

हर चीज़पै छाया है अन्दाज़े-जुनूँ मेरा।
हर शयमें मुझे अपनी तसवीर नज़र आई॥

ख़ुदा मालूम उन ज़र्रोंमें कितने दिल धड़कते हैं।
ज़मींपर बसनेवाले कुछ समझते हैं ज़बाँ दिलकी॥

इश्क़में दरअस्ल जीना ही कमाले-ज़ौक़ है।
ज़िन्दगी मुश्किल है, मर जाना कोई मुश्किल नहीं॥

रंग बदला किये ज़मानेके।
चन्द जुमले मेरे फ़सानेके॥
हो सके कब हरीफ़े-आज़ादी[1]।
दरो-दीवार क़ैदख़ानेके॥

अब कहाँ ले जाये क़िस्मत यह क़नाअत देखकर।
देखिये क्या हो क़फ़सके आशियाँ होनेके बाद॥

यह लालाज़ार मक़तल[2], यह हवाये-दामने-क़ातिल[3]।
सकूं-सा[4] मिल रहा है, नींद-सी मालूम होती है॥

और होती जो कोई सूरते-इश्क़।
क्यों गुनहगारे-ज़िंदगी होते॥

---

[1]स्वतन्त्रताके शत्रु; [2]रक्तवर्ण वधस्थल; [3]क़ातिलके दामनकी हवा; [4]चैन-सा।

मैं अपने ही जलवोंकी ताबानियोंमें[1]।
तुझे देखकर गुम हुआ चाहता हूँ॥

वादा तेरा सच्चा है, मेरी ज़ीस्तका[2] क्या ठीक?
आ जल्द ज़माना कहीं झूठा न बनादे॥

ज़िंदगी इश्क़ और इश्क़ यक़ीं।
मौत वहमो-गुमान है प्यारे॥

नज़ामें[3] गर्मिये-इनफ़ास[4] है सरूर-अंगेज़[5]।
चले गये वोह मगर अब भी एक आलम है॥

यह बेख़ुदीका है आलम कि एक क़ुर्ब तमाम[6]।
मैं बढ़ रहा हूँ कि नज़दीक आ रहा है कोई॥

हरेक दर्दकी करवटपै उठ रहा है हिजाब।
हरेक साँसमें पैग़ाम पा रहा है कोई॥

जुर्मे-उल्फ़तका सहारा मिलते ही होश आ गया।
आलमे-असबाबमें खोया हुआ अब दिल नहीं॥

चमनमें आग लगा दी दिलोंको फूंक दिया।
मचलके और यह अब्रे-बहार क्या करते॥

मैं और क्या कहूँ उनकी जफ़ाये-पैहमको[7]।
मेरी वफ़ाका फ़क़त हौसला बढ़ाना था॥

---

[1]प्रकाशमें; [2]ज़िंदगीका। [3]मृत्युके वक़्त; [4]स्वासकी गर्मी; [5]प्रफुल्लता देनेवाली; [6]समस्त मंज़िल; [7]लगातार अत्याचारोंको।

मैं दलीले-ज़िंदगी समझूं कि उम्मीदे-विसाल।
शमअ़ इक बुझती हुई-सी दिलके काशानेमें है॥

झलक यूँ यासमें[1] उम्मीदकी मालूम होती है।
कि जैसे दूरसे इक रोशनी मालूम होती है॥

मुबारक ज़िंदगीके वास्ते दुनियाको मर मिटना।
हमें तो मौतमें भी ज़िंदगी मालूम होती है॥

यही है सबाकी[2] जो निकहत-फ़रोशी[3]।
क़फ़स लेके अब मैं उड़ा चाहता हूँ॥

ऐ बादेसबा! छेड़ न ख़ाकस्तरे दिलको।
हर ज़र्रा कहीं फैलके सहरा न बना दे॥

तेरे शायाने-लुत्फ़े-दिल न सही।
हौसले तो हैं ग़म उठानेके॥

है मेरी नाचीज़ हस्ती बहरे[4]-नापैदा-क़नार[5]।
मौत कहते हैं जिसे वोह ज़ीस्तका[6] साहिल[7] नहीं॥

हुस्ने-नज़रसे मैंने सँवारी जो कायनात[8]।
वोह कौन ख़ार[9] था कि गुलिस्ताँ न हो सका?

यह हौसला है कि बिजलीकी ज़दपै गुलशनमें।
ब-अहतमाम[10] नशेमन बना रहा है कोई॥

---

[1]निराशामें; [2]हवाकी; [3]सुगन्ध बेचना; [4]नदी; [5]जिसके किनारे नहीं; [6]जिन्दगीका; [7]किनारा; [8]दुनिया। [9]काँटा; [10]सावधानीपूर्वक, प्रयत्नसे।

तकमीले-इश्क़ क़ैदमें मजबूरियोंकी थी।
कैसी हँसी कि रोनेकी जुरअत न कर सके।।

मेरी मजबूरियोंका नाम रख लो दूसरी दुनिया।
यह कोई फ़ासला है जो क़फ़ससे आशियाँ तक है।।

क़फ़स ही आशियाँ है एक मुद्दतके असीरोंको।
कहाँ सर फोड़ने जायेंगे यह क़ैदी रिहा होकर।।

हर इक नफ़समें तड़प है हर इक नज़र बेबाक।
किसी ख़तरसे झिझकना शबाब क्या जानें?

रिहाई ऐतमादे-ज़ाती-ओ-तौफ़ीक़से पाई।
किया था क़ैद जिन हाथोंने वोह आज़ाद क्या करते।।

लुत्फ़े-आज़ादी कुजा रुक-रुकके उठते हैं क़दम।
याद है वोह दिन अभी जब पाँवमें ज़ंजीर थी।।

फ़िक्रे-आज़ादीको ता-अहसास इमकाँ कीजिये।
दिलसे दिलतक बर्क़े-ख़ुद्दारीको जौलाँ कीजिये।।

दामने-गुलमें फ़रोज़ाँ कीजिये आतशकदा।
आगके शोलोंसे तरतीबे-गुलिस्ताँ कीजिये।।

यह सितम हाये मुसलसल, यह जफ़ाए-मुत्तसिल।
लाइये किसकी ज़बाँ जो शुक्रे-अहसाँ कीजिये।

हैरते-ग़म ता-कुजा[1], जब्ते-मुहब्बत ता-बके[2]।
'रज़्म' उठिये अब सकूने-ग़मको तूफ़ाँ कीजिये।।

---

[1]कहाँतक; [2]कबतक।

हम बेख़ुदी-ओ-होशकी हदसे गुज़रके भी।
अन्दाज़ये-जमाले-ह़क़ीक़त न कर सके॥

—निगार अक्तूबर १९४९ ई०

ह़बीब व मह़बूब

शब्द-कोश

ऐसे शब्द जो अशआ़रमें बहुधा प्रयुक्त हुए हैं, उनके अर्थ बार-बार फ़ुटनोटमें देनेसे पुस्तकका आकार अधिक न बढ़े, इसलिए अन्तमें दिये गये हैं। शब्द इज़ाफ़त सहित न देकर अलग-अलग दिये गये हैं। अत: उनको एक ही जगह न खोजकर अक्षर क्रमसे यथास्थान खोजना चाहिए। जैसे **वक़्ते-मैनोशी**का अर्थ देखनेके लिए **'मै'** का अर्थ मकार में **'नोशी'**का अर्थ नकारमें देखना चाहिए। इसी तरह अन्य शब्दोंका अर्थ देखना चाहिए। जिस तरह उर्दू उलटी तरफ़से लिखी जाती है, उसी तरह इसके इज़ाफ़ती (समासपदी) शब्दोंका अर्थ भी उलटे ढंगसे होता है। जैसे—हिन्दीमें 'मानव-धर्म'का अर्थ होगा मनुष्यका धर्म। मगर उर्दूके 'मज़हबे-इन्सान'का अर्थ मज़हबका इन्सान न होकर इन्सानका मज़हब होगा। यानी जिस शब्दके अंतिम अक्षरके ऊपर या सामने 'ए' होगा, वह पहले लिखा जायगा और अपने सामनेके अक्षरके बादमें बोला जायगा। जैसे—

बर्क़-ख़िरमनसोज़ = खलियानको जलानेवाली बिजली
शबे-ग़म = मुसीबतकी रात
दीदये-पुरनम = अश्रुपूर्ण नेत्र
क़ाबिले-रहम = रहमके योग्य
सैल-ए-हवादस = मुसीबतोंकी बाढ़
आबल-ए-पा = पाँवके छाले
दर्दे-हिज्र = विरहका दुःख
ग़ुस्ले-मैयत = मृतकका स्नान (मृतकको नहलाना)

उक्त शब्दोंसे स्पष्ट हो जाता है कि पहला शब्द जिसके अन्तिम अक्षरपर या उसके आगे 'ए' लगी होती है, उसका अर्थ अपने सामनेके शब्दसे बादमें किया जाता है। यह इज़ाफ़ती शब्द केवल दो शब्दोंके ही नहीं होते, वरन् कई-कई शब्दोंके भी होते हैं। बाज़ दफ़ा तो पूरे मिसरेका-मिसरा (मिसरअ़) ही इज़ाफ़ती होता है। जैसे—

मुहरे-मकतूबे-अज़ीज़ाने-गिरामी लिखिये
हिर्ज़े-बाज़ूए-शिगरफ़ाने-ख़ुदआरा कहिये

यह ग़ालिबका शेर है जिसके शब्दोंके अर्थ ये हैं—

मुहर	=	किसीके नामकी मुहर लगाना
मकतूब	=	लिखा गया, पत्र
अज़ीज़ान	=	मित्रोंको
गिरामी	=	श्रीमान्, सर्वश्री
मक़तूबे-गिरामी गिरामी नामा	=	(श्रीमानका पत्र, कृपापत्र)
हिर्ज़	=	तावीज़
बाज़ू	=	बाहुपर
शिगरफ़ान	=	सुन्दरियाँ
ख़ुदआरा	=	शृंगारमयी

किन्तु उर्दू-व्याकरणके अनुसार अर्थ करते समय वही इज़ाफ़ती-नियम लागू होगा। यानी पहले (मिसरअ़) मिसरेका अर्थ होगा—

'प्रियजनोंको लिखे गये पत्रपर लगी हुई मुहर'

दूसरे (मिसरअ़) मिसरेका अर्थ होगा—

'शृंगारमयी सुन्दरियोंके बाज़ूपर बँधा हुआ तावीज़'

अक्सर ग़ालिब, मोमिन, बर्क़ आदि ऐसे शायरोंके कलाममें लम्बे-इज़ाफ़ती शब्द आते हैं जो उर्दूमें क्लिष्ट कहनेके लिए मशहूर हैं।

इसी तरह 'और' शब्दका संक्षिप्त उर्दूमें 'ओ' होता है और यह बहुत अधिक उर्दू-शायरीमें प्रयुक्त होता है। जैसे—

गुल-ओ-बुलबुल, विसाल-ओ-हिज्र आदि। इन शब्दोंका अर्थ भी भिन्न-भिन्न स्थानोंमें देखना चाहिए। यानी गुलका अर्थ गकारमें, बुलबुलका अर्थ बकारमें, विसालका वकारमें और हिज्रका 'ह' में देखना चाहिए। एक ही स्थानपर देखनेसे अर्थ न मिलकर निराशा ही मिलेगी।

कोश

अ

अंगबीं—शहद।
अंगुश्त—उँगुली।
अंगुश्तरी—अँगूठी।
अंगेज़—भड़कानेवाला, भरा हुआ। (यौगिक शब्दोंके अन्तमें)
अंजाम—परिणाम।
अंजुम—तारे।
अंजुमन—सभा, मजलिस।
अक़दस—श्रेष्ठ, पवित्र।
अकबर—महान।
अक़ीदत—विश्वास, श्रद्धा।
अक़्द—विवाह, इक़रार।
अक्ल—भोजन, खाना (रोज़ी)।
अक़्ल—बुद्धि।
अक्स—प्रतिबिम्ब।
अक्सर—प्राय:।
अक्सीर—बहुत गुणकारी।
अख़गर—आगकी चिनगारी।
अख़्ज़—ग्रहण करना, उद्‌धृत करना।
अख़लाक़—आचार, शील।
अख़्तर—तारा।
अगरचे—यद्यपि।
अग़राज़—ग़रज़, मतलब।
अज़ख़ुद—स्वयं।
अजज़ा—अंश, भाग।
अज़दहा—अजगर।
अज़दहाम—भीड़, झुण्ड।
अजदाद—बाप-दादा।
अज़बस—बहुत।
अज़मत—बड़प्पन, महत्ता।
अजल—मृत्यु।
अज़ल—अनादिकाल।
अज़ाब—कष्ट, विपत्ति।
अज़ीज़—प्रिय।
अजीब—अद्‌भुत, विचित्र।
अज़ीम—विशाल।
अज़ीयत—पीड़ा।
अज़ो—अंग।
अज़्म—दृढ़ विचार।
अतवार—चाल-चलन, रंग-ढंग।
अदना—तुच्छ।
अदब—शिष्टाचार।
अदम—परलोक।
अदल—न्याय।
अदा—हाव-भाव।
अदीब—साहित्यज्ञ, नम्र।
अदू (उदू)—प्रतिद्वन्द्वी, शत्रु।
अनवर—चमकीला।
अनादिल—बुलबलें।
अनीस—मित्र।
अन्दाज़—भाव, चेष्टा, नख़मीना।

अन्दाम–शरीर।
अन्दोह–दुःख।
अफ़गन–गिरानेवाला।
अफ़गार–घायल।
अफ़शा–प्रकट।
अफ़साना–क़िस्सा।
अफ़सुरदा–मुरझाया हुआ, खिन्न।
अफ़सूँ–जादू।
अबतर–ख़राब।
अ़बस–व्यर्थ।
अ़बा–चोग़ा।
अब्र–मेघ।
अमन–शान्ति।
अ़मल–आचरण।
अ़मान–शरण।
अ़मामा–पगड़ी।
अ़मीक़–गम्भीर, गहरा।
अम्बोह–भीड़।
अम्र–कार्य, घटना।
अ़याँ–जाहिर।
अ़यादत–बीमार-पुरसी।
अय्याम–समय।
अ़रक़–पसीना।
अरमान–इच्छा।
अर्क़–रस।
अ़रज–सम्मान, शरीर।
अ़र्ज़–निवेदन, चौड़ाई।
अर्ज़–पृथ्वी।
अ़र्श–आसमान।
अलम–दुःख।
अ़लामत–चिह्न।
अ़लील–बीमार।
अलताफ़–अनुग्रह।
अ़ल्लामा–बहुत बड़ा विद्वान।
अशद–अत्यन्त।
अश्क–आँसू।
असग़र–बहुत छोटा।
असद–सिंह।
असर–प्रभाव।
असरार–रहस्य।
अ़सा–डंडा।
असीर–बन्दी।
असील–सुशील।
अस्तग़फ़िरुल्लाह–ईश्वर मुझे क्षमा करे।
अ़स्मत–पातिव्रत।
अहक़र–बहुत तुच्छ।
अ़हद–प्रतिज्ञा।
अहबाब–इष्ट-मित्र।
अहल–योग्य।
अहवाल–विवरण।
अहसन–बहुत नेक।

आ

आईन–नियम।
आक़बत–परलोक।
आग़ा–बड़ा भाई, बड़ा।
आग़ाज़–प्रारम्भ।
आगाह–जानकार।
आग़ोश–गोद।
आज़म–महान।
आज़ा–शरीरके अंग।
आज़ुर्दह–दुःखी, चिन्तित।
आतिश–आग।

आदम–मनुष्य।
आफ़रीं-आफ़रीन–शाबाश।
आब–पानी।
आबदीदा–अश्रुपूर्ण।
आब-रवाँ–बहता हुआ पानी।
आबरू–प्रतिष्ठा।
आबला–छाला।
आबशार–जलप्रपात।
आ़बिद–भक्त।
आबेबक़ा–अमृत।
आ़म–साधारण।
आमद–आगमन।
आमादा–तत्पर।
आमाल–चरित्र, काम।
आ़र–लज्जा झिझक।
आरज़ू–इच्छा, विनय।
आराइश–सजावट।
आ़रिज़–कपोल।
आ़लम–संसार, दशा।
आ़लिम–विद्वान।
आलूदगी–उत्पथ होना।
आशना–प्रेमी, मित्र।
आ़शिक़–प्रेमी, अनुरक्त।
आशियाना–पक्षीका घोंसला।
आशुफ़्तगी–विकल, घबराया हुआ।
आश्कार–प्रत्यक्ष, स्पष्ट।
आसाइश–सुख, आनन्द।
आ़सी–पापी, अपराधी।
आसूदा–सुखी, बेफ़िक्र।
आस्तान–ड्योढ़ी-प्रवेशद्वार।
आहंग–विचार, इरादा।
आह–कृष्टसूचक निःश्वास।
आहन–लोहा।
आहू–हिरन।

इ

इक़बाल–भाग्य, स्वीकार।
इक़रार–वादा।
इक्तफ़ा–यथेष्ट, काफ़ी।
इख़लास–मित्रता।
इख़्तलाफ़–मतभेद, अनबन।
इख़्तयार–अधिकार।
इख़्फ़ा–अप्रकट।
इग़लाम–लौंडेबाज़ी।
इग़वा–बहकाना।
इजतनाब–संयम, बचना।
इजतमाअ़–जमा होना, इकट्ठा होना।
इज़तराब–विकलता।
इज़दहाम–जन-समूह।
इज़हार–बयान।
इजाबत–स्वीकृति, मलत्याग।
इज़ार–पाजामा।
इ़ताब–कोप।
इत्तहाद–एकता।
इदबार–दुर्भाग्य।
इदराक–समझ।
इनहसार–निर्भर।
इन्क़लाब–क्रान्ति।
इन्कसार–नम्रता, दीनता।
इन्तक़ाम–प्रतिशोध।
इन्तक़ाल–मृत्यु।
इन्तख़ाब–चुनाव।
इन्तहा–चरमसीमा।

इन्शाअल्लाह-ताला–यदि ईश्वरने चाहा तो।
इन्शापरदाज़ी–लेखन-कला।
इफ़रात–अधिकता।
इफ़लास–दरिद्रता।
इफ़ाक़ा–रोग आदिमें कमी होना।
इ़बरत–नसीहत।
इबलीस–शैतान।
इ़बादत–उपासना।
इब्तदा–प्रारम्भ।
इमकान–सम्भावना।
इमाम–धार्मिक नेता जिसके पीछे लोग नमाज़ पढ़ें।
इम्तियाज़–बुरे भलेकी परख।
इरम–स्वर्ग।
इरशाद–हुक्म।
इलहाम–दैववाणी।
इलाही–ईश्वर।
इलतजा–निवेदन।
इलतमास–प्रार्थना।
इ़ल्लत–बुरी आदत, कारण।
इ़शरत–सुख-भोग।
इ़शवा–चोचला-अदा।
इशाअ़त–प्रकाशन।
इश्क़–प्रेम, चाह।
इश्तिआ़ल–भड़काना।
इश्तियाक़–अनुराग।
इसरार–आग्रह।
इ़सियाँ–अपराध।
इस्तक़बाल–स्वागत।
इस्तक़लाल–दृढ़ता।
इस्म–नाम।
इस्लाम–संशोधन, एक मज़हब।

ई

ईज़ा–कष्ट, पीड़ा।
ईजाद–आविष्कार।
ईमा–संकेत, इशारा।

उ ऊ

उ़क़बा–परलोक।
उ़क़ाब–गिद्धपक्षी।
उ़क़्दा–कठिन समस्या।
उजरत–एवज़, मज़दूरी।
उ़जलत–जल्दी।
उ़ज़लत–एकान्त।
उ़ज़्र–बाधा, विरोध।
उ़दू–प्रतिद्वन्द्वी।
उ़न्क़ा–एक कल्पित पक्षी, नायाब।
उन्स–प्यार।
उफ़–कष्ट-सूचक।
उफ़क़–आसमान, क्षितिज।
उफ़्तादा–गिरा-पड़ा।
उ़रियाँ–नग्न।
उरूज–विकास।
उ़रूस–वधू।
उ़श्शाक़–प्रेमियों।
उस्तख़्वाँ–हड्डी।

ए

एतक़ाद–विश्वास, श्रद्धा।
एतनाई–लापरवाही।
एतबार–विश्वास।
एतमाद–भरोसा।

एतराफ़—इक़रार करना।
एहतमाम—व्यवस्था, देखरेख।
एहतराज़—बचना।
एहतराम—सम्मान।
एहतियाज—आवश्यकता होना।
एहतियात—परहेज़ करना, बचना।
एहसान—कृतज्ञता, उपकार।
एहसान-फ़रामोश—कृतघ्न।
एहसास—अनुभव करना।

ऐ

ऐजाज़—करामात, मोअजिज़ा।
ऐज़ाज़—सम्मान-आदर।
ऐन—उपयुक्त-ठीक।
ऐबजोई—दूसरोंका दोष ढूँढना।
ऐयार—धूर्त।
ऐयाश—कामुक।
ऐश—भोग-विलास।

ओ औ

औक़ात—हैसियत।
औज—ऊँचाई, ऊंचापद।
औसाफ़—गुण।

क

कज—टेढ़ापन।
क़ज़ा—मौत।
क़ज़िया—झगड़ा।
क़ज़्ज़ाक़—लुटेरा।
क़तील—क़त्ल किया हुआ।
क़त्ताल—बधिक।
क़त्लगाह—वध-स्थल।
कद—मकान, प्रारम्भ।
क़द—ऊँचाई।
क़द्र—इज़्ज़त, सत्कार।
क़दह—प्याला।
क़दामत—प्राचीनता।
क़दीर—शक्तिशाली।
कदूरत—मन-मुटाव।
क़नाअत—सन्तोष।
कनीज़—दासी।
क़फ़स—पिंजरा।
कफ़्फ़ारा—प्रायश्चित्त।
क़बा—लम्बा ढीला पहनावा।
क़बाहत—दिक़्क़त।
कब्क—चकोरपक्षी।
कम-ज़र्फ़—कमीना, ओछा।
कमर—शरीरका मध्म भाग।
क़मर—चन्द्रमा।
कमसिन—अल्पवयस्क।
क़याफ़ा—सूरत शक्ल।
क़यामत—प्रलय।
क़यास—अनुमान।
करम—कृपा।
क़रार—प्रतिज्ञा, धीरज।
करश्मा—अद्भुत कार्य।
क़रीना—सलीक़ा।
करीम—दयालु।
करीह—घृणित।
कर्ज—गुर्जिस्तानी क़ौम।
क़र्ज—ऋण।
कलमा—इस्लाम धर्मका मूलमंत्र।
कलाम—वाक्य।

कलीम–हज़रत मूसा।
क़लील–थोड़ा।
कलीसा–गिरजा घर।
क़ल्ब–हृदय।
क़वी–बलवान।
कश–आकर्षक, खींचनेवाला। जैसे दिलकश।
कसीर–बहुत अधिक।
क़स्द–इरादा।
क़स्दन–इच्छापूर्वक।
कह-कशाँ–आकाश-गंगा।
क़हत–दुर्भिक्ष।
क़हर–आफ़त, विपत्ति।
काकुल–जुल्फ़ें।
क़ाज़ी–न्यायाधीश।
क़ातिल–बधिक।
काफ़िर–नास्तिक।
क़ाफ़िला–यात्री-समूह।
काबा–मुस्लिम-तीर्थ।
क़ामत–क़द।
कामराँ–सफल।
कामिल–योग्य।
कायनात–विश्व, मूल्य।
कार–काम।
कारवाँ–यात्री-दल।
कारी–प्रभावशाली।
क़ारी–पढ़नेवाला।
क़ारूँ–कंजूस धनी।
क़ाल–शेखी, बहश।
क़ालिब–शरीर।
काविश–खोज, बैर।
काश–ईश्वर करे ऐसा हो जाय।
क़ाश–फाँक।
काशाना–मकान।
कासा–प्याला।
क़ासिद–पत्र-वाहक।
क़ासिर–असमर्थ।
काह–सूखी घास।
काहिल–आलसी।
कनाया–संकेत।
क़िबला–मक्का तीर्थ, पूज्य।
किश्ती–नौका।
क़िस्त–कई बार करके ऋण चुकाने-का ढंग।
कीना–शत्रुता।
कुंज–कोना।
कुजा–कहाँ।
कुफ़्र–नास्तिकता।
क़ुफ़्ल–ताला।
कुमक–सहायता।
क़ुमरी–एक चिड़िया।
क़ुरबान–न्योछावर।
क़ुर्ब–सामीप्य।
कुर्रम–वेश्याओंका दलाल।
कुलफ़त–चिन्ता।
कुल्लियात–कृतियोंका संग्रह।
कूए–गली-कूचा।
कूज़ा–कुल्हड़।
कोताह–छोटा।
कोफ़्त–पीड़ा।
कोह–पर्वत।
कोहकन–पहाड़ काटनेवाला, फ़रहाद।
कोहराम–रोना-पीटना।
कौकब–बड़ा और चमकीला तारा।

कौनैन—इहलोक, परलोक।
क़ौल—प्रण, वादा।
कौसर—जन्नतमें शराबकी नहर।

ख

ख़ता—अपराध।
ख़त्म—समाप्त।
ख़दंग—तीर।
ख़दशा—आशंका।
ख़न्दा—हास्य।
ख़न्दाँ—हँसमुख।
ख़फ़क़ान—पागलपन।
ख़फ़ीफ़—थोड़ा, कम।
ख़बीस—दुष्ट, कंजूस।
ख़म—टेढ़ापन।
ख़मियाज़ा—परिणाम।
ख़मीदा—झुका हुआ।
ख़र—गधा।
ख़रख़शा—झंझट, आशंका।
ख़राबात—मधशाला, संसार।
ख़राश—खरोंच।
ख़रास—चक्की।
ख़रीता—बड़ा लिफ़ाफ़ा।
ख़रोश—आवेश, उत्साह।
ख़लफ़—लड़का।
ख़लल—पागलपन, ख़राबी।
ख़ला—ख़ाली स्थान।
ख़लिश—कसक, पीड़ा।
ख़लीक़—सुशील-मिलनसार।
ख़लीता—थैली, जेब।
ख़लील—सच्चा मित्र।
ख़ल्क़—मानव जाति।
ख़सीस—कृपण।
ख़ाकसार—सेवक।
ख़ातून—भद्र महिला।
ख़ादिम—सेवक।
ख़ानए-ख़ुदा—मस्जिद।
ख़ानक़ाह—फ़क़ीरोंका मठ।
ख़ानगी—घरेलू।
ख़ाम-ख़याली—व्यर्थके विचार।
ख़ायफ़—भयभीत।
ख़ार—काँटा।
ख़ाल—मुखका तिल।
ख़ालिक़—ईश्वर।
ख़ालिस—शुद्ध।
ख़िज़ाँ—पतझड़, ह्रास।
ख़िज़्र—मार्ग-दर्शक।
ख़िरद—बुद्धि।
ख़िराम—मस्तानी चाल।
ख़िलवत—एकान्त।
ख़िल्क़त—जनसमूह।
ख़िश्त—ईंट।
ख़ुद-कुशी—आत्महत्या।
ख़ुदबीं—घमण्डी।
ख़ुदा-हाफ़िज़—ईश्वर तुम्हारी रक्षा करे।
ख़ुदी—अहंभाव।
ख़ुम—मद्य रखनेका पात्र, घड़ा।
ख़ुम-कदा—मधुशाला।
ख़ुम-ख़ाना—मद्यालय।
ख़ुमार—मस्ती, शरीरका टूटना।
ख़ुमार-आलूदा—ख़ुमारसे भरी हुई।
ख़ुरशीद—सूर्य्य।
ख़ुर्रम—ख़ुश।

ख़ुलूस–सरलता, निष्ठा, स्नेह ।
ख़ुल्द–स्वर्ग ।
खुसरवाना–राजकीय ।
ख़ू–स्वभाव ।
ख़ू-गर–अभ्यस्त ।
ख़ूबाँ–सुन्दरियाँ ।
ख़्वाब–स्वप्न ।
ख़्वार–खानेवाला, खराब ।
ख़्वाह–इच्छुक, चाहे, या, तो ।

ग

गंज–कोश ।
गदा–भिक्षुक ।
ग़नी–बहुत बड़ा धनी ।
ग़नीम–शत्रु ।
ग़म–दुःख, शोक ।
ग़मकदा–शोकसन्तप्त घर ।
ग़मगीं–उदास ।
ग़मगुसार–दूसरोंका दुःख दूर करनेवाला ।
ग़मज़दा–दुःखी ।
ग़मज़ा–हाव-भाव ।
ग़म्माज–निन्दक ।
ग़य्यूर–ईर्ष्यालु, आन रखनेवाला ।
ग़रक़ाब–डूबा हुआ ।
ग़रज़–मतलब, स्वार्थ ।
गराँ–भारी, महँगा ।
ग़रीबनवाज़–दीन-पालक ।
ग़रीबपरवर–दीन दुखियोंका सहायक ।
ग़रूर–घमण्ड ।
गरेबान–कुरतेका गला ।
ग़र्क़–डूबा हुआ ।
गर्द–धूल ।
गर्दिश–विपत्ति ।
ग़र्रा–घमण्ड, शेख़ी ।
ग़लबा–प्रमुखता, प्रभावका आधिक्य ।
गवारा–अनुकूल ।
ग़श–बेहोशी ।
गहवारा–हिंडोला ।
ग़ाज़ा–पाउडर ।
ग़ाफ़िल–बेसुध, असावधान ।
गार–करनेवाला, कर्त्ता, जैसे—सितमगार, गुनाहगार ।
ग़ालिब–बलवान, विजयी ।
गाह–जगह ।
गाह-गाह–कभी-कभी ।
गिरदाब–पानीका भँवर ।
गिरिया–रोना-धोना ।
गिला–शिकायत ।
गीर–पकड़ने या रखनेवाला जैसे—जहाँगीर, आलमगीर ।
गुज़र–पहुँच, कालक्षेप ।
गुज़श्ता–बीता हुआ, गत ।
गुज़ारिश–निवेदन ।
गुनाह–पाप ।
गुनहगार–अपराधी, पापी ।
गुफ़्तार–बातचीत ।
गुम–खोया हुआ ।
गुमराह–भूला-भटका ।
ग़ुरबत–मुसाफ़िरी ।
ग़ुरबा–ग़रीब ।
गुरबा–बिल्ली ।
ग़ुरूब–अस्त होना ।

गुरेज़–दूर रहना, बचना।
गुर्ग–भेड़िया।
गुल–फूल।
ग़ुल–शोर, हल्ला।
गुलख़न–भट्टी, अंगीठी।
गुल-गश्त–बाग़में सैर करना।
गुलगूँ–गुलाबी।
गुलचीं–फूल चुननेवाला।
गुलज़ार–बाग़।
गुलदुम–बुलबुल।
गुलफ़ाम–फूल-जैसा सुन्दर।
गुलरू–बहुत सुन्दर।
गुलशन–बाग़।
गुलिस्ताँ–वाटिका।
गुलू–गला।
गुसार–दूर करनेवाला, ग़म खानेवाला, सहन करनेवाला जैसे–ग़म-गुसार।
ग़ुस्ल–स्नान।
गुहर–मोती।
गेती–संसार।
गेसू–बालोंकी लट।
ग़ैब–परोक्ष।
ग़ैर–अन्य।
ग़ैरत–लज्जा।
गोर–क़ब्र।
गोरिस्तान–क़ब्रिस्तान।
गोशा–कोना।
गौहर–मोती।

च

चख़–लड़ाई, शोर।
चनार–एक पेड़।
चमन–फुलवारी।
चर्ख़–आकाश।
चश्म–नेत्र।
चाक–फटा हुआ।
चाह–कुआँ।
चाहे-ज़नख़दाँ–ठोड़ीका गड्ढा।
चिक़–तीलियोंसे बना परदा।
चिलमन–परदा, चिक़।
चीं–चेहरेकी शिकन।
चुग़द–उल्लू।

ज

जंग–लड़ाई।
ज़ंग–लोहेपर लगनेवाला मैल।
ज़ईफ़–वृद्ध।
ज़क़न–ठुड्डी।
ज़कात–दान।
जज़ा–बदला।
जद–दादा।
ज़द–लक्ष्य
जदीद–नवीन।
ज़न–औरत।
जनाज़ा–शव, अर्थी।
जनून–उन्माद।
जन्नत–स्वर्ग।
जफ़र–यंत्रकला।
ज़फ़र–विजय।
जफ़ा–अत्याचार।
जफ़ा-कश–सहिष्णु।
जफ़ाशिआर–अत्याचारी।
जबर–बलवान।
ज़बह–गला काटकर मारना।

ज़बान–जीभ।
जबीं–मस्तक।
जब्र–बल-प्रयोग।
ज़म-ज़म–काबेका पवित्र कुआँ।
जमाल–सौन्दर्य।
जमील–सुन्दर।
ज़र–धन-दौलत।
ज़रर–चोट।
ज़राफ़त–परिहास।
ज़रीफ़–मसख़रा, चतुर।
जरी–वीर।
ज़री–सोनेके तारका काम।
ज़र्द–पीला।
ज़र्फ़–पात्र, समाई।
ज़र्रा–अणु।
जलाल–तेज।
जलील–बहुत प्रतिष्ठित।
ज़लील–अपमानित, तुच्छ।
जलवा–शोभा, रोशनी।
जवाल–पतन।
जश्न–उत्सव।
जसारत–साहस।
जहन्नुम–नरक।
जहमत–बखेड़ा, आफ़त।
जहाँ–संसार।
जहान–संसार।
ज़हूर–प्रकट होना।
ज़हे-क़िस्मत–धन्यभाग्य।
जाँ-नवाज़–दयालु, कृपालु।
जाँ-ब-लब–मरणोन्मुख।
जाँ-बाज़–जानपर खेलनेवाला।
जा–स्थान।
जाम–प्याला।
जारी–प्रवाहित।
ज़ारी–रुदन।
जाविदाँ–हमेशा।
ज़ाहिद–सब दुष्कर्मोंसे बचकर ईश्वरका उपासक।
जाहिल–मूर्ख, अज्ञान।
ज़िना–व्यभिचार।
ज़िन्दाँ–बन्दीगृह।
ज़ियाँ–हानि, टोटा।
ज़ियारत–तीर्थ-दर्शन।
जिरह–हुज्जत, बहस।
ज़िरह–कवच।
जिला–चमक।
ज़िलेदार–ज़िलेका अफ़सर।
जिस्म–शरीर।
ज़ीनत–शोभा।
ज़िनहार-कदापि।
ज़ीना–सीढ़ी।
जीना–जीवित रहना।
ज़ीस्त–जीवन।
जुज़–खंड, टुकड़ा, अतिरिक्त।
ज़ुन्नार–जनेऊ।
जुरअत–साहस।
जुर्म–अपराध।
ज़ुल्म–अत्याचार।
ज़ुल्मत–अँधेरा।
ज़ुल्म-रसीदा–अत्याचार-पीड़ित।
जुस्तजू–तलाश।
ज़ुहद–परहेज़गारी।
जू–जलाशय।
ज़ू–चमक, प्रकाश।

जूए–दरिया, नहर।
जूक़–भीड़।
जूद–जल्दी।
जेब–पाकेट।
ज़ेब–उपयुक्त, शोभायमान।
ज़ेर–नीचे।
जेहल–नादानी।
जेहाद–धर्म-युद्ध।
जेहालत–मूर्खता।
जोफ़–अवकाश, गड्ढा।
ज़ोफ़–दुर्बलता, मूर्च्छा।
जोया–खोजी।
ज़ोर–बल।
जौक़–प्रसन्नता, शौक़।
जौर–अत्याचार।

त

तञ्ज–तअ़ना (ताना)।
तअ़स्सुब–पक्षपात।
तक़दीर–भाग्य।
तकब्बुर–अभिमान।
तकमील–पूर्णता।
तक़लीद–अनुकरण।
तक़वा–परहेज़गारी।
तक़ी–धर्मनिष्ठ, ईश्वरसे डरनेवाला।
तख़लिया–एकान्त।
तख़ल्लुस–उपनाम।
तख़ैयुल–विचार।
तग़य्युर–बहुत बड़ा परिवर्त्तन।
तग़ाफ़ुल–उपेक्षा।
तजदीद–नवीनता।
तजल्ली–चमक-दमक।
तजस्सुस–तलाश।
तजाहुल–जानबूझकर अनजान बनना।
तनज़्ज़ुल–ह्रास, ज़वाल।
तनफ़्फ़ुर–नफ़रत।
तनहा–एकाकी।
तन्नाज़–नाज़-नख़रा करनेवाला।
तपिश–गरमी।
तबस्सुम–मन्दहास।
तबीब–वैद्य।
तमकनत–शान-शौकत, घमंड।
तमद्दुन–सभ्यता, संस्कृति।
तमन्ना–कामना।
तमसील–उपमा।
तमहीद–भूमिका।
तमा (तमअ़)–चाह, इच्छा।
तम्बीह–नसीहत।
तरग़ीब–उत्तेजन।
तरजीह–प्रधानता देना।
तरदीद–प्रत्युत्तर।
तरब–प्रसन्नता।
तरमीम–संशोधन।
तलातुम–समुद्रकी बड़ी तरंगें।
तलख़–कड़ुवा।
तवंगर–सम्पन्न।
तवक्क़ुफ़–विलम्ब।
तवाफ़–प्रदक्षिणा।
तवारीख़–इतिहास।
तवालत–बखेड़ा।
तशख़ीस–रोगका निदान।
तशफ़्फ़ी–सन्तोष।
तशबीह–उपमा।
तशरीह–टीका, भाष्य, व्याख्या।

तशवीश–परेशानी।
तसद्दुक़–न्यौछावर करना।
तसरीह–व्याख्या।
तसव्वुफ़–सूफ़ियोंका धर्म।
तसव्वुर–ध्यान।
तस्बीह–माला, सुमरन।
तस्लीम–स्वीकार करना।
तहक़ीर–अपमान।
तहज़ीब–भलमनसाहत।
तहम्मुल–सहनशीलता।
तहरीक–आन्दोलन।
तहसीन–सराहना।
तहैयुर–अचरज।
तहो-बाला–उल्टा-पलटा, विनिष्ट।
ताअत–सेवा, इबादत।
ताख़ीर–विलम्ब।
ताम्मुल–असमंजस।
तायर–पक्षी।
तारी–प्रकट होना।
तारीक–अन्धकार।
तालिब–चाहनेवाला।
तावान–दण्ड।
तासीर–असर।
ताहिर–पवित्र।
तिफ़्ल–बालक।
तिश्ना–प्यास।
तीरगी–अन्धकार।
तुग़यानी–नदीकी बाढ़।
तुन्द–उग्र, कड़वा।
तुपक–तोप।
तुफ़ंग–बन्दूक़।
तुरबत–क़ब्र।
तूती–एक चिड़िया।
तूर–शाम देशका एक पर्वत। कहते हैं इसी पर्वतपर हज़रत मूसाको दिव्य प्रकाश दिखाई दिया था।
तूलानी–लम्बा।
तेग़–तलवार।
तेज़–तीव्र, महँगा, फुर्तीला।
तेशा–बसूला नामक औज़ार।
तैश–आवेश।
तोबा–प्रतिज्ञा।
तोहफ़ा–उपहार।
तोहमत–झूठा कलंक।
तौक़ीर–प्रतिष्ठा।
तौफ़ीक़–सामर्थ्य।

द

दक़ीक़–कठिन, मुश्किल।
दन्दाँ–दाँत।
दफ़्न–गाड़ना।
दबिस्ताँ–पाठशाला।
दमामा–नगाड़ा।
दयानत–ईमान।
दयार–प्रदेश।
दर–द्वार।
दरख़शाँ–चमकीला।
दरबान–द्वारपाल।
दरमाँ–इलाज।
दरवेश–फ़क़ीर।
दराज़–लम्बा।
दरिन्दा–फाड़ खानेवाला जानवर।
दरेग़–दुःख, कमी, पश्चाताप।
दरोग़–झूठ।

दर्ज–लिखित।
दर्ज़-दरार।
दवाम–सदैव।
दश्त-नवर्दी–जंगलोंमें मारे-मारे फिरना।
दस्त–हाथ, पतला पायख़ाना।
दस्तार–पगड़ी।
दहन–मुख।
दहर–ज़माना, समय।
दहलीज़–देहली।
दहशत–भय।
दाद–इन्साफ़, प्रशंसा।
दाम-जाल।
दामन–कुरते आदिके नीचेका हिस्सा।
दार–सूली, रखनेवाला जैसे ईमान-दार, वफ़ादार।
दावर–न्यायकर्त्ता।
दिल-आज़ार–अत्याचारी।
दिल-कश–लुभावना।
दिल-ख़राश–दिलको चोट पहुँचाने-वाला।
दिल-गीर–उदास, दुःखी।
दीद–देखा-देखी।
दीदार–दर्शन।
दीवान–ग़ज़लोंका संग्रह।
दुख़्तर–पुत्री।
दुख़्तरे-रज़–शराब।
दुर–मोती।
दुश्नाम–दुर्वचन।
दूद–धुआँ।
दैर–मन्दिर।
दोज़ख़–नरक।
दोश–कन्धा।
दोशीज़ा–कुँवारी।

न

नंग–लज्जा, कलंक।
न–नहीं।
नईम–स्वर्ग, दुलार।
नकहत–सुगन्धि।
नक़ाहत–निर्बलता।
नक़ीब–चारण।
नक़्श–अंकित।
नख़चीर–शिकार।
नख़वत–घमंड, शेख़ी।
नख़्ल–वृक्ष।
नग़्मा–मधुर-स्वर।
नज़अ्–मृत्यु-समय साँस तोड़ना।
नजात–छुटकारा।
नजाबत–सज्जनता।
नज्म–सितारा।
नज़्म–कविता।
नदामत–शरमिन्दगी।
नदीम–साथी।
नफ़ासत–उम्दगी।
नफ़्स–आत्म, कामवासना।
नबर्द–युद्ध।
नबी–ईश्वरीय दूत।
नम–गीला, तर।
नवा–संगीत, स्वर।
नवाज़–दया करनेवाला जैसे–– ग़रीब नवाज़, बन्दा-नवाज़।
नवाज़िश–कृपा।

नशिस्तगाह्–बैठनेका स्थान ।
नशेमन–घोंसला, घर ।
नसीम–सुगन्धित वायु ।
ना-अह्ल–अयोग्य ।
नाक़िस–अपूर्ण,बुरा ।
नाक़ूस–शंख ।
नाख़ुदा–नाविक ।
नागहाँ–अचानक ।
नाचार–मजबूर ।
नाज़–नख़रा, गर्व ।
नाज़नीं–सुन्दरी ।
नाज़ व नियाज़–चोचला, नाज़-नख़रा ।
नाज़ाँ–अभिमानी, गर्वीला ।
नाज़िल–गिरनेवाला ।
नाज़िश–अभिमान
नाज़ुक-अन्दाम–नाज़ुक वदनवाला ।
ना-तमाम–अधूरा ।
ना-तवाँ–दुर्बल ।
नातिक़–बोलनेवाला ।
नातिक़ा–वाक्-शक्ति ।
नादान–मूर्ख ।
नादार–दरिद्र ।
नादिम–लज्जित ।
नादिर–अनोखा, दुष्प्राप्य ।
ना-दहिन्द–ऋण न चुकानेवाला ।
नाने-जवीं–जौकी रोटी ।
नाफ़–नाभि ।
ना-फ़हम–नासमझ ।
नाफ़िज़–जारी होनेवाला ।
ना-ब-कार–अयोग्य, कुकर्मी ।
नाबूद–नष्ट होनेवाला ।
नामा–पत्र, पुस्तक ।
नामाबर–पत्र-वाहक ।
नामुराद–बदक़िस्मत ।
नामूस–प्रतिष्ठा, लज्जा ।
नामूसी–बदनामी ।
नायाब–बहुत बढ़िया ।
नार–आग ।
ना-रवा–अनुचित ।
नालाँ–रोनेवाला, रोकर फ़रियाद करनेवाला ।
नाला–रोना-धोना वावैला ।
नाश–लाश ।
ना शाइस्ता–असभ्य, अनुचित ।
ना-शाद–अप्रसन्न, दुःखी ।
ना-शिकेब–अधीर, विकल ।
ना-सबूर–बेचैन ।
नासाज़–अस्वस्थ, विरोधी ।
नासिख़–लेखक, मिटानेवाला ।
नासेह्–उपदेशक,नसीहत देनेवाला ।
नाहंजार–दुश्चरित्र, पाजी ।
निगहबान–देख-रेख रखनेवाला ।
निगार–लिखने या बेल-बूटे बनानेवाला । जैसे नामा-निगार ।
निगूँ–नत, झुका हुआ । जैसे––सर-निगूँ ।
निज़ाम–व्यवस्था ।
निफ़ाक़–विरोध ।
नियाज़–नम्रता ।
नियामत–दुर्लभ ।
निशात–सुख-भोग ।
निसवाँ–महिलाएँ ।
निसार–निछावर ।

निसियाँ—भूलना, याद न रखना।
निस्फ़—आधा
निहंग—घड़ियाल, मगर।
निहाँ—छिपा हुआ।
निहानी—छिपा हुआ।
नीज़—और भी।
नीम—अर्द्ध।
नीमजाँ—अधमरा।
नुक्ताचीं—छिद्रान्वेषी।
नुक़्स—दोष, त्रुटि।
नुत्क़—वाक्-शक्ति।
नुत्फ़ा—वीर्य, सन्तान।
नुदरत—अनोखापन।
नुमा—दिखाई पड़नेवाला, जैसे बद-नुमा, खुश-नुमा, दिखलानेवाला, जैसे रह-नुमा। सदृश, जैसे गुम्बद-नुमा।
नुमायाँ—प्रकट।
नूर—प्रकाश।
नूरानी—प्रकाशमान।
नूरेचश्म—नेत्रोंका प्रकाश, पुत्र।
नूह—एक पैग़म्बर।
नेस्त-नाबूद—नष्ट-भ्रष्ट।
नैयर—चमकदार सितारा।
नैरंग—धोखा, इन्द्रजाल।
नोश—पीनेवाला, जैसे मैनोश—शराब पीनेवाला, पियो।
नौ—नया।
नौअ—प्रकार, क़िस्म।
नौ-ख़ेज़—नवयुवक।
नौ-निहाल—नया पौधा, नौजवान।
नौबत—दशा, मंगलसूचक वाद्य।
नौ-ब-नौ—बिलकुल नया।
नौहा—रुदन।
नौहागर—शोक मनानेवाला।

प

पंज—पाँच।
पज़मुरदा—मुरझाया हुआ।
पज़ीर—माननेवाला, पालनकरनेवाला। जैसे—इताअत पज़ीर।
पनाह—रक्षा, आश्रय।
पयाम—सन्देश।
पयाम-बर—सन्देश-वाहक।
परख़ाश—लड़ाई-झगड़ा।
परचम—झण्डा।
परतौ—किरण, अक्स।
परवर—पालन करनेवाला, जैसे—बन्दा-परवर, मनुष्योंकी परवरिश करनेवाला।
परवाज़—उड़ना।
परवाना—पतंगा, आज्ञा-पत्र।
परस्त—पूजा करनेवाला, जैसे—आतिश-परस्त, हुस्न-परस्त।
परस्तिश—उपासना।
परिस्तान—परियोंका निवासस्थान।
परी-पैकर—परीके समान देह वाला।
परी-रू—परीके समान मुख-वाला।
परीवश—परीके समान, सुन्दर।
पलीद—अशुद्ध, दुष्ट।
पशेमान—शरमिन्दा।
पस—पीछे।

पस-पा–पीछे हटनेवाला।
पस्त–हारा हुआ, नीचा।
पहलू-तही–ध्यान न देना।
पाक–पवित्र।
पामाल–कुचला हुआ।
पारसा–सदाचारी।
पाश–टुकड़ा, खंड।
पास–लिहाज़, नज़दीक।
पासबान–पहरेदार, रक्षक।
पिनहाँ–छिपा हुआ।
पिन्दार–बुद्धि, घमण्ड।
पिसर–पुत्र।
पिस्ताँ–स्तन (पिस्तान)।
पोर–वृद्ध, सिद्ध।
पुर–पूर्ण भरा हुआ।
पुरसाँ–पूछनेवाला।
पुरसिश–पूछना।
पुर्स–पूछनेवाला।
पश्त–पीठ।
पेचाँ–पेचीदा, घुमावदार।
पेश-क़ब्ज़–कटार।
पेशानी–मस्तक।
पैकर–चेहरा, देह।
पैकान–तीर (पैकाँ)।
पैग़ाम–सन्देश।
पैमान–वादा।
पैमाना–मापनेका यंत्र, मधुपात्र।
पैरहन–लिबास।
पैहम–लगातार।
पोशीदा–छिपा हुआ।
पोशिश–पोशाक।
प्यादा–हरकारा।

फ

फ़क़–भय आदिके कारण चेहरा म्लान हो जाना।
फ़क़त–केवल।
फ़क़्र–दीनता, साधुता।
फ़ख़्र–अभिमान, गर्व।
फ़जर–सबेरा।
फ़ज़ा–खुला हुआ क्षेत्र, शोभा।
फ़ज़ीलत–बड़प्पन, श्रेष्ठता।
फ़ज़ीह–बदनाम करनेवाला।
फ़ज़ीहत–बदनामी, दुर्दशा।
फ़ज़ूल–व्यर्थ।
फ़ज़्ल–कृपा, जैसे––फ़ज़्ले-इलाही, ईश्वरकी कृपा।
फ़तवा–मौलवी आदि किसी कर्म आदिके सम्बन्धमें जो व्यवस्था देते हैं।
फ़तह–विजय।
फ़तूर–विकार, उपद्रव।
फ़न–गुण, ख़ूबी, करतब।
फ़ना–नाश, बरबादी।
फन्द–छल-कपट।
फ़र–चमक-दमक, शोभा जैसे––कर्र-ओ-फ़र, शान-शौकत।
फ़रक़–भेद, अलगाव।
फ़रदा–आनेवाला दिन।
फ़रबा–स्थूल शरीरवाला।
फ़रमाबरदार–आज्ञाकारी।
फ़रमाइश–अनुरोध, आज्ञा।
फ़रमान–आज्ञा-पत्र।
फ़रमाना–कहना।

फ़रसूदा–बहुत पुराना, शिथिल, दुर्दशा-ग्रस्त।
फ़रहत–प्रसन्नता।
फ़रहत बख़्श–सुखद।
फ़रहाद–फ़ारसका एक प्रसिद्ध प्रेमी।
फ़राख़–विशाल, बड़ा।
फ़राग़–फ़ुरसत, बे फ़िकरी।
फ़राग़त–छुटकारा, बेफ़िकरी।
फ़राज़–उच्च।
नशेबो-फ़राज़–ऊँच-नीच।
फ़रामोश–विस्मृत, जैसे—अहसान-फ़रामोश।
फ़रायज़–कर्तव्य।
फ़रार–भागा हुआ।
फ़राहम–इकट्ठा।
फ़रियाद–प्रार्थना, पुकार।
फ़रियाद-रस–फ़रियाद सुनकर दुःख दूर करनेवाला।
फ़रिश्ता–देवता।
फ़रेफ़्ता–आसक्त, धोखा खानेवाला।
फ़रेब–छल-कपट।
फ़रेब-दिही–धोखा देना।
फ़रोख़्त–बिक्री।
फ़रोश–बेचनेवाला, जैसे—मेवा-फ़रोश=मेवा बेचनेवाला।
फ़र्जा–दरार, भग।
फ़र्ज़–फ़रायज़, कर्तव्य-कर्म बिल-फ़र्ज़-मान लो कि।
फ़लक–आकाश।
फ़साना–क़िस्सा, विवरण।
फ़साहत–सुन्दर ढंगसे बोलनेकी शक्ति।
फ़सील–परकोटा।
फ़सीह–सुवक्ता।
फ़सूँ–जादू-टोना।
फ़सूँगर–मुग्ध करनेवाला, जादूगर।
फ़स्लेबहार–वसंत-ऋतु।
फ़हम–समझ, जैसे—सुख़नफ़हम-कलामको समझनेवाला।
फ़हश–फूहड़, अश्लील।
फ़हीम–समझदार।
फ़ाक़ा–निराहार रहना।
फ़ाख़्ता–एक चिड़ियाका नाम।
फ़ाज़िल–ज्यादा, बुद्धिमान।
फ़ातिहा–प्रार्थना, क़ब्रपर फ़ातिहा पढ़ना।
फ़ानी–नश्वर।
फ़ाम–रंग, जैसे सियह फ़ाम=काला-रंग।
फ़ायक़–श्रेष्ट, उच्च।
फ़ायज़–विजयी, प्राप्त करनेवाला।
फ़ाश–स्पष्ट, प्रकट,
फ़ाहिश–निर्लज्ज, बेईमान, दुश्च-रित्र।
फ़ाहिशा–दुश्चरित्रा।
फ़िगार–घायल।
फ़िज़ा–मैदान, शोभा, वातावरण।
फ़ितना–लड़ाई-झगड़ा,। माशूक़का विशेषण।
फ़ितरत–स्वभाव चालाकी।
फ़िदवी–स्वामीभक्त।
फ़िरऔन–अन्यायी, मिस्रका एक अत्याचारी राजा।
फ़िरक़ा–सम्प्रदाय।

फ़िरदौस–स्वर्ग ।
फ़िराक़–विछोह, वियोग ।
फ़िराग़–बरतन, चौड़ा, बोझकी बोरी ।
फ़िल-फ़ौर–तुरन्त ।
फ़िल-बदीह–तत्काल ।
फ़िशाँ–बरसाने या झाड़नेवाला, आतिश-फ़िशाँ—आग बरसानेवाला ।
फ़ीरोज़–सुखी, विजयी ।
फ़ील–हाथी ।
फ़ुग़ाँ–रोना, चिल्लाना ।
फ़ुज़ूँ–बढ़ा हुआ ।
फ़ुरक़त–जुदाई, वियोग ।
फ़ैज़–उपकार, बड़ा लाभ ।
फ़ैज़ेआम–लोकोपकार ।
फ़ैयाज़ी–उदारता ।
फ़ौक़ियत–उत्तमता, उच्चता ।
फ़ौत–मौत ।

ब

ब–एक उपसर्ग जो शब्दोंके पहले लगकर 'के साथ' 'से' 'पर' आदि अर्थ देता है, जैसे—ब-शौक़-शौक़से ।
बक़ा–अमरता, शाश्वत ।
ब-क़ौल–किसीके कथनानुसार ।
बख़्त–भाग्य ।
बख़्श–प्रदान ।
बख़्शिश–पुरस्कार, इनाम ।
बजा–ठीक, दुरुस्त ।
बजाय–किसीके बदलेमें ।
ब-जुज़–सिवा, अतिरिक्त ।
बज़्म–सभा, रंगस्थल ।
बत्न–गर्भ, पेट ।
बद–बुरा, जैसे बद-चलन. बद-मआश ।
बद-ख़्वाह–अशुभ चाहनेवाला ।
बद-तर–अधिक बुरा ।
बद-बख़्त–अभागा ।
बन्दा–सेवक ।
बन्दा-नवाज़–दीनदयालु ।
बन्दा-परवर–दीनबन्धु ।
बन्दी–क़ैदी ।
बन्दी-ख़ाना–कारागार ।
बयाबान–उजाड़, जंगल ।
बर–ऊपर, जैसे—बरवक़्त—समय पर, ले जानेवाला, जैसे—नामा-बर, पत्रवाहक, लेनेवाली, जैसे—दिलबर-मोह लेनेवाली ।
बर-गश्ता–फिरा हुआ, विरोधी ।
बर-मला–सबके सामने, खुल्लम-खुल्ला ।
बरहना–नंगा ।
बर हम–क्रुद्ध ।
बर्क़–बिजली ।
बर्ग–वृक्षके पत्ते ।
बलन्द–श्रेष्ठ, ऊँचा ।
बला–आफ़त ।
बलाग़त–अच्छी तरह बोलना, ज़बानी ।
बशर–मनुष्य ।
बशीर–खुशखबरी देनेवाला सुन्दर मनुष्य ।
बसर–दृष्टि, ज्ञान ।

बहर–वास्ते। बहरे-ख़ुदा=ख़ुदाके वास्ते। बहरावर=उत्तीर्ण।
बहर–महासागर, कविताका माप।
बहा–मूल्य, बे-बहा=बहुमूल्य।
बहार–वसन्त-ऋतु, आनन्द।
बहिश्त–स्वर्ग।
बाँग–आवाज़, शब्द जैसे––बाँगे-दरा=घण्टेकी आवाज़।
बाइस–सबब।
बाग़–उपवन।
बाग़बान–माली।
बाज–महसूल।
बाज़–एक पक्षी, कोई-कोई।
बातिन–भीतरी भाग, मन।
बातिल–व्यर्थ।
बाद–पवन।
बाद-कश–पंखा, धौंकनी।
बादा–शराब।
बादा-कश–शराबी।
बादा-परस्त–मद्यप, शराबका पुजारी।
बादे-सबा–पुरवा हवा।
बान–रखवाली करनेवाला, जैसे––दरबान, निगहबान, रखनेवाला, हाँकनेवाला, जैसे––फ़ीलबान, गाड़ीबान।
बाम–घरकी छत, अटारी।
बार–भार, परिणाम।
बार-याबी–हाज़िर होना।
बार-हा–कई बार।
बाराँ–वर्षा।
बारी–ईश्वर।
बाला–ऊपर।
बाला-ख़ाना–ऊपरका कमरा।
बावर–विश्वास।
बा-वस्फ़–गुणी।
बाहम–परस्पर।
बिल्-उमूम–आमतौरपर।
बिल्-जब्र–बलपूर्वक।
बिसात–समर्थ, शतरंजका बोर्ड।
बिस्मिल–घायल।
बीं–दर्शक, जैसे बारीकबीं=सूक्ष्म-दर्शी।
बी–महिला।
बीना–जिसे दिखाई देता हो, सुझाखा।
बीनाई–दृष्टि।
बीबी–पत्नी, कुलवधू।
बीम–भय।
बुख़्ल–कृपणता।
बुग़्ज़–भीतरी दुश्मनी।
बुत–मूर्ति, प्रेयसी, चुप्पा।
बुत-कदा–मन्दिर, प्रेयसीका स्थान।
बुत-परस्त–मूर्तिपूजक।
बुत-शिक्न–मूर्ति-तोड़क।
बुल-हवस–लोभी, कामुक।
बूदो-बाश–निवास।
बूम–उल्लू पक्षी।
बे-ख़ुद–बेहोश, ज्ञानशून्य।
बेगानगी–परायापन।
बेगाना–पराया, ग़ैर।
बेजा–अनुचित।
बेताब–बेचैन।
बेदार–जागता हुआ।

बे-नज़ीर—अनुपम।
बे-नवा—दरिद्र, फ़क़ीर।
बे-नियाज़—लापरवाह, स्वच्छन्द इच्छा रहित।
बे-बहा—बहुमूल्य।
बे-बाक—निर्भय।
बे-बाक़—चुकता किया हुआ।
बेश—श्रेष्ठ, ज़्यादा।
बेहिस—बेहोश, मूर्च्छा।
बैअ़—बेचनेकी क्रिया, जैसे मकान बै किया=बेचा।
बोसा—चुम्बन।
बोसीदा—सड़ा-गला, पुराना।
बोस्ताँ—वाटिका।
बोहतान—झूठा इल्ज़ाम।

म

मआ़रिज़—विरोध करनेवाला।
मआल—अन्त, परिणाम।
मआ़शरत—सामाजिक जीवन।
मकतब—विद्यालय।
मक़तल—वधस्थान, प्रेमिकाका क्रीड़ा-क्षेत्र।
मक़तूल—वध किया हुआ, प्रेमी।
मक़बरा—क़ब्र।
मकरूह—घृणित, गन्दा।
मक़सद—अभिप्राय।
मक्का—मुस्लिम तीर्थस्थान।
मख़ज़न—ख़ज़ाना।
मख़दूम—मालिक, स्वामी।
मख़मूर—नशेमें चूर।
मख़लूक़—सृष्टिके जीव।
मख़फ़ी—गुप्त, छिपा हुआ।
मख़सूस—विशिष्ट।
मग़फ़िरत—माफ़ी।
मग़मूम—रंजीदा।
मग़रिब—पश्चिम।
मग़रूर—गर्वीला।
मज़कूर—जिसका ज़िक्र हुआ हो।
मजनूँ—प्रेममें उन्मत्त, क्षीण-शरीर।
मजमअ़—(मजमा) भीड़।
मजरूह—घायल।
मजलिस—सभा, जलसा।
मज़लूम—अत्याचार-पीड़ित।
मज़हका—उपहास।
मजाज़—नियमानुसार मिला हुआ अधिकार।
मजाज़ी—सांसारिक।
मजाज़ी इश्क़—सांसारिक-प्रेम।
मज़ार—क़ब्र।
मजीद—पवित्र, पूज्य, बड़ा।
मज़ीद—अधिकता, बढ़ाया हुआ।
मतब—दवाख़ाना।
मतरूक—परित्यक्त, छोड़ा हुआ।
मतानत—दृढ़ता।
मदफ़न—क़ब्र।
मदफ़ून—गाड़ा हुआ, छिपाकर रखा हुआ।
मदह—प्रशंसा।
मद-होश—नशेमें चूर।
मदार—आधार, जैसे दारो-मदार।
मनज़र—दृश्य।
मनसब—ओहदा, अधिकार।

मनहूस–अशुभ।
मफ़हूम–समझा हुआ।
मफ़्तून–अनुरक्त (मफ़्तूँ)।
मफ़्तूह–विजित।
ममनून–कृतज्ञ।
मरकज़–केन्द्र।
मरक़द–क़ब्र।
मरदूद–त्यक्त, एक गाली।
मरसिया–रोना-पीटना।
मरहबा–शाबाश।
मरहमत–दया, अनुग्रह।
मरहला–मंज़िल।
मरहून–जो बन्धक रखा गया।
मरहूम–मृतक।
मर्ग–मौत।
मलक-उल-मौत–यमराज।
मलज़ूम–जो ज़रूरी हो।
मलबूस–पोशाक।
मलामत–बुरा-भला कहना।
मलाल–रंज, अफसोस।
मलाहत–लावण्य, सौन्दर्य।
मलूल–चिन्तित।
मशग़ला–दिलबहलाव।
मशरिक़–पूरब।
मश्क–सक्केकी मशक।
मश्क़–अभ्यास।
मश्कूक–संदिग्ध।
मश्कूर–कृतज्ञ।
मसनूई–बनावटी।
मसरूर–प्रसन्न।
मसाइब–विपत्तियाँ।
मस्कन–घर।
मस्तूर–परदेमें छिपा हुआ, मस्तूरात=परदेमें रहनेवाली स्त्रियाँ।
मह–चन्द्रमा।
महज़र–घोषणापत्र।
महताब–चाँद।
महदूद–सीमित।
महफ़ूज़–सुरक्षित।
महबूब–प्रेम-पात्र।
महमिल–ऊँटपर कसनेका कजावा जिसमें परदा डालकर स्त्रियाँ बैठती हैं।
महरम–हृदयकी बात जाननेवाला। अन्तरंग मित्र।
महरूम–वंचित, बदनसीब।
महलसरा–ज़नाना महल।
महवियत–आकर्षण, अनुरक्त होनेका भाव।
महशर–वह दिन जिसमें खुदा सबका न्याय करेगा।
माज़ी–भूतपूर्व, गत-कालका।
माज़ूर–असमर्थ।
मात–पराजय।
मातबर–विश्वसनीय।
मातम–शोक।
मातम-कदा–शोक-गृह।
मातमज़दा–शोकग्रस्त।
मादूम–नष्ट, अस्तित्व रहित।
मानूस–हिला-मिला।
मान्दगी–रुग्णता।
मामूर–नियुक्त किया हुआ।
मायल–प्रवृत, रुजू।
मायूब–निन्दनीय।

मायूस–निराश।
मारूफ़–प्रसिद्ध।
माशूक़–प्रेम-पात्र।
मा-सिवा–इसके सिवा।
मासूम–निरपराध।
माह–चन्द्रमा।
माह-जबीं–चन्द्रमुखी।
माहताब–चाँदनी।
माहरू–चाँदके समान।
माह-लक़ा–चाँदके समान।
माहवश–चाँदके समान।
माहिर–अच्छा जानकर।
मिअयार–कसौटी।
मिज़गाँ–पलकोंके बाल।
मिजराब–सितार बजानेवाला छल्ला।
मिज़ाज–स्वभाव।
मिनक़ार–चोंच।
मिम्बर–मस्जिदका वह चबूतरा जिसपर भाषण दिया जाय।
मियाँ–स्वामी, महाशय।
मिल्लत–मेल-मिलाप।
मिसवाक–दाँतौन।
मिस्कीन–दीन-दुःखी।
मिस्मार–ढाया हुआ।
मिस्ल–तुल्य।
मीना–मद्य रखनेका पात्र।
मीआद–अवधि।
मीर–अमीरका संक्षिप्त रूप, सरदार, नेता।
मीरज़ा–अमीरज़ादेका संक्षिप्त रूप।
मीरास–उत्तराधिकारमें प्राप्त होनेवाली सम्पत्ति।

मुअज़्ज़म–परम प्रतिष्ठित।
मुअज़्ज़िन–मस्जिदमें अज़ान देनेवाला।
मुअत्तर–इत्रमें बसा हुआ।
मुअद्दिब–विनम्र।
मुअन्निस–स्त्रीलिंग, मादा।
मुअम्बर–अम्बरकी सुगन्धवाला।
मुअम्मर–वृद्ध।
मुअम्मा–पहेली, विचारणीय विषय समस्या।
मुअर्रा–नग्न, सरल।
मुअर्रिख़–इतिहास-लेखक।
मुअल्ला–मान्य, प्रतिष्ठित।
मुअल्लिम–शिक्षक, उस्ताद।
मुअस्सिर–प्रभावशाली।
मुआलिजा–चिकित्सा।
मुआविन–सहायक।
मुआहिदा–क़रार, दृढ़ निश्चय।
मुआहिद–वायदा करनेवाला।
मुअय्यन–नियत, मुक़र्रर किया हुआ।
मुकद्दर–गन्दा, क्षुब्ध।
मुक़द्दर–भाग्य।
मुक़द्दस–पवित्र।
मुकम्मल–पूर्ण।
मुक़र्रब–घनिष्ठ-मित्र, मुसाहब।
मुकर्रम–प्रतिष्ठित।
मुकर्रर–दोबारा, फिरसे।
मुक़र्रर–निश्चित, नियुक्त।
मुक़ल्लिद–अनुयायी।
मुकाफ़ात–पापोंका फल।
मुक़िर–इक़रार करनेवाला।
मुक़ीम–ठहरा हुआ।

मुक़ैयद–क़ैद किया हुआ।
मुक़्क़ैश–जिसपर सोने चाँदीका तार चढ़ा हो।
मुक़्तदा–धार्मिक-आचार्य।
मुख़न्नस–नपुंसक।
मुख़फ़्फ़फ़–संक्षिप्त।
मुख़बिर–भेदिया, जासूस।
मुख़म्मस–पाँच-पाँच चरणोंकी कविता।
मुख़लिस–सच्चा, अविवाहित।
मुख़ालिफ़–विरोधी, विपरीत।
मुख़िल–बाधक।
मुख़्तलिफ़–भिन्न-भिन्न।
मुख़्तसर–संक्षिप्त।
मुग़न्नी–गायक।
मुग़ीलाँ–बबूल, ख़ारे-मुग़ीलाँ= कीकरके काँटे।
मुज़क्कर–पुलिंग, नर।
मुज़तर–बेचैन, विकल।
मुज़तरिब–बेचैन।
मुज़दा–शुभ-समाचार।
मुज़फ़्फ़र–विजयी।
मुज़महिल–शिथिल-दुर्बल।
मुजरिम–अपराधी।
मुजर्रद–अविवाहित, एकाकी।
मुजर्रब–परीक्षित।
मुजस्सम–स-शरीर।
मुजाहिद–धार्मिक, योद्धा।
मुज़िर–हानिकारक।
मुतअ़ल्लिक़–सम्बन्धित।
मुतअ़स्सिब–कट्टर, धर्मान्ध।
मुतआ़ख़रीन–आधुनिक कालके।
मुतनफ़्फ़िर–घृणित।
मुतफ़न्नी–धूर्त, चालाक।
मुतबर्रक–पवित्र, शुभ।
मुतमइन–सन्तुष्ट।
मुतरिब–गायक।
मुतलाशी–ढूँढ़नेवाला।
मुतशाबह्–मिलता-जुलता।
मुतीअ़–आज्ञाकारी।
मुदाम–सदा, लगातार।
मुद्दआ़–अभिप्राय।
मुनइम–दाता।
मुनकिर–नास्तिक।
मुनव्वर–प्रकाशमान।
मुनहसर–निर्भर, आश्रित।
मुनादी–ढिंढोरा, घोषणा।
मुन्तख़ब–निर्वाचित।
मुन्तज़िर–प्रतीक्षा करनेवाला।
मुन्तशिर–बिखरा हुआ।
मुफ़लिस–निर्धन।
मुफ़स्सल–ब्योरेवार।
मुबर्रा–निरपराध, साफ़, अशुद्ध वस्तुओंसे अलग।
मुबहम–अस्पष्ट, संदिग्ध।
मुबादा–कहीं ऐसा न हो।
मुबारक–मंगलप्रद, शुभ।
मुबालग़ा–अत्युक्ति, भ्रामक धारणा।
मुबाशरत–सम्भोग, मैथुन।
मुब्तला–फँसा हुआ, ग्रस्त।
मुमताज़–माननीय, प्रतिष्ठित।
मुमानअ़त–मनाही, वर्जन।
मुरत्तब–क्रमबद्ध।
मुरत्तिब–क्रमबद्ध करनेवाला।

मुरदन–मरना, मौत।
मुरव्वत–भलमनसी।
मुराद–मनोरथ।
मुलज़िम–अभियुक्त।
मुलहिद–अधर्मी।
मुलूल–दु:खी, रंजीदा।
मुल्तजी–प्रार्थी।
मुल्तवी–स्थगित।
मुवर्रिख़–इतिहास-लेखक।
मुवहिद–एक ईश्वरवादी।
मुशफ़िक़–प्रिय मित्र।
मुशर्रफ़–प्रतिष्ठित।
मुशाबह–समान आकारवाला, तुल्य।
मुशायरा–कवि-सम्मेलन।
मुशाहरा–वेतन।
मुशाहिद–देखनेवाला।
मुशीर–परामर्श देनेवाला।
मुश्क–कस्तूरी।
मुश्कें–भुजाएँ।
मुश्त–हाथकी मुट्ठी।
मुश्तइल–भड़कानेवाला।
मुश्तबह–जिसमें शक हो।
मुश्तमिल–मिला हुआ।
मुश्तरक–सम्मिलित।
मुश्तरिक–हिस्सेदार।
मुश्ताक़–बहुत अधिक इच्छा या कामना रखनेवाला।
मुसद्दस–छ: चरणकी कविता।
मुसन्नफ़ा–रचित, ग्रन्थ।
मुसन्निफ़–ग्रन्थकार, लेखक।
मुसर्रत–प्रसन्नता, ख़ुशी।
मुसलसल–क्रमसे लगा हुआ।
मुसल्लम–माना हुआ, पूरा।
मुसल्लह–हथियारबन्द।
मुसल्ला–नमाज़ पढ़नेकी चटाई या दरी।
मुसव्विर–चित्रकार।
मुसहफ़–पृष्ठ, क़ुरान।
मुस्तक़िल–स्थायी, दृढ़।
मुस्तनद–जो सनद या प्रमाणके रूपमें माँगा जाय, प्रमाणित।
मुस्तहक़–पात्र, अधिकारी।
मुहज़्ज़ब–सभ्य, शिष्ट।
मुहतरम–मान्य, पूज्य।
मुहतसिब–लोगोंके आचरणोंका परीक्षक।
मुहताज–दरिद्र, निराश्रित।
मुहाबा–मुरव्वत, मदद।
मुहाल–असम्भव।
मुहिब्ब–मित्र, प्रेमी।
मुहिम–युद्ध।
मुहैया–मौजूद।
मू–बाल, रोम।
मू-ब-मू–बाल-बाल, ज्यों-का-त्यों।
मूजिद–आविष्कारक।
मूजिब–कारण।
मूज़ी–पीड़क, दुष्ट।
मूनिस–मित्र, सहायक।
मूसीक़ी–संगीत-शास्त्र।
मेअराज–सीढ़ी, श्रेणी, ऊँचा स्थान।
मेज़बान–आतिथ्य करनेवाला।
मेहमान–अतिथि।
मेह्र–(मेहर) दया, मेहरबानी।

मै—मदिरा।
मै-कदा—मदिरालय।
मै-कशी—मदिरा-पान।
मै-ख़ाना—मधुशाला।
मै-ख़्वार—मद्यप।
मै-ख़्वारी—पद्य-पान।
मै-नोशी—मद्य-पान।
मै-परस्त—मद्यप।
मै-फ़रोश—मद्य बेचनेवाला।
मैयत—मृतशरीर, शव।
मोजज़ा—करामात।
मोतक़िद—विश्वासी, श्रद्धालु।
मोमिन—धर्मनिष्ठ मुसलमान।
मोहतमिम—प्रबन्धकर्त्ता।
मोहमिल—निरर्थक, बे-अर्थ।
मोहलिक—घातक।
मोहसिन—उपकारी।
मौक़ूफ़—बरख़ास्त, रोका हुआ।
मौज—पानीकी लहर, जोश।
मौज़ूँ—ठीक, उचित।
मौहूम—कल्पित।

य

यक—एक।
यकता—अनुपम।
यक-न-शुद दो-शुद—एक न हो दो हो, एक तो था ही, एक और भी हो गया।
यक-ब-यक—एक बारगी, सहसा।
यक्का—बेजोड़-अनुपम।
यगाना—बेमिसाल।
यज़दाँ—ईश्वरका नाम।
यज़ीद—एक प्रसिद्ध व्यक्ति जो ख़लीफ़ा बनना चाहता था और जिसने करबलामें हज़रत इमाम हुसेनकी हत्या कराई थी।
यज़्द—ईरानका एक नगर, ईश्वर।
यतीम—अनाथ।
यम—दरिया।
याद-आवरी—याद-आना।
यारा—सामर्थ्य।
यावरी—सहायता।
यास—निराशा।
यूसुफ़—हज़रत याक़ूबके पुत्र, जो परम सुन्दर थे और जो भाइयोंकी बदौलत मिस्रके बाज़ारमें बेचे गये थे। इन्हींपर मिश्रकी मलका 'ज़ुलेख़ा' आसक्त हो गई थी।
यौम—दिवस।

र

रंगा-रंग—रंग-विरंग।
रंज—दुःख, शोक।
रंजिश—मन-मुटाव।
रंजीदा—दुःखित।
रअ़ना—दो रुख़ा, वनाव-शृंगार करके रहनेवाला।
रअ़नाई—सुन्दरता।
रऊ़नत—अभिमान।
रकअ़त—वक्रता।
रक़ाबत—प्रतिद्वन्द्विता।
रकीक—तुच्छ-दुर्बल।
रक़ीक़—कोमल-दयालु।
रक़ीब—प्रेमिकाका दूसरा प्रेमी।

रक़्क़ास—नर्तक।
रक़्स—नृत्य।
रख़ना—सूराख़, छिद्रान्वेषण।
रग़बत—अनुराग, चाह।
रज़—अंगूरका वृक्ष।
रजअ़त पसन्द—उन्नतिका बाधक। स्थिति-पालक।
रज़ा—इच्छा, स्वीकृति।
रज़ील—कमीना।
रज़्ज़ाक़—रिज़्क़ देनेलावा, ईश्वर।
रज़्म—युद्ध।
रज़्मिया—युद्ध सम्बन्धी।
रदीफ़—ग़ज़ल आदिमें वह शब्द, जो क़ाफ़ियेके बाद वार-बार आता है।
रफ़अ़ रफ़ा—निवृत्त-शान्त।
रफ़ाक़त—मेल-जोल, निष्ठा।
रफ़ीक़—मददगार, साथी।
रफ़ू—फटे हुए कपड़ेके छेदमें तागे भरकर उसे बराबर करना।
रब—पालन-पोषण करनेवाला ईश्वर।
रबाब—सारंगीकी तरहका एक बाजा।
रब्त—अभ्यास, सम्बन्ध।
रवाँ—जारी।
रवा—वाजिब।
रविश—चाल-ढाल।
रवैया—तौर-तरीक़ा।
रशीद—शिक्षित, सभ्य।
रश्क—ईर्ष्या।
रश्के-परी—जिसका रूप देखकर परी भी ईर्ष्या करे।
रसा (रसाँ)—पहुँचानेवाला।
रस्म—रिवाज, लाग।
रह—राहका संक्षिप्त रूप।
रहनुमा—मार्ग-दर्शक।
रहबर—पथ-प्रदर्शक।
रह्म—दया।
रहाइश—रहनेका स्थान।
रहीम—दयालू।
राक़िम—लेखक।
राग़िब—प्रवृत्ति रखनेवाला।
राज़—रहस्य, भेद।
राज़दार—भेदी, साथी।
रान—जाँघ।
राम—सेवक, आज्ञाकारी।
रायगाँ—व्यर्थ।
रायज—प्रचलित।
राशिद—धामिक, सच्चाई पानेवाला।
रासिख़—दृढ़।
रास्त—उचित।
रास्त-गो—उचित बात कहनेवाला।
राह-गुज़र—मार्ग।
राह-ज़न—लुटेरा।
राहत—सुख-चैन।
रिज़वाँ—स्वर्गका दरबान।
रिज़ाला—पाजी, तुच्छ।
रिन्द—शराबी, स्वच्छन्द, धार्मिक बन्धनोंको न माननेवाला।
रिया—धोखा-कपट।
रियाकार—धोखा देनेवाला।
रियाज़—बाटिकाएँ, अभ्यास।
रिह्लत—कूच, मौत।

रीश—दाढ़ी।
रुख़—मुँह, चेष्टा।
रुख़सार—कपोल
रुतबा—ओहदा।
रुबाई—चार चरणोंका पद्य
रुसवा—बदनाम।
रुस्तम—फ़ारसका एक पहलवान।
रू—मुख, कारण।
रू-दाद—वृतान्त, दशा।
रू-पोश—छिपा हुआ।
रू-बरू—सम्मुख।
रू-बाह—लोमड़ी।
रू-बाह-बाज़ी—धूर्त्तता।
रू-सियाह—काले मुँहवाला, अपराधी।
रू-शनास—परिचित।
रूह—आत्मा।
रूह-अफ़ज़ा—आत्माको प्रसन्न करनेवाला।
रेख़्ता—गिरा या टपका हुआ, उर्दू-भाषाका पहला नाम।
रेख़्ती—जनानी कविता।
रेग—रेत।
रेज़—सूक्ष्म, खंड।
रोज़—दिन।
रोज़-अफ़ज़ूँ—नित्य बढ़नेवाला।
रोज़े-जज़ा—क़यामतका दिन।
रोज़े-रोशन—प्रातःकाल, दिन।
रोब—बड़प्पन।
रोशन—प्रकाशित।
रोशन-ज़मीर—समझदार।
रौ—चलनेवाला, जैसे पेश रौ= आगे चलनेवाला, लहर।
रौज़न—झरोखा, सूराख़।
रौज़ा—वाटिका, बड़े लोगोंकी क़ब्र जिसके चारों ओर पक्की दीवार हो।
रौनक़-अफ़रोज़—रौनक़ या शोभा बढ़ानेवाला।

ल

लंग—लँगड़ा।
लक़ब—उपनाम, उपाधि।
लक़लक़ा—सारसकी बोली, प्रभाव।
लक़ा—चेहरा, आकृति, माहेलक़ा= चन्द्रमाके समान मुखवाली।
लक़्क़-दक़्क़—बंजर भूमि, उजाड़।
लख़्त—टुकड़ा, जैसे—लख़्ते-जिगर—जिगरका टुकड़ा।
लग़ज़िश—हाथ-पाँवका काँपना, भूल, लड़खड़ाहट।
लग़ायत—सहित, पर्यन्त, वहाँतक।
लग़ो—व्यर्थकी बात।
लजाजत—मिन्नत, ख़ुशामद।
लज़ीज़—स्वादिष्ट।
लज़्ज़त—स्वाद, आनन्द।
लताफ़त—(लतीफ़का भाव) कोमलता, बढ़ियापन।
लतीफ़—मज़ेदार, अच्छा, पाक।
लतीफ़ा—चुटकला।
लन्तरानी—शेख़ी, डींग।
लफ़ंगा—दुश्चरित्र, लुच्चा।
लफ़्ज़—शब्द।

लफ़्फ़ाज़—बढ़-बढ़कर बातें करनेवाला।
लफ़्फ़ाज़ी—डींग हाँकना।
लब—ओष्ठ, थूक, किनारा।
लबरेज़—लबालब।
लब-ओ-लहजा—बोलनेका ढंग।
लबादा—एक प्रकारका वस्त्र।
लमहा—क्षण, पल।
लरज़ना—काँपना।
लवाज़िम—साथमें रहनेवाली आवश्यक सामग्री।
लवाहक़—भाई-बन्द। रिश्तेदार, नौकर।
लश्कर—सेना, फ़ौज।
लस्सान—अच्छा वक्ता।
लहजा—बोलनेमें स्वरोंका उतार-चढ़ाव।
लहज़ा—क्षण, पल।
लहद—क़ब्र।
ला—एक अव्यय जो शब्दोंके प्रारंभमें लगकर निषेध या अभाव सूचित करता है, जैसे——लाचार, लाजवाब, लाइलाज, लाइल्म, लाज़वाल।
लाख़—स्थान, जगह, जैसे संग-लाख़।
लाग़र—दुबला-पतला।
लाज़िम—आवश्यक।
लानत—धिक्कार।
लाफ़—शेख़ी बघारना।
लाल—रत्न।
लाल-फ़ाम—रक्तवर्णका।
लाला-रुख़—एक फूल, बहुत सुन्दर।
ला-सानी—अनुपम।
लाहक़—निर्भर।
ला-हौल—लाहौल वला क़ूवत इल्ला बिल्लाहका संक्षिप्त रूप, जिसका अर्थ है——ईश्वरके सिवा और कोई शक्ति नहीं है। इसका प्रयोग घृणा-सूचक बातोंमें किया जाता है।
लिबास—वेष, वस्त्र।
लुकनत—हकलापन।
लुग़त—शब्द-कोश।
लुत्फ़—मज़ा, आनन्द।
लुर—मूर्ख, मक्कार।

व

व-इल्ला—नहीं तो, वरना।
वईद—बुराभला कहना, धमकी।
वक़अत—शक्ति, साख।
वक़ार—वैभव, शान-शौकत।
वक़ाहत—निर्लज्जता, बेहयाई।
वक़ूअ— घटना स्थल, स्थिति।
वक़ूआ—घटित होना।
वक़ूफ़—अक़्ल, शऊर, जैसे——बेवक़ूफ़-निर्बुद्धि, मूर्ख।
वक़्त—समय।
वक़्फ़ा—ठहराव, स्थिरता।
वगर-ना—नहीं तो।
वज़अ—सज-धज, प्रणाली।
वज़अदार—तरहदार, सिद्धान्तोंका पालन करनेवाला।
वज़ाहत—स्पष्टता, सुन्दरता।
वज्द—तन्मयता, बेख़ुदी।
वतीर—रंग-ढंग।

वन्द–एक प्रत्यय जो शब्दोंके अन्तमें लगकर—‘वाला’ या ‘स्वामी’ आदिका अर्थ देता है।

वफ़ा–पूरा करना, भलाई, मुरौवत, सुशीलता।

वफ़ात–मृत्यु।

वफ़ादार–वचन या कर्तव्यका पालन करनेवाला।

वफ़ा-परस्त–वफ़ादार।

वफ़ूर–अधिकता।

वबा–फैलनेवाला रोग।

वबाल–बोझ, भार।

वर–एक प्रत्यय जो शब्दोंके अन्तमें लगकर वाला अर्थ देता है। जैसे—हुनरवर, ताजवर, ताक़तवर, नाम वर।

वरक़–पत्र-पृष्ठ।

वरग़लाना–बहकाना, उकसाना।

वरना–नहीं तो।

वलवला–आवेश, उमंग।

वली–संरक्षक, साधु।

वले–लेकिन, मगर।

वल्द–बेटा।

वल्लाह–ईश्वरकी सौगन्ध।

वल्लाह-आलम–ईश्वर जाने मैं नहीं जानता।

वश–एक प्रत्यय जो शब्दोंके अन्तमें लगकर समान या तुल्यका अर्थ देता है। जैसे—परीवश-परीके समान, माहेवश-चन्द्रमाके समान।

वसीला–आश्रय, ज़रिया।

वस्फ़–विशेषता, ख़ूबी।

वस्ल–मिलन, संयोग।

वहदत–एकत्त्व।

वहशत–पागलपन, भीषणता।

वा–खुला, या फैला हुआ।

वाइज़–धर्मोपदेशक।

वाज़–उपदेश, शिक्षा।

वादा–इक़रार, प्रतिज्ञा।

वा-माँदगी–शिथिलता।

वा-माँदा–बाक़ी बचा हुआ, शिथिल।

वामिक़–मित्र, आशिक़।

वाय–दुःख, चिन्ता और कष्ट आदिका सूचक, अव्यय जैसे—वाय क़िस्मत=हायरे भाग्य।

वार–समान, तुल्य, जैसे मजनूंनावार=मजनूंकी तरह, दीवानावार=पागलोंके समान, रखनेवाला, जैसे—उम्मेदवार, एक प्रत्यय जो शब्दोंके अन्तमें लगकर ‘के अनुसार’का अर्थ देता है, जैसे माहवार।

वा-रफ़्तगी–तल्लीनता, भटकना, आपेसे बाहर होनेकी अवस्था।

वारिद–मेहमान, आनेवाला।

वावैला–शोर-गुल, विलाप।

वाहिद–एक, अकेला।

विसाल–मिलाप संयोग।

वीराना–उजाड़, जंगल।

श

शआर–आदत, तौर-तरीका जैसे—वफ़ाशआर—वफ़ाकी आदत वाला।

शक-शंका।
शकर–एक प्रकारका प्रसिद्ध क़ंद।
शकर-रंजी–मन-मुटाव।
शकर-लब–मिष्टभाषी।
शकील–अच्छी शक्लवाला।
शक़्क़–बीचमें फटा हुआ।
शक्कर–कच्ची चीनी।
शक्की–वहमी।
शग़ल–काम-धन्धा, मनोविनोद।
शग़ाल–गीदड़।
शगुफ़्तगी–प्रफुल्लता।
शगुफ़्ता–प्रफुल्ल, विकसित।
शगूफ़ा–कली, विलक्षण घटना।
शजर–वृक्ष।
शदीद–दृढ़, कठिन।
शनाख़्त–पहचान।
शनास–पहचाननेवाला, जैसे मर्दुम-शनास––मनुष्योंको पहचानने-वाला।
शफ़क़–प्रातःकाल और सन्ध्याके समय आकाशकी लाली।
शफ़क़त–कृपा, दया।
शफ़ा–आरोग्य।
शफ़ी–बीचमें पड़कर अपराध क्षमा करानेवाला।
शफ़ीक़–दयालु।
शफ़्फ़ाफ़–स्वच्छ।
शब–रात्रि।
शब आहंग–रातको आवाज़ करने वाला, बुलबुल।
शब-ख़्वाबी–शयनवस्त्र।
शबगीर–पिछली रातको इबादत करनेवाला, प्रभात।
शब-गूँ–रातकी तरह काला।
शबनम–ओस।
शबनमी–मसहरी।
शब-बेदार–रातभर जागनेवाला।
शबाब--युवावस्था, आरम्भ।
शबाहत–आकृति।
शबिस्ताँ–शयन-कक्ष।
शबीह–तसवीर।
शबे-ज़फ़ाफ़–सुहागरात।
शबेतारीक–अँधेरी रात।
शबे-माह–चाँदनीरात।
शबे-माहताब–चाँदनीरात।
शब्बीर–भला, नेक।
शमशाद–एक प्रकारका वृक्ष, जिसमे प्रेयसीके क़दकी उपमा दी जाती है।
शमा–मोमबत्ती।
शमअ़–मोमबत्ती।
शमादान–जिसपर मोमबत्ती रखी हो।
शमा-रु–शमाकी तरह प्रकाशमान।
शमीम–सुगन्ध।
शम्मा–तनिक, हलकी सुगन्ध।
शम्स–सूर्य।
शर––शरारत।
शरअ़–क़ुरानमें दी हुई आज्ञा।
शरफ़–बड़प्पन, महत्व।
शरम–लज्जा।
शरमगाह–योनि।
शरमसार–लज्जित।
शरमीला–लज्जालु।

शरर–आगकी चिनगारी।
शरह्–टीका, व्यवस्था, भाव।
शराफ़त–भलमनसाहत।
शराबे-तहूर–बहिश्तकी शराब।
शराबोर–लथ-पथ।
शरार–अग्नि-कण।
शरीर–नटखट, पाजी।
शर्क़–सूर्य्योदय, पूरब।
शश-दर–हक्का-बक्का।
शहबाज़–बड़ा बाज़ पक्षी।
शहरे-ख़मोशाँ–क़ब्रिस्तान।
शहवत–काम-वासना।
शहवत-परस्त–कामुक।
शहादत–देश या धर्मपर प्राण न्योछावर करना, गवाही, प्रमाण।
शहीद–देश-धर्मपर प्राण देनेवाला।
शाइस्तगी–सभ्यता।
शाइस्ता–सभ्य।
शाकिर–उपकार माननेवाला।
शाकी–शिकायत करनेवाला।
शाख़–डाल, टहनी।
शाख़े-ग़ज़ाल–हिरनका सींग, कमान, दूजका चाँद।
शाज़–एकाकी, अनुपम, कभी-कभी।
शाज़-ओ-नादिर–कभी-कभी।
शाद–प्रसन्न।
शाद-बाश–प्रसन्न रहो।
शादमाँ–प्रसन्न।
शादाब–हरा-भरा।
शादियाना–मंगल-वाद्य।
शान–तड़क-भड़क, ठसक।
शानदार–शानवाला।
शान-ओ-शौकत–सजावट।
शाना–कंघी, कंघा, कंधा।
शायक़–शौक़ीन, प्रेमी।
शायाँ–उपयुक्त।
शाया–प्रकाशित।
शाहबाज़–बड़ा बाज़ पक्षी।
शाहिद–साक्षी।
शाहिदबाज़–सौन्दर्यप्रेमी।
शिकन–सिलवट, तोड़नेवाला, जैसे ––अहद-शिकन=प्रतिज्ञा तोड़नेवाला, बुत-शिकन=मूर्ति तोड़नेवाला।
शिकम–पेट।
शिकम-परवर–पेटू।
शिकरा–एक पक्षी।
शिकवा–शिकायत।
शिकवा-गुज़ार–शिकायत करनेवाला।
शिकस्त–पराजय।
शिकस्तगी–टूटनेकी क्रियाका भाव।
शिकस्ता–दुर्दशा-ग्रस्त, घसीट लिखावट।
शिकेब–धैर्य।
शिकेबा–सहनशीलता।
शिकोह–महत्व, बड़प्पन।
शिगाफ़–चीरा, दरार।
शिताब–जल्दी।
शिद्दत–तेजी-सख़्ती, बल-प्रयोग।
शिनास–पहचाननेवाला जैसे––हक़-शनास।
शिनासाई–परिचय।
शिरकत–साझा, सहयोग।

शीर–दूध।
शीरीं–मधुर, प्रिय।
शीशा–दर्पण, काँच।
शुआ़अ़–सूर्यकी किरण।
शुक्र–कृतज्ञता।
शुक्रगुज़ार–कृतज्ञ।
शुजाअ़–बहादुर।
शुजाअ़त–वीरता।
शुतुर–ऊँट।
शुदनी–होनहार।
शुफ़आ–पड़ौस, पड़ोसका हक़।
शुबहा–धोखा।
शुस्ता–स्वच्छ, शुद्ध।
शूम–मनहूस।
शेख़–इस्लाम-धर्मका आचार्य।
शेफ़्ता–आसक्त।
शेवन–रोना, चिल्लाना।
शेवा–प्रथा, दस्तूर।
शै–वस्तु, भूत-प्रेत।
शैदा–आशिक़।
शैदाई–प्रेमी, दीवाना।
शोख़–चंचल, नटखट।
शोख़-चश्म–निर्लज्ज।
शोख़ी–ढिठाई।
शोबदा–जादू, धोखा।
शोबदाबाज़–जादूगर।
शोबदागर–जादूगर।
शोर–नमक, कोलाहल।
शोर-बख़्त–अभागा।
शोरा-पुश्त–उद्दंड।
शोरिश–हुल्लड़, फ़साद।
शोला–आगकी लपट।
शोला-ख़ू–उग्रस्वभावी।
शोला-रू–बहुत ही सुन्दर।
शोहदा–गुंडा, लम्पट।
शौकत–ताक़त, रोब, शान।
शौहर–पति।

स

संग–पत्थर, भार।
संग-जाँ–निर्दय, जिसकी जान कठिनतासे निकले।
संग-दिल–कठोर-हृदय।
संगलाख़–कठोर।
संग-सार–पत्थर मारकर प्राण लेना।
संगे-असवद–काबेमें रखा हुआ वह काला पत्थर, जिसे हज-यात्री चूमते हैं।
संगे-आस्ताँ–दहलीज़का पत्थर।
संगे-मज़ार–क़ब्रका वह पत्थर जिसपर मृतकका नाम आदि लिखा होता है।
संज–समझने या जाननेवाला, जैसे—नग़मा-संज=गवैया, सुख़न-संज=समझदार या कवि।
संजीदा–गम्भीर।
सआ़दतमन्द–भाग्यवान, आज्ञाकारी।
सई–परिश्रम, दौड़-धूप।
सईद–मुबारक, शुभ।
सक़ील–भारी, गरीष्ठ।
सकून–मनकी शान्ति, ठहराव।
सख़ावत–दान-शीलता।
सख़ी–दानी।

सख़्तजान—जिसके प्राण बहुत कठिनतासे निकलें (संज्ञा-सख़्तजानी)।
सग—कुत्ता।
सदक़ा—निछावर, ख़ैरात।
सदफ़—सीप।
सदमा—धक्का, चोट।
सदहा—सैकड़ों।
सदा—प्रतिध्वनि, आवाज़।
सदाक़त—सचाई।
सदी—शताब्दी।
सनअ़त—कारीगरी।
सनद—बड़ा तकिया, प्रमाण-पत्र।
सनम—मूर्ति, माशूक़।
सनमकदा—मन्दिर, प्रेमिकाका निवास-स्थान।
सनमख़ाना—मन्दिर, प्रेयसीका वास-स्थान।
सनोबर—चीड़का वृक्ष।
सन्दल—चन्दन।
सपेद—सफ़ेद।
सफ़—पंक्ति, क़तार।
सफ़ा—साफ़, स्वच्छ।
सफ़ी—शुद्ध, पवित्र।
सफ़ीना—किश्ती, नाव।
सफ़े-मातम—वह फ़र्श, जिसपर मातम करनेवाले बैठें।
सफ़्फ़ाक—ख़ूनी, निर्दय।
सबक़—पाठ, उपदेश।
सबा—प्रातःकालीन पूर्वी हवा।
सबाहत—गोराई, सौन्दर्य।
सबील—प्याऊ।
सबीह—सुन्दर।
सबू—घड़ा।
सबूही—सबेरेके समय शराब पीना।
सब्र—सन्तोष।
सम—विष।
समअ़—कान।
समअ़-ख़राशी—दिमाग़ चाटना।
समद—ईश्वर।
समर—फल, बदला।
समा—आकाश।
समअ़—सुनना।
समाअ़त—सुनवाई।
समाजत—लज्जा, विनय, लल्लो-चप्पो।
सम्बुल—एक सुगन्धित वनस्पति, इसकी उपमा बालों या लटोंसे दी जाती है।
सर—सिर।
सर-अंजाम—कार्यकी समाप्ति, सामग्री, नतीजा।
सर-आमद—समाप्त करनेवाला, पूर्ण।
सर-कश—विद्रोही, उद्दंड।
सरक़ा—चोरी।
सर-कोबी—सिर कुचलना।
सर-ख़ुश—सुर्ख़ी।
सर-ख़ैल—प्रधान, नेता।
सर-गर्दां—घबराया हुआ।
सर-गुज़श्त—सरपर बीती हुई बात, जीवन-चरित्र।
सर-गोशी—चुग़ली।
सर-ज़द—प्रकट, कृत।
सर-ता-पा—सिरसे पैरतक।

सर-नविश्त–भाग्य-लेख।
सर-निगूँ–सिर झुकाये हुए, लज्जित।
सर-ब-सर–सरासर।
सर-बस्ता–छिपा हुआ, बँधा हुआ।
सरमद–सदैव, हमेशा।
सर-मस्त–मतवाला।
सरमा–शीतकाल।
सरमाया–सम्पत्ति ।
सरश्क–आंसू, बूँद ।
सर-शार–मदमत्त, लबालब।
सरापा–सिरसे पैर तक।
सराब–मृगतृष्णा, छल।
सरीहन्–स्पष्ट रूपसे।
सरेदस्त–इस समय, तुरन्त।
सरे-नौ–नये सिरेसे।
सरेशाम–सन्ध्या होते ही।
सरो–एक सीधा पेड़ जो बाग़ीचोंकी शोभाके लिए लगाया जाता है।
सरोक़द–जिसका क़द सरो वृक्षके समान हो (प्रेयसीके लिए प्रयुक्त)।
सरोक़ामत–जिसका क़द सरो वृक्षके समान हो (प्रेयसीके लिए प्रयुक्त)।
सरोद–गीत, एक वाद्य।
सर्द–ठंडा, सुस्त।
सर्फ़–व्यय।
सलफ़–गुज़रा हुआ।
सलासत–कोमलता, सुगमता।
सलासिल–बेड़ियाँ।
सलाहियत–समझदारी, अच्छापन।
सलीक़ा–शऊर, तमीज़।
सलीम–सहनशील, गम्भीर।
सलीस–सुगम, मुहावरेदार।
सलूक–व्यवहार।
सवानह-उमरी–जीवनी।
सवाब–सत्यता, पुण्य।
सहबा–अंगूरी शराब।
सहर–प्रातःकाल।
सहर-खेज़–तड़के उठनेवाला।
सहरा–जंगल, वन।
सहल–सरल।
सहाब–बादल
सहाबा–मित्र।
साइक़ा–बिजली।
साइत–पल, मुहूर्त।
साकित–गति रहित, मौन।
साक़ित–गिरा हुआ, निरर्थक।
साकिन–निवासी।
साक़िन–वह दुश्चरित्र स्त्री जो भंग, हुक्क़ा आदि पिलाकर जीविका उपार्जन करे।
साक़िब–प्रकाशमान।
साक़ी–शराब पिलानेवाला, प्रेयसीके लिए प्रयुक्त।
साख़्त–बनावट।
साग़र–प्याला, मधु-पात्र।
साज़–उपकरण सामग्री। मेल-जोल।
साद–ठीक या स्वीकृत होनेका चिह्न।
सादा-लौह–सीधा-सादा।
सादिक़–सत्यनिष्ठ।
सानी–मुक़ाबिलेका।
साबिक़–पहलेका।
साबिर–धैर्यवाला।

सायर–पूरा, बाक़ी, सैर करनेवाला।

सायल–माँगनेवाला, आकांक्षी।

साया–छाया।

सार–ऊँट, एक प्रत्यय जो शब्दोंके अन्तमें लगकर वाला, समान, पूर्ण और स्थान आदिका अर्थ देता है जैसे—शर्म-सार, ख़ाकसार, शाख़सार, कोहसार।

सालगिरह–वर्ष-गाँठ।

सालिक–बटोही, नीतिपूर्वक आचरण करनेवाला।

साहिर–जादूगर।

साहिल–किनारा।

सिजदा–दंडवत।

सितम–अनर्थ, ज़ुल्म।

सितमज़दा–अत्याचार-पीड़ित।

सितम-ज़रीफ़–हँसी-हँसीमें अत्याचार करनेवाला।

सितमगर–अत्याचारी।

सितमगार–अन्यायी।

सितम-शआर–बराबर सितम करनेवाला।

सितम-रसीदा–अत्याचार-पीड़ित।

सितारा–तारा, भाग्य।

सिद्क़–सत्यता।

सिद्दीक़–परम सत्यनिष्ठ।

सिन–अवस्था, वयस।

सिन-रसीदा–वृद्ध।

सिपर–ढाल, आड़।

सिपह–सेना।

सिपहर–आकाश, गोला।

सिपास–धन्यवाद।

सिफ़त–विशेषता।

सिफ़ला–कमीना, पाजी।

सियह–काला, अशुभ।

सियाहकार–दुष्कर्म करनेवाला।

सियाह-बख़्त–अभागा।

सिराज–सूर्य, दीपक।

सिरात–एक पुल जिसे पार करनेपर बहिश्तमें पहुँचना होता है।

सिला–इनाम, असर।

सीख़–तीली, पतली छड़।

सीना-कावी–बहुत कठोर परिश्रम।

सीना-कोबी–छाती पीटकर मातम करना।

सीनाज़ोर–अत्याचारी।

सीना-सिपर–मुक़ाबलेमें।

सीम–चाँदी, दौलत।

सीम-तन–गौरवर्ण। प्रेयसीके लिए प्रयुक्त।

सीमाब–पारा।

सुकून–मनकी शान्ति।

सुख़न–कथन, कविता, बात-चीत।

सुरमगीं–जिसमें सुरमा लगा हो।

सुराग़–तलाश, पता।

सुराही–जल रखनेका पात्र, झज्जर।

सुरूर–हलका नशा, आनन्द।

सू–फ़ायदा दिशा, तरह।

सूफ़ियाना–सूफ़ियोंका-सा।

सूफ़ी–उदार विचारोंके मुसलमानोंका सम्प्रदाय।

सूर–नरसिंहा बाजा।

सेहर–जादू।

सेहर-बयाँ—जिसके बयानमें जादूका-सा असर हो।
सैद—शिकार, आखेट।
सैयद—नेता, सरदार।
सैयाद—अहेरी।
सैल—प्रवाह।
सैलाब—जलकी बाढ़।
सोख़्त—जलन, टपकन।
सोख़्तगी—कष्ट, जलन।
सोख़्ता—जला हुआ, बहुत दुःखी।
सोग—शोक, रंज।
सोज़—जलन, तपिश।
सोराब—हरा-भरा।
सौदा—उन्माद, स्याह, लेन-देन।
सौदाई—पागल, बावला।

ह

हंगामा—भीड़-भाड़।
हक—खुरचना, दूर करना।
हक़—स्वत्व, कर्तव्य, न्याय।
हक़ारत—अप्रतिष्ठा।
हक़ीक़त—सचाई।
हक़ीर—हीन, घृणित।
हज—काबेकी यात्रा।
हज़—सौभाग्य, मज़ा।
हजर—पत्थर।
हज़र—परहेज़।
हज़ल—भद्दा परिहास।
हज़ीं—दुःखी, चिन्तित।
हजो—निन्दा, बुराई।
हज्म—मोटाई।
हज़्म—पचा हुआ।
हतक—अपमान।
हत्ता—यहाँ तक कि।
हत्तुल-इमकान—जहाँ तक हो सके।
हदफ़—निशाना, चोट।
हनोज़—अभी तक।
हबीब—मित्र, माशूक़।
हम—भी, आपसमें। एक प्रत्यय जो शब्दोंके साथ लगकर साथी या शरीकका अर्थ देता है। जैसे—हम-दर्द=दर्द या विपत्तिमें साथ देनेवाला।
हम-असर—समकालीन।
हम-आग़ोश—गलेसे लगा हुआ।
हम-आवुर्द—प्रतिपक्षी।
हम-उम्र—समवयस्क।
हम-कनार—हम-आग़ोश, मिलना।
हम-क़दम—साथी।
हम-कलाम—साथमें बातें करनेवाला।
हम-कासा—हम-प्याला, साथी।
हम-ज़ुल्फ़—सालीका पति।
हम-दम—प्राण रहते तक साथ देनेवाला।
हम-दर्द—सहानुभूति रखनेवाला।
हम-दस्त—साथी।
हम-दिगर—परस्पर।
हम-दीवार—पड़ौसी।
हम-दोश—कन्धे-से-कन्धा मिलाकर काम करनेवाला, सहयोगी।
हम-नफ़स—साथी।
हम-नस्ल—एक ही कुटुम्बका।
हम-नाम—समान नामवाला।
हम-पेशा—सहव्यवसायी।

हम-बिस्तर–एक ही बिस्तरपर साथमें सोनेवाला, सम्भोग करनेवाला।

हम-मकतब–सहपाठी।

हम-राज़–घनिष्ट मित्र।

हम-राह–सह-यात्री।

.हमला–आक्रमण।

हमशीरा–बहन।

हम-साया–पड़ौसी।

हम-सिन–समवयस्क।

हमा-तन–सिरसे पैर तक।

हमा-शुमा–हमारे तुम्हारे जैसे सामान्य लोग।

.हमीदा–प्रशंसनीय।

.हमीयत–प्रतिष्ठा लज्जा।

.हम्माम–स्नानागार।

.हया–लज्जा।

.हयात–जीवन।

.हया-दार–शर्मीला।

हर–प्रत्येक।

हरकारा–डाकिया।

हर-गाह–जब कि, चूँकि।

हर-गिज़–कदापि।

हरचन्द–यद्यपि।

हरज़ा–निरर्थक, वाहियात।

हरजाई–दुश्चरित्र (जो कभी किसीके पास और कभी किसीके यहाँ रहे)।

हर-दिल-अज़ीज़–सर्वप्रिय।

.हरफ़ (हर्फ़)–दोष, कलंक, अक्षर।

.हरम–काबेकी चारदीवारी, अन्तःपुर, रखैली स्त्री।

.हरम-ज़दगी–पाजीपन, शरारत।

.हरम-सरा–अन्तःपुर।

.हराम–निषिद्ध, अनुचित।

.हरीफ़–समव्यवसायी, प्रतिद्वन्द्वी।

.हरीस–शत्रु, लालची, ईर्ष्यालू।

.हर्ज–बखेड़ा, उपद्रव।

हर्फ़-गीर–दोष-दर्शी।

.हर्फ़-ब-हर्फ़–अक्षरशः।

.हर्राफ़–धूर्त्त, चालाक।

.हल–निराकरण।

.हलक़–कंठ।

.हलक़ा–परिधि, दल।

हलकान–थका हुआ, हैरान।

.हलक़ा-ब-गोश–दास।

.हलफ़–शपथ।

हलाक–मृत, शिथिल।

.हलाल–जो मुसलमानी धर्मपुस्तकके अनुकूल हो, पवित्र।

.हलावत–मधुरता, चैन।

हलाहल–विष।

.हलीम–सहनशील।

हवस–कामवासना।

हवस-नाक–लालची, कामुक।

.हवाला–उदाहरण।

हवास–होश, ज्ञान।

हवास-बाख़्ता–हक्का-बक्का।

.हव्वा–हज़रत आदमकी पत्नीका नाम, जो मनुष्य जातिकी माता मानी जाती है। हौआ।

.हशमत–शान-शौकत, नौकर-चाकर।

हश्त–आठ।

.हश्र–क़यामत, जब कि सब मुर्दे उठकर खड़े होंगे और उनके

शुभ तथा अशुभ कामोंका हिसाब होगा, परिणाम।

.हश्र बरपा करना–क़यामत ढाना।

हश्शास–बहुत ही प्रसन्न और हँसता हुआ।

हश्शास-बश्शास–परम प्रसन्न।

.हसद–ईर्ष्या, डाह।

.हसन–भला, उत्तम।

हसब–कुटुम्ब, नस्ल।

.हसब-नसब–नाना-दादाका वंश।

.हसरत–किसी वस्तुके न मिलनेपर होनेवाला दुःख, कामना।

हसीन–सुन्दर।

हस्ती–जीवन, अस्तित्व।

.हस्ब–अनुसार, जैसे।

हस्बख़्वाह–इच्छानुसार।

.हस्बे-इत्तिफ़ाक़–संयोगसे।

.हस्बे-तौफ़ीक़–सामर्थ्यके अनुसार।

.हस्बे-हाल–समयके अनुसार।

.हाजत–इच्छा। हाजत रफ़ा करना=इच्छा पूरी करना। मल त्याग करना।

.हाजतमन्द–ख़्वाहिशमन्द।

हाज़ी–निन्दक, नक़्क़ाल, भाँड़।

.हाजी–हज करके लौटा हुआ। हज करनेवाला।

.हातिम–एक प्रसिद्ध दानी।

.हादसा–दुर्घटना।

हादी–मार्ग-दर्शक।

.हाफ़िज़–जिसे क़ुरान कंठस्थ हो, रक्षक।

.हालते-नज़ा–मरनेके समय दम तोड़नेकी अवस्था।

हाला–कुंडल।

.हासिद–ईर्ष्यालु।

हिकायत–कहानी।

हिक़ारत–घृणा।

हिजराँ–वियोग, जुदाई।

हिजराँ-नसीब–जिसके भाग्यमें वियोग हो।

हिजाब–परदा, लज्जा।

हिज्र–विछोह, जुदाई।

हिदायत–मार्ग-दर्शन।

हिना–मेंहदी।

हिफ़ाज़त–रक्षा।

हिरास–निराशा।

हिरासत–क़ैद।

हिरासाँ–निराश, भयभीत।

हिर्स–तृष्णा, लोभ।

हिलाल–दूजका चन्द्रमा, इसकी उपमा माशूक़की भवों और नाख़ूनोंसे दी जाती है।

हिस–गति।

.हीला–बहाना।

.हीलागर–बहाना करनेवाला।

.हीलाबाज़–बहाना करनेवाला।

.हीलासाज़–बहाना करनेवाला।

.हुबाब–पानीका बुलबुला।

.हुब्ब–प्रेम।

.हुब्ब-उल-वतन–देश-प्रेम।

हुमा–एक कल्पित पक्षी, जिसके सरपर बैठ जाय, वह बादशाह बन जाता है, ऐसी धारणा है।

.हुरमत–प्रतिष्ठित, आबरू।

हुवैदा–स्पष्ट।
हुस्न–सौन्दर्य।
हूर–सुन्दरी, देवांगना।
हेच–तुच्छ, हीन।
हैजान–आवेश।
हैफ़–अफ़सोस।
हैबत–आतंक।
हैबतज़दा–आतंकित।
हैबत-नाक–डरावना।
हैरत–आश्चर्य।
हैवान–पशु, मूर्ख।
हैवान-नातिक़–बोलनेवाला पशु। अर्थात् मनुष्य।
हैवान-मुतलक़–निरामूर्ख।
हैवानियत–जानवरपन।
हैवानी–पशुओं जैसा।
हौआ–देखो 'हव्वा'।
हौल–घबराहट।
हौलज़दा–डरा हुआ।
हौल-दिल–कलेजेकी धड़कन।
हौलदिला–कायर।
हौल-नाक–भीषण डरावना।

पारिभाषिक शब्द

आदम—मुसलमानी धर्मके प्रथम पैग़म्बर, जो मनुष्य-मात्रके आदि पुरुष माने जाते हैं। ख़ुदाने आदमको माता-पिताके संयोग-बिना मिट्टी, पानी और आगके सम्मिश्रणसे एक पुतला बनाकर उसमें आत्मा डालकर पैदा किया था।

हव्वा—आदमकी पत्नी जो मनुष्यमात्रकी माता मानी जाती हैं। मुसलमानी धर्मके अनुसार ख़ुदाने इनको आदमकी बाईं पसलीसे पैदा किया था। निर्विकार होनेके कारण ये दोनों जन्नतमें नग्न रहते थे और फल-फूल खाते थे। ख़ुदाने गेहूँ खानेका इन्हें निषेध किया था, परन्तु ये शैतानके बहकावेमें आकर भूल कर बैठे। गेहूँ खाते ही इन्हें वासना सम्बन्धी ज्ञान हो गया, तब इन्होंने तत्काल अपने गुप्त अंग पत्तोंसे ढक लिये। इन हर-कतोंके कारण ख़ुदाने इन्हें जन्नतसे निकालकर पृथ्वीपर डाल दिया। फिर इन दोनोंके संयोगसे मनुष्यकी सृष्टि हुई।

शैतान—मनुष्योंको बहकाकर कुमार्ग-रत और ईश्वर-विमुख करता रहता है। यह पहले ख़ुदाका बहुत बड़ा उपासक था, इसे ख़ुदाने आगसे बनाया था। इसका नाम अज़ाज़ील था। सारे फ़रिश्तोंको पढ़ाया करता था, इसलिए इसे मुअल्लिमुल-मलकूतकी उपाधि प्राप्त थी। जब ख़ुदाने आदमको बनाया तो; सब फ़रिश्तोंको सजदा करनेका हुक्म दिया। अन्य फ़रिश्तोंने तो हुक्मकी तामील की, मगर इसने यह कहकर इन्कार कर दिया कि—"जब मैं लाखों बरससे ख़ुदाको सजदा करता आ रहा हूँ, तो एक मिट्टीसे बने मामूली पुतलेको मैं सजदा नहीं कर सकता।" ख़ुदाने अपने आदेशकी अवहेलना करनेके कारण इसे शैतान कहकर जन्नतसे बाहर कर दिया। तबसे यह हज़रत प्रतिहिंसाकी भावनाको लिये सारे

संसारमें घूम-घूमकर मनुष्योंको कुमार्ग-रत और ईश्वर-विमुख करते फिरते हैं।

ख़िज्र—एक प्रसिद्ध पैग़म्बर, जो जल और स्थल-मार्गमें भूले-भटकोंको राह बतलाते रहते हैं।

ईसा—ईसाई धर्मके प्रवर्त्तक माने जाते हैं। ये बड़े दयालु और दीन-बन्धु थे। लोगोंका विश्वास है कि यह रोगियोंको स्वास्थ्य और मृतकोंको जीवनदान करते थे। इनका उपनाम मसीह है। इनकी माताका नाम मरियम है।

मूसा—एक मशहूर पैग़म्बर। जिनकी साधना और अभिलाषाके परिणामस्वरूप ख़ुदाने 'तूर' पर्वतपर अपना दिव्य रूप दिखाया, किन्तु वे उसे निहारनेकी सामर्थ्य न रख सके और बेहोश हो गये। साथ ही तूर पर्वत जलकर ख़ाक हो गया।

मन्सूर—ईरानमें एक मशहूर वली हुए हैं। उनका विश्वास था कि आत्मासे परमात्मा भिन्न नहीं है। साधनाओं एवं तपश्चर्य्याओंके परिणामस्वरूप यह आत्मा ही परमात्मा हो जाता है। उन्हें स्वयं में यह अनुभूति होने लगी थी। अतः उन्होंने 'अनलहक़' (सोहं—मैं ही परमात्मा हूँ)की सदा बुलन्द की। लेकिन मुसलमानोंको उनका यह कार्य अधार्मिक मालूम दिया और उन्हें सूलीपर चढ़ा दिया।

लैला-मजनूँ—मजनूँका वास्तविक नाम क़ैस था। यह अरबके नज्द नामक प्रान्तका रहनेवाला और लैला नामक एक अरब युवतीपर आसक्त था। इसकी आसक्तिका यह हाल था, कि एक रोज़ क़ैसके पिता इसे लैलाके पिताके पास इस खयालसे ले गये कि इसकी हालतपर तरस खाकर शायद वह इससे लैलाका विवाह कर दे। क़ैस सजीला और रूपवान युवक था। लैलाका पिता स्वीकृति देना ही चाहता था कि भाग्यकी बात लैलाका कुत्ता वहाँ आ निकला। क़ैसको जब यह मालूम हुआ कि वह लैलाका कुत्ता है तो वह बेअख़्तियार उससे लिपटकर प्यार करने लगा।

क़ैसके उस भावावेशको उन्माद समझकर लैलाके पिताने उसे घरसे निकाल दिया। लैलाके मिलनका जब कोई उपाय नहीं रहा, तब प्रेमोन्मत्त क़ैस जंगलोंमें निकल गया और वहाँ जीवन-पर्यन्त भटकता फिरा। उसने इतने कष्ट उठाये कि उसके प्रेमकी चर्चा समूचे अरबमें फैल गई। उसके प्रेमाकर्षणसे खिंचकर लैला भी इसे खोजनेपर मजबूर हो गई। वह अपनी ऊँटनीपर सवार होकर क़ैसको जंगल-जंगल खोजती फिरी, परन्तु मिलन न हो सका। क़ैसका फूल-सा शरीर विरह-तापसे सूखकर काँटा हो गया, लेकिन वह अविराम गतिसे प्रेम-मार्गमें चलता ही रहा।

ज़ुलेख़ा और यूसुफ़—यूसुफ़ हज़रत याक़ूब पैग़म्बरके पुत्र और मुसलमानोंके एक पैग़म्बर थे। मुसलमानी धर्मके अनुसार संसारका तीन चौथाई सौन्दर्य ख़ुदाने इनको दिया था। इनके भाइयोंने ईर्ष्या-वश इन्हें मिस्रके सौदागरके हाथ बेच डाला था। मिस्रके राज्यपालकी रूपवती मलका ज़ुलेख़ा इनपर आसक्त हो गई थी। इन दोनोंको अपने जीवनमें काफ़ी कष्ट झेलने पड़े थे। अन्तमें बहुत दिनोंके बाद मिलन हुआ था।

शीरीं-फ़रहाद—फ़रहाद एक चीनी शिल्पकार था, जो ईरानकी रूप-लावण्यवती शीरींपर आसक्त था। शीरीं भी फ़रहादको हृदयसे चाहती थी। ईरानका बादशाह ख़ुसरो भी शीरींको चाहता था। अतः वह शीरींको बलात् अपने महलमें ले गया। ख़ुसरो शीरींके तनपर तो क़ब्ज़ा कर सका, पर मनपर अधिकार न जमा सका। शीरींके मनमें तो फ़रहाद समाया हुआ था, वह कैसे औरको उसमें आने देती? अन्तमें खीझकर बादशाहने शीरींसे कहा कि—"यदि प्रेम-परीक्षामें फ़रहाद उत्तीर्ण निकले तो मैं तुझे उसके सुपुर्द कर सकता हूँ।" बादशाहकी अभिलाषानुसार परीक्षास्वरूप फ़रहादने पहाड़ोंको काटकर महल तक नहर निकाल दी, परन्तु छली बादशाहने शीरीं लौटानेके बजाय शीरींकी मृत्युकी झूठी ख़बर फ़रहादके पास पहुँचवा दी। ख़बर सुनते ही बेचारे फ़रहादने अपने हाथका तेशा पत्थरमें मारनेके बजाय अपने सरमें मार

लिया और खुदकी निकाली हुई नहरमें गिरकर दम दे दिया। शीरींको फ़रहादकी मृत्युकी ख़बर मिली तो उसने भी जान दे दी।

आसमान—शायरोंकी परम्परानुसार प्रेमियोंको सतानेवाला। नित नये ज़ुल्मो-सितम ढानेवाला।

उर्दू-शायरीमें बार-बार प्रयुक्त होनेवाले—इश्क़, आशिक़, माशूक़, हबीब, महबूब, रक़ीब, उदू, क़ासिद, दरबान, मैख़ाना, पीरे-मुग़ाँ, रिन्द, साक़ी, ज़ाहिद, नासेह, शेख़, बरहमन, गुलो-बुलबुल, सैयाद, गुलचीं, बाग़बाँ, क़फ़स, आशियाना, आदि पारिभाषिक शब्दोंकी व्याख्या विस्तारके साथ शेरो-शायरी पृ० ७७-१४१में दी जा चुकी है। यहाँ पुनः उसके देनेकी आवश्यकता नहीं समझी गई।